Di Nina Vale

Ahura Mazva e L'ordine Divino
L'antica Saggezza Dello Zoroastrismo

Diritti d'Autore
Titolo Originale: *Ahura Mazda and the Divine Order*

Copyright © 2023, pubblicato nel 2024 da Luiz Antonio dos Santos ME / Booklas Publishing.

Questo libro esplora i fondamenti e le pratiche dello Zoroastrismo, approfondendo la sua storia, filosofia e impatto culturale. L'obiettivo è ispirare la conoscenza di sé e offrire una guida su questa tradizione spirituale, senza sostituire consulenze mediche, psicologiche o terapeutiche.

Ahura Mazda e l'Ordine Divino
2ª edizione

Team di Produzione della Prima Edizione
Autore: Marco De Angelis
Revisione: Laura Conti
Progetto Grafico e Impaginazione: Matteo Ricci
Copertina: Studio Alba Nascente
Traduzione: Sofia Moretti
Edizione: Luiz Antonio dos Santos

Pubblicazione e Identificazione
Ahura Mazda e l'Ordine Divino / Di Marco De Angelis
Booklas Publishing, 2024
Categorie: Religione / Zoroastrismo
DDC: 299.92 - CDU: 28-92

Copyright
Tutti i diritti riservati a:
Luiz Antonio dos Santos ME / Booklas Publishing

Indice

Prologo 4
Capitolo 1 Lo zoroastrismo 7
Capitolo 2 I testi sacri - L'Avesta 14
Capitolo 3 Cosmologia 21
Capitolo 4 Ahura Mazda - La divinità suprema 29
Capitolo 5 Angra Mainyu e le forze del male 37
Capitolo 6 La creazione del mondo 45
Capitolo 7 Asha e Druj - Ordine e caos 53
Capitolo 8 Il fuoco 61
Capitolo 9 L'etica 69
Capitolo 10 Le donne 78
Capitolo 11 Rituali di purificazione 87
Capitolo 12 Feste e celebrazioni 96
Capitolo 13 La vita dopo la morte 105
Capitolo 14 Gli Spenta Amesha 113
Capitolo 15 Luce e tenebre 122
Capitolo 16 Influenza sulle altre religioni 131
Capitolo 17 Templi del fuoco 140
Capitolo 18 I sacerdoti 149
Capitolo 19 Zarathustra nelle tradizioni orali e nelle leggende 158
Capitolo 20 I tempi della fine 167
Capitolo 21 Canti rituali 176
Capitolo 22 La diaspora 184
Capitolo 23 La conquista islamica della Persia 193

Capitolo 24 La filosofia del libero arbítrio 201

Capitolo 25 Influenza sulla cultura persiana 208

Capitolo 26 Etica ambientale 216

Capitolo 27 Verità e onestà 224

Capitolo 28 Il futuro dello zoroastrismo 232

Capitolo 29 Regole e pratiche quotidiane 241

Capitolo 30 Il simbolismo 250

Capitolo 31 Connessione con la scienza e la filosofia 258

Capitolo 32 Zoroastriani famosi 267

Epilogo 274

Prologo

Nelle sabbie dell'antica Persia, dove i cieli abbracciano la terra e il calore del fuoco sacro danza con i venti del deserto, giace un segreto che attende di essere riscoperto. Voi, che ora avete in mano queste pagine, siete invitati a varcare la soglia di un tempo in cui il visibile e l'invisibile si intrecciano in una danza eterna. Qui, le voci del passato mormorano le storie di un profeta, Zarathustra, il cui sguardo si spinse oltre le illusioni del mondo, raggiungendo il cuore di una verità che trascende il tempo.

È un mondo in cui Ahura Mazda, la Saggezza Suprema, combatte contro le ombre di Angra Mainyu, lo spirito della distruzione e della menzogna. Ma questa battaglia non si svolge solo tra le stelle o nelle profondità dei miti; si dispiega in ogni pensiero, parola e gesto. L'universo rivelato da Zarathustra non è lontano. Pulsa in ogni scelta che si fa, in ogni percorso che si decide di seguire.

Qui il fuoco sacro non è solo una fiamma, ma l'essenza stessa della luce che guida i passi dell'umanità nell'oscurità. E l'oscurità, nata dalle profondità di Angra Mainyu, sussurra dubbi, tentazioni e desideri che possono portare fuori strada anche l'anima più pura. La sua lotta è silenziosa ma inesorabile e riecheggia nelle incertezze che albergano nel cuore dell'umanità.

Entrando in questo universo, capirete che il destino del cosmo dipende dalla volontà di coloro che abitano la terra. Ogni gesto, ogni parola pronunciata, contribuisce a un delicato equilibrio, sostenendo l'eterna lotta tra Asha, l'ordine divino, e Druj, il disordine che cerca di sovvertire la creazione. È attraverso le vostre azioni che la luce di Ahura Mazda può trionfare, così come ogni deviazione contribuisce all'oscurità che tenta di inghiottire il mondo.

Ma non fatevi ingannare: questa non è una narrazione di certezze o di finali facili. È un viaggio che mette in discussione, sfida e trasforma. Il passaggio attraverso i misteri dello zoroastrismo è un invito a guardare oltre il visibile, a confrontarsi con ciò che di più profondo c'è nell'anima umana e nel tessuto dell'universo. Siete pronti ad aprire gli occhi e ad affrontare le forze che plasmano il vostro destino e quello di tutto ciò che vi circonda? Allora andate avanti, sapendo che ogni riga scritta qui parla direttamente al vostro essere, come un'eco dell'antica voce che sussurrava al profeta nelle sue visioni.

Capitolo 1
Lo zoroastrismo

In un lontano passato, tra le sabbie mutevoli e le fertili valli dell'antica Persia - l'odierno Iran - iniziò a manifestarsi un profondo risveglio spirituale. Era un'epoca in cui il mondo era intessuto di storie di dei e spiriti, ognuno dei quali incarnava le forze prime della natura. Questa era una terra in cui il fuoco, l'acqua e la terra avevano un significato profondo, dove i templi dedicati alle varie divinità punteggiavano il paesaggio e i rituali sacri legavano le comunità. All'interno di questo vibrante arazzo di credenze, emerse lo Zoroastrismo, portando con sé una visione dell'universo che avrebbe rimodellato il corso della storia.

Al centro di questa trasformazione c'era Zarathustra, una figura la cui vita era a cavallo tra mito e realtà. Conosciuto in Occidente come Zoroastro, la sua presenza incombe sulla nascita di una nuova tradizione spirituale. Nato in una società che venerava un pantheon di divinità, ognuna con un proprio dominio e potere, Zarathustra si trovò in contrasto con le norme religiose prevalenti. Gli antichi persiani veneravano divinità come Mitra, il protettore della verità, e Anahita, la dea dell'acqua e della fertilità. Queste credenze erano state tramandate per generazioni, dando struttura e significato al loro mondo. Tuttavia, il cuore di Zarathustra desiderava una comprensione più profonda, una verità unica che potesse trascendere la molteplicità degli dei.

Il viaggio di Zarathustra iniziò in questo mondo di antiche credenze. Cresce tra le tribù pastorali della regione, dove l'allevamento del bestiame e le migrazioni stagionali definiscono i ritmi di vita. Fin da giovane ha mostrato un'insaziabile curiosità per la natura dell'esistenza. Ma fu intorno al trentesimo anno che la sua vita prese una svolta cruciale. Secondo la tradizione zoroastriana, si ritirò in solitudine, cercando chiarezza lontano dalle distrazioni della vita quotidiana. Fu durante questo periodo di isolamento che sperimentò una serie di visioni divine, la più significativa delle quali fu un incontro diretto con Ahura Mazda, il Signore Saggio.

In questo incontro, Ahura Mazda rivelò una verità cosmica che mandò in frantumi i vecchi modi di pensare. Egli non era una divinità tra le tante, ma il creatore supremo e onnisciente, che incarnava la luce, la saggezza e la bontà. Zarathustra venne a conoscenza della lotta cosmica tra Ahura Mazda e Angra Mainyu, lo spirito delle tenebre e del caos. Non si trattava di una normale rivalità tra divinità, ma di una battaglia universale tra Asha, verità e ordine, e Druj, falsità e caos. Il mondo, come Zarathustra sapeva, era un campo di battaglia in cui ogni essere umano aveva un ruolo nell'eterna lotta e le sue scelte contribuivano alla vittoria della luce o delle tenebre.

Gli insegnamenti di Zarathustra sottolineavano un radicale cambiamento di prospettiva: l'attenzione si spostava dal placare molteplici divinità all'abbracciare un unico percorso di rettitudine. Parlò di un ordine divino che governava tutta la creazione, esortando i suoi seguaci a vivere secondo i principi di Asha - buoni pensieri, buone parole e buone azioni. Questa triade morale sarebbe diventata una pietra miliare della pratica zoroastriana, guidando i credenti verso una vita in armonia con il divino. Si trattava di un invito a una vita etica, in cui ogni azione portava con sé conseguenze che riecheggiavano sia nel regno materiale che in quello spirituale.

I primi anni di predicazione del profeta, tuttavia, furono segnati da lotte e rifiuti. I sacerdoti e i capi del tempo vedevano nel suo messaggio una minaccia alle loro tradizioni e alla loro autorità. Zarathustra affrontò il ridicolo e la persecuzione, ma rimase fermo, spinto dalla convinzione che le sue rivelazioni fossero la chiave di una verità superiore. Viaggiò di villaggio in villaggio, condividendo la sua visione di un universo in cui le forze della luce e delle tenebre si contendevano la supremazia e in cui ogni anima aveva un ruolo nel grande disegno.

Nonostante le difficoltà, un piccolo gruppo di seguaci cominciò a radunarsi intorno a lui, attratti dalla chiarezza del suo messaggio e dalla promessa di un mondo governato dalla giustizia e dalla saggezza divina. Tra questi primi convertiti c'erano coloro che si erano stancati della violenza e delle incertezze che caratterizzavano la loro epoca. Essi trovarono speranza nelle parole di Zarathustra, che parlavano di uno scopo cosmico che trascendeva le lotte transitorie della vita terrena.

Il messaggio di Zarathustra portava anche una promessa di rinnovamento, non solo per gli individui ma per la società nel suo complesso. Egli immaginava un mondo in cui gli esseri umani, attraverso le loro scelte, potevano allinearsi al piano divino di Ahura Mazda, contribuendo al trionfo finale della luce sulle tenebre. Questa visione offriva ai fedeli un senso di autonomia, sottolineando che le loro azioni quotidiane potevano alterare l'equilibrio delle forze cosmiche.

Con il passare del tempo, i suoi seguaci divennero il nucleo di quella che sarebbe diventata una tradizione religiosa di vasta portata. I loro incontri e le discussioni sugli insegnamenti di Ahura Mazda gettarono le basi per una fede che avrebbe influenzato il paesaggio spirituale della Persia per secoli. Le parole del profeta, inizialmente sussurrate nelle valli appartate e tra gli umili pastori, iniziarono a diffondersi, portate da coloro che credevano nella promessa di un nuovo ordine.

Tuttavia, il viaggio era appena iniziato. Le lotte di Zarathustra per trovare l'accettazione in un mondo resistente al cambiamento evidenziano le sfide inerenti alla nascita di qualsiasi nuova fede. I vecchi dei non si arrendevano facilmente e il sacerdozio, legato alle tradizioni dei sacrifici e dei rituali, vedeva nel monoteismo di Zarathustra una sfida alla propria autorità. Ma grazie alla perseveranza, la voce del profeta avrebbe trovato un orecchio più ricettivo, ponendo le basi per la trasformazione delle antiche credenze persiane e per l'affermazione dello zoroastrismo come importante forza spirituale.

Quando l'alba dello zoroastrismo si affacciò all'orizzonte dell'antica Persia, i suoi insegnamenti contenevano una promessa di unità e di scopo, che avrebbe ispirato le generazioni a venire e lasciato un'impronta duratura nella storia spirituale della regione. La storia di questo risveglio, che affonda le sue radici nelle domande senza tempo sull'esistenza e sulla natura del bene e del male, aveva solo iniziato a svolgersi.

La vita di Zarathustra, dal momento della sua visione mistica, divenne una ricerca per illuminare il sentiero tracciato da Ahura Mazda. Le sue rivelazioni non erano semplici riflessioni filosofiche: erano intuizioni dirette sulla natura dell'esistenza, sul funzionamento del cosmo e sulle responsabilità morali dell'umanità. Questa nuova visione offriva un allontanamento radicale dalle norme religiose del suo tempo. Proponeva un ordine singolare e universale governato da una divinità suprema, Ahura Mazda, e sfidava le tradizioni politeistiche che avevano a lungo plasmato la società persiana.

Il viaggio di Zarathustra come profeta non fu facile. Dopo l'incontro iniziale con Ahura Mazda, tornò dal suo popolo con un fervore che per molti era inquietante. Cominciò a predicare l'esistenza di due spiriti primordiali: Spenta Mainyu, lo spirito del bene, della creazione e della verità, e Angra Mainyu, lo spirito distruttivo della falsità e del caos. Questo dualismo non era una lotta alla pari tra forze opposte, ma piuttosto un ordine cosmico in cui il bene prometteva un trionfo finale grazie all'azione umana. La voce di Zarathustra portava la convinzione che ogni individuo avesse un ruolo in questa grande battaglia cosmica, dove le scelte tra Asha (verità) e Druj (inganno) determinavano non solo il suo destino personale, ma anche quello del mondo stesso.

Nonostante la chiarezza e la profondità del suo messaggio, Zarathustra dovette affrontare un'immensa resistenza. I sacerdoti del vecchio ordine, coloro che presiedevano ai sacrifici agli antichi dei, vedevano in lui una minaccia al loro potere e alla loro influenza. Per loro, il suo invito a rifiutare i rituali che non si allineavano al culto di Ahura Mazda era un sacrilegio. Lo derisero come eretico e i capi tribù, che si affidavano alle benedizioni dei loro dei per mantenere il controllo sulle loro terre e sul loro popolo, lo allontanarono. La lotta per convertire una società così profondamente radicata nei suoi antichi costumi mise a dura prova la determinazione di Zarathustra. I suoi insegnamenti, che enfatizzavano la purezza interiore del pensiero, della parola e dell'azione, contrastavano nettamente con l'attenzione esterna e materiale dei sacrifici tradizionali.

In mezzo a questa lotta, una svolta si ebbe quando Zarathustra trovò un patrono nel re Vishtaspa, un sovrano regionale che vide il potenziale di trasformazione del suo messaggio. Le storie del loro incontro sono intessute di mito e riverenza. Si dice che Zarathustra, con i suoi insegnamenti e forse con atti miracolosi, abbia convinto Vishtaspa della verità del messaggio di Ahura Mazda. Questo appoggio reale fornì a Zarathustra il sostegno necessario per diffondere maggiormente la sua dottrina e la sua fede cominciò a radicarsi oltre gli umili inizi di pochi fedeli seguaci.

Con la conversione di Vishtaspa, lo zoroastrismo iniziò a diffondersi a corte e nelle terre sotto l'influenza del re. Gli insegnamenti del profeta offrivano una nuova visione del governo, in cui i governanti avevano il dovere divino di sostenere la giustizia e l'Asha, promuovendo una società allineata ai principi della verità. Questa alleanza tra profeta e re fu determinante per spostare la percezione dello zoroastrismo da dottrina sovversiva a filosofia guida per la leadership e il governo. Trasformò il modo in cui veniva amministrata la giustizia e creò un precedente per un codice morale che poneva il benessere della comunità al di sopra dei capricci del potere individuale.

Le idee di Zarathustra sulla giustizia sociale si estendevano oltre il tribunale. I suoi insegnamenti richiedevano la protezione dei deboli e il rispetto di tutti gli esseri viventi come parte della creazione divina. In una società che spesso privilegiava la forza e la conquista, questa enfasi sulla compassione e sull'integrità morale era rivoluzionaria. Parlava a coloro che erano stati emarginati dall'ordine sociale esistente, offrendo loro un senso di dignità e di scopo all'interno del quadro cosmico. Il suo messaggio raggiunse contadini, artigiani e pastori, persone il cui lavoro era sottovalutato ma che nella visione di Zarathustra trovavano un posto d'onore nella lotta per Asha.

Al centro degli insegnamenti di Zarathustra c'era l'idea che gli esseri umani, attraverso i loro pensieri, parole e azioni, potessero influenzare la lotta cosmica tra il bene e il male. Il principio del libero arbitrio era al centro dell'etica zoroastriana. Zarathustra predicava che ogni individuo aveva il potere di scegliere il proprio cammino e che le sue scelte avrebbero risuonato in tutto il cosmo, favorendo la creazione di Ahura Mazda o soccombendo alle forze distruttive di Angra Mainyu. Questa convinzione impregnava la vita di un profondo senso di responsabilità, in cui ogni decisione poteva sostenere o sconvolgere l'ordine divino.

La corte di Vishtaspa divenne un centro per lo studio e la diffusione delle idee zoroastriane. Fu qui che gli insegnamenti di Zarathustra vennero formalizzati, assumendo una struttura che sarebbe poi diventata il fondamento dell'Avesta, le sacre scritture dello zoroastrismo. Sebbene questi insegnamenti fossero inizialmente tramandati oralmente, il sostegno reale contribuì a garantirne la conservazione, dando loro una base che avrebbe resistito al flusso e riflusso della storia. Studiosi, sacerdoti e seguaci si riunivano per imparare le nuove dottrine, memorizzando gli inni e le preghiere che esaltavano la creazione di Ahura Mazda e i percorsi morali che gli esseri umani dovevano seguire.

Tuttavia, il viaggio del profeta non si concluse con la conversione di Vishtaspa. Continuò a viaggiare e a insegnare, con i suoi seguaci che crescevano di numero e di influenza. Il suo messaggio si diffuse in tutte le terre, trovando risonanza tra le tribù e le comunità che erano attratte dalla promessa di un mondo giusto governato dai principi di Asha. Attraverso il dialogo, il dibattito e l'incrollabile fede, Zarathustra scavò un nuovo percorso nell'antico paesaggio culturale della Persia.

La morte di Zarathustra, come la sua vita, è avvolta nel mistero. Alcuni resoconti suggeriscono che fu assassinato mentre pregava, un martire per la sua fede incrollabile. Altri accennano a un trapasso pacifico, circondato da coloro che avrebbero portato i suoi insegnamenti nel futuro. Indipendentemente dalle modalità della sua fine, la sua eredità è rimasta. I semi che aveva piantato si radicarono nei cuori dei suoi seguaci, trasformandosi in una fede che sarebbe durata per millenni, sopravvivendo a invasioni, conquiste e cambiamenti culturali.

Lo zoroastrismo, nato dalle visioni solitarie di Zarathustra e diffusosi grazie al sostegno di un re convertito, divenne una religione che parlava alla profondità della condizione umana. Affrontava le eterne questioni del bene e del male, la natura della giustizia divina e il ruolo dell'umanità in un mondo irto di sfide morali. E ha avuto inizio con la rivelazione di un uomo: la visione di un mondo in cui la verità poteva risplendere attraverso le tenebre, guidando l'umanità verso un'esistenza migliore e più armoniosa. La storia degli albori dello zoroastrismo è quindi una storia di lotta e di trionfo, di un profeta che, contro ogni previsione, illuminò un sentiero verso l'illuminazione spirituale che avrebbe risuonato attraverso i secoli.

Capitolo 2
I testi sacri - L'Avesta

Nel cuore della tradizione zoroastriana si trova l'Avesta, la raccolta sacra di inni, preghiere e rituali che racchiude gli insegnamenti fondamentali di Zarathustra. Questa antica scrittura funge da guida spirituale per i seguaci di Ahura Mazda, un deposito di saggezza divina, verità cosmiche e principi morali che danno forma alla vita zoroastriana. L'Avesta è più di un testo; è un contenitore attraverso il quale le parole di Zarathustra sono state conservate e tramandate attraverso secoli di cambiamenti, turbolenze e resistenza. È nell'Avesta che i misteri della creazione, la natura del bene e del male e il cammino verso la rettitudine sono scritti in versi che risuonano con la voce di un passato lontano.

L'Avesta è diviso in diverse sezioni, ognuna delle quali ha uno scopo distinto all'interno del quadro religioso. Tra le sue parti più importanti c'è lo Yasna, un testo liturgico usato nelle cerimonie religiose, che comprende i Gatha, gli inni che si ritiene siano stati composti da Zarathustra stesso. I Gatha sono la parte più antica dell'Avesta e i loro versi sono intrisi del linguaggio poetico dell'antica Persia. Attraverso questi inni, Zarathustra comunica le sue esperienze dirette con il divino, le sue visioni di Ahura Mazda e le sue riflessioni sulla lotta tra Asha e Druj. I Gatha non sono semplici preghiere, ma dialoghi con il divino, in cui il profeta si confronta con i misteri dell'esistenza e della natura dell'universo.

Un'altra componente fondamentale dell'Avesta è costituita dagli Yasht, una raccolta di inni dedicati a vari esseri divini e aspetti del mondo naturale. Questi testi sono ricchi di dettagli mitologici e invocano gli spiriti e le divinità che popolano la cosmologia zoroastriana. Attraverso gli Yasht, i seguaci cercano la benedizione di entità potenti come Mithra, il dio dell'alleanza e della verità, e Anahita, la dea delle acque e della fertilità. Gli Yasht celebrano l'interconnessione tra la natura e il divino, sottolineando il rispetto zoroastriano per la creazione. Questi inni, pieni di immagini vivide di fiumi, montagne e corpi celesti, riflettono una visione del mondo in cui ogni elemento della natura è impregnato di significato sacro.

La Vendidad, un'altra parte fondamentale dell'Avesta, ha uno scopo diverso. A differenza del tono poetico e devozionale dei Gatha e degli Yasht, la Vendidad è un testo legale e rituale, che delinea le regole per mantenere la purezza e allontanare le influenze maligne. Fornisce istruzioni dettagliate sui riti di purificazione, sul trattamento di elementi sacri come il fuoco e l'acqua e sul comportamento corretto da tenere nei confronti della morte e dell'aldilà. La Vendidad è una guida pratica per i fedeli zoroastriani, che offre un percorso per mantenere la pulizia spirituale e fisica in un mondo in cui le forze di Angra Mainyu sono sempre presenti. Evidenzia l'importanza del rituale nella vita quotidiana, dove le azioni devono allinearsi all'ordine divino per garantire la prosperità della comunità.

La struttura dell'Avesta riflette la natura complessa del culto zoroastriano, bilanciando il mistico con il pratico, il poetico con il prescrittivo. I suoi versi sono recitati durante le cerimonie condotte da sacerdoti, noti come Mobed, addestrati nell'arte di cantare queste antiche parole. La recitazione dell'Avesta non è una semplice lettura, ma un atto rituale che crea un ponte tra il terreno e il divino, creando uno spazio in cui i fedeli possono connettersi con Ahura Mazda e con i regni spirituali. Il ritmo e l'intonazione dei canti sono considerati potenti, un mezzo per invocare la presenza divina e rafforzare l'ordine cosmico di Asha.

Nel corso della storia, la conservazione dell'Avesta è stata una storia di sopravvivenza contro le forze del tempo e della conquista. Gran parte dell'Avesta originale è andata perduta durante i periodi di invasione e distruzione, soprattutto dopo la caduta dell'Impero sasanide e la successiva conquista islamica della Persia. Ciò che rimane dell'Avesta oggi è una frazione del suo vasto corpus, ma porta con sé il peso di millenni. I testi sopravvissuti sono stati faticosamente conservati dai sacerdoti zoroastriani che hanno salvaguardato queste scritture attraverso la tradizione orale e la successiva trascrizione. La resistenza di questi testi testimonia la dedizione della comunità zoroastriana, che considerava la conservazione dell'Avesta essenziale per mantenere il legame con le antiche verità rivelate da Zarathustra.

L'importanza dell'Avesta va oltre il suo ruolo nei rituali; è anche una bussola spirituale per l'individuo. Offre una guida su come vivere una vita allineata con i principi di verità, purezza e rispetto per la creazione. I suoi versi incoraggiano i fedeli a contemplare la natura dell'anima, le responsabilità del libero arbitrio e le conseguenze eterne delle proprie azioni. Attraverso gli insegnamenti dell'Avesta, agli zoroastriani viene ricordato che le loro scelte contribuiscono alla lotta cosmica tra il bene e il male e che la ricerca di Asha è un'impresa quotidiana che plasma sia il loro destino che quello del mondo.

Nella sua totalità, l'Avesta è più di un libro: è una testimonianza vivente dello spirito duraturo dello zoroastrismo. Le sue parole sono recitate nei templi del fuoco, dove la fiamma sacra arde come simbolo della luce e della saggezza di Ahura Mazda. L'Avesta rimane una fonte di forza per una comunità che ha sopportato spostamenti e diaspore, un ricordo di un'eredità che risale agli albori della civiltà. Per i fedeli zoroastriani è un legame con i loro antenati, con la visione di Zarathustra e con l'eterna lotta per un mondo governato dalla giustizia e dalla verità. Attraverso l'Avesta, le antiche voci della Persia continuano a parlare, guidando coloro che cercano di comprendere i misteri dell'esistenza e il cammino verso l'illuminazione spirituale.

Nei versi dell'Avesta, la storia della creazione, la natura del divino e le responsabilità della vita umana si fondono in una sinfonia armoniosa, una narrazione che ha plasmato il cammino spirituale di innumerevoli anime. Questo testo sacro, con la sua miscela di visione cosmica e guida pratica, rimane una pietra miliare dell'identità zoroastriana, un faro di luce che continua a brillare attraverso la notte dei tempi, offrendo saggezza a coloro che ascoltano.

L'Avesta, in quanto raccolta di testi sacri, non è semplicemente una registrazione di preghiere e inni; è un deposito della filosofia zoroastriana e una profonda esplorazione delle verità cosmiche rivelate da Zarathustra. Gli insegnamenti contenuti in questi antichi versi approfondiscono la natura fondamentale dell'esistenza, l'eterna lotta tra il bene e il male e le responsabilità dell'umanità nel sostenere l'ordine divino. Approfondendo l'Avesta, i testi rivelano un mondo in cui ogni azione, parola e pensiero ha un peso nell'equilibrio cosmico tra Asha e Druj, verità e inganno.

I Gatha, attribuiti direttamente a Zarathustra, sono centrali per questo fondamento filosofico. Scritti in un'arcaica lingua avestana, gli inni dei Gatha trasmettono l'essenza delle rivelazioni spirituali di Zarathustra. Qui, egli parla di Ahura Mazda come incarnazione della saggezza e della luce, che guida i fedeli verso una vita allineata con Asha. Le parole di Zarathustra invitano gli individui a usare il loro libero arbitrio per scegliere il sentiero della rettitudine, giocando così un ruolo nella battaglia cosmica contro Angra Mainyu, lo spirito della distruzione. Questi inni esplorano temi come la creazione del mondo, la natura della giustizia divina e il destino dell'anima, costituendo il cuore della teologia zoroastriana.

Nei versi dei Gatha, Zarathustra pone domande profonde sulla natura dell'universo e sul posto dell'umanità al suo interno. Egli contempla la natura dell'anima, l'origine della creazione e le forze duali che danno forma alla realtà. Per esempio, descrive il momento in cui i due spiriti primordiali - Spenta Mainyu, lo spirito generoso di Ahura Mazda, e Angra Mainyu, lo spirito del caos - scelgono le loro rispettive strade, mettendo in moto la lotta cosmica che definisce l'esistenza. Attraverso questi insegnamenti, ai fedeli viene ricordato che le loro scelte rispecchiano questa antica decisione, poiché decidono continuamente tra i sentieri della luce e dell'oscurità.

Oltre ai Gatha, gli Yasht forniscono una comprensione più profonda degli esseri divini che assistono Ahura Mazda nel mantenere l'ordine del cosmo. Ogni inno è dedicato a un particolare Yazata, o entità divina, che celebra il suo ruolo nel mantenimento di Asha. Tra questi, Mithra spicca come protettore della verità e dei contratti, incarnando la luce che attraversa le tenebre. Anahita, la dea delle acque, rappresenta la purezza e il potere nutritivo dei fiumi e delle piogge. Queste figure non sono divinità lontane, ma sono intimamente connesse agli elementi del mondo naturale, riflettendo il profondo rispetto dello Zoroastrismo per la natura e l'interconnessione di tutta la vita.

Le narrazioni all'interno degli Yasht sono ricche di battaglie allegoriche ed eventi cosmici. Per esempio, il Tishtrya Yasht racconta la storia di Tishtrya, la stella che porta la pioggia, che combatte contro il demoniaco spirito della siccità Apaosha. Questa lotta mitologica simboleggia l'eterna battaglia tra le forze che portano la vita e quelle che cercano di portare aridità e morte. Queste storie non sono semplici racconti mitici, ma servono come lezioni spirituali, illustrando la convinzione zoroastriana che ogni atto di bontà contribuisce al mantenimento dell'equilibrio cosmico.

La Vendidad, con il suo taglio più pratico, fornisce una guida alla purezza morale e rituale essenziale per resistere all'influenza di Angra Mainyu. Delinea i riti per mantenere la pulizia del corpo e per purificare gli spazi contaminati dalla morte o dalle forze demoniache. Questa enfasi sulla purezza riflette una più profonda comprensione zoroastriana del mondo fisico come creazione sacra che deve essere protetta. Le leggi della Vendidad toccano ogni aspetto della vita quotidiana: come prendersi cura della terra, come trattare gli animali e come garantire che il fuoco, simbolo della presenza di Ahura Mazda, rimanga puro e incontaminato. In questo modo, la Vendidad funge da guida sia spirituale che ecologica, sottolineando l'importanza di rispettare l'ambiente come parte del proprio dovere religioso.

Tra gli aspetti più intriganti dell'Avesta ci sono i passaggi che riguardano la creazione del mondo e il ruolo dell'umanità al suo interno. Nel mito della creazione, Ahura Mazda crea l'universo come una struttura ordinata, introducendo gli elementi uno alla volta: cielo, acqua, terra, piante, animali e, infine, l'uomo. Ogni parte della creazione è impregnata del principio di Asha, che riflette l'ordine divino che sostiene la vita. Tuttavia, con la creazione è arrivata la sfida di Angra Mainyu, che cerca di corrompere e distruggere questo ordine. L'Avesta insegna che gli esseri umani, in quanto ultima creazione, hanno un ruolo unico: sono gli amministratori di questo mondo, con il compito di difenderlo dal caos attraverso le loro azioni.

Questo senso di responsabilità cosmica è rafforzato nelle descrizioni dell'Avesta sull'aldilà, in particolare sul viaggio dell'anima dopo la morte. Al momento della morte, ogni anima affronta il giudizio sul ponte di Chinvat, dove le sue azioni vengono soppesate per determinare se passerà nella Casa del Canto - un regno di luce e gioia - o se cadrà nell'oscurità della Casa della Menzogna. Questa visione dell'aldilà funge da potente incentivo per gli zoroastriani a vivere una vita di virtù, sapendo che le loro azioni influiscono direttamente sul loro destino spirituale. Gli insegnamenti dell'Avesta sul viaggio dell'anima sottolineano l'importanza di vivere secondo i principi di verità, giustizia e rispetto per il divino.

Il ricco simbolismo e gli insegnamenti dell'Avesta non sono rivolti solo alla comunità, ma anche al viaggio interiore dell'individuo. Il testo incoraggia la riflessione sulla natura dei propri pensieri e delle proprie intenzioni, ricordando ai fedeli che la battaglia tra Asha e Druj si svolge all'interno di ogni cuore e di ogni mente. È nelle scelte individuali che il grande dramma cosmico trova la sua espressione più intima, dove ogni momento racchiude il potenziale di crescita o declino spirituale.

L'Avesta, nella sua interezza, rappresenta quindi un ponte tra il divino e il terreno, l'antico e l'eterno. I suoi versi continuano a risuonare con coloro che cercano la saggezza negli insegnamenti di Zarathustra, offrendo una guida attraverso le complessità della vita e i misteri dell'esistenza. Per la comunità zoroastriana, questi testi sacri non sono reliquie di un passato lontano, ma parole vive che ispirano uno stile di vita. Attraverso l'Avesta, la luce di Ahura Mazda continua a risplendere, illuminando un sentiero di rettitudine che si estende oltre il tempo, collegando il presente a una stirpe di antichi ricercatori della verità.

Capitolo 3
Cosmologia

Nel vasto arazzo dello zoroastrismo, il cosmo emerge come un'arena dinamica in cui si svolge l'eterna lotta tra il bene e il male. Questa visione del mondo, plasmata dagli insegnamenti di Zarathustra e conservata nei versi dell'Avesta, presenta l'universo come un campo di battaglia definito dal dualismo cosmico. Al centro si trova Ahura Mazda, la divinità suprema che incarna la saggezza, la luce e l'ordine. A lui si oppone Angra Mainyu, lo spirito distruttivo che cerca di diffondere il caos e le tenebre. Questa dualità non è solo simbolica: permea ogni aspetto della creazione, dai regni celesti alle lotte interiori delle anime umane.

Ahura Mazda, il Signore Saggio, è il creatore di tutto ciò che è buono. Non è vincolato dal tempo o dallo spazio, esiste al di là del mondo materiale ma è profondamente legato ad esso. La sua luce divina, nota come Hvar o Sole, è vista come una manifestazione della sua presenza eterna, che illumina l'universo e guida l'umanità verso la verità. Nella cosmologia zoroastriana, Ahura Mazda è circondato dagli Amesha Spenta, o "Santi Immortali", ognuno dei quali rappresenta un aspetto dell'ordine divino da lui stabilito. Queste sette entità divine comprendono, tra le altre, Vohu Manah (Mente Buona), Asha Vahishta (Verità Migliore) e Spenta Armaiti (Devozione Sacra) e fungono da guardiani dei vari elementi della creazione, incarnando i principi che sostengono l'equilibrio cosmico.

A questo ordine celeste si oppone Angra Mainyu, noto anche come Ahriman, lo spirito della distruzione e dell'inganno. A differenza di Ahura Mazda, Angra Mainyu non è un creatore ma un corruttore. La sua stessa essenza incarna Druj, la forza della menzogna e del disordine che cerca di minare l'armonia dell'universo. Lo zoroastrismo ritrae Angra Mainyu come una forza malevola che cerca di introdurre la sofferenza e il caos nel mondo, attaccando sia la creazione fisica sia la purezza spirituale degli esseri. Questa lotta non è rappresentata come una battaglia tra pari; piuttosto, è un conflitto in cui la vittoria finale di Ahura Mazda è assicurata, ma la tempistica di questa vittoria dipende dalle scelte fatte dagli esseri umani.

La visione zoroastriana dell'universo è profondamente strutturata, con ogni elemento della creazione che svolge un ruolo specifico in questa lotta cosmica. La creazione di Ahura Mazda si svolge in una serie di fasi, che iniziano con il mondo spirituale e sono seguite da quello materiale. Il regno spirituale, conosciuto come Mēnōg, rappresenta lo stato ideale della creazione, non corrotto dalle influenze di Angra Mainyu. È il regno in cui risiedono gli Amesha Spenta, che mantengono il progetto dell'ordine divino. Il mondo materiale, o Getig, è il luogo in cui prendono forma le manifestazioni fisiche di quest'ordine, dove il cielo, la terra, l'acqua e tutte le creature viventi sono state create da Ahura Mazda.

Tuttavia, con la creazione del mondo materiale, inizia la corruzione di Angra Mainyu. Egli si infiltra nel regno fisico, portando malattia, decadimento e morte, forze che erano assenti nel puro dominio spirituale. Questa invasione segna l'inizio della lotta che definisce l'esistenza umana: un mondo in bilico tra la purezza della visione originale di Ahura Mazda e la contaminazione operata da Angra Mainyu. La dualità tra Mēnōg e Getig illustra la convinzione zoroastriana che il mondo materiale, sebbene corrotto, non è al di là della redenzione. Attraverso azioni rette e l'adesione ad Asha, gli esseri umani possono lavorare per ripristinare l'equilibrio e la purezza della creazione.

In questo quadro cosmico, i concetti di Asha e Druj rivestono un'importanza centrale. Asha, spesso tradotto come "verità" o "ordine", è il principio che governa l'universo e rappresenta la legge divina e il modo giusto di vivere. È il sentiero tracciato da Ahura Mazda, che guida tutto, dal movimento delle stelle alle scelte morali degli esseri umani. Asha non è semplicemente un ideale filosofico; è la forza che sostiene la vita, la salute e la prosperità. Governa i cicli della natura e l'armonia delle stagioni, assicurando che l'ordine cosmico rimanga intatto. In ogni atto di onestà, carità o giustizia, gli zoroastriani credono di rafforzare il potere di Asha.

Al contrario, Druj rappresenta la falsità, il caos e la decadenza. È la forza che si oppone ad Asha in ogni momento, manifestandosi sia con disturbi fisici che con la corruzione morale. Malattie, carestie e conflitti sono visti come manifestazioni dell'influenza di Druj sul mondo materiale. La sfida per l'umanità, secondo gli insegnamenti zoroastriani, consiste nel riconoscere la presenza di Druj e scegliere di combatterla attraverso i propri pensieri, parole e azioni. Così facendo, si allineano alla lotta cosmica e svolgono un ruolo nel garantire che l'equilibrio dell'universo penda verso il lato della luce e dell'ordine.

Questa cosmologia dualistica si estende alla struttura stessa del tempo. Lo zoroastrismo concepisce il tempo come diviso in tre grandi epoche: la creazione, l'attuale periodo di conflitto e il rinnovamento finale del mondo. Il tempo presente è caratterizzato dalla lotta tra Asha e Druj, dove ogni azione umana ha il potenziale di far pendere la bilancia verso la luce o l'oscurità. È un periodo di prove, in cui i fedeli devono rimanere vigili contro gli inganni di Angra Mainyu. Tuttavia, l'esito finale di questa battaglia cosmica non è in dubbio. La saggezza divina di Ahura Mazda assicura che le forze del bene alla fine trionferanno, portando al Frashokereti, o al rinnovamento del mondo.

In questa era futura, secondo le credenze zoroastriane, il mondo sarà purificato da ogni corruzione. Angra Mainyu e le sue forze demoniache saranno sconfitte e Asha sarà completamente restaurata. Tutte le anime si riuniranno con le loro forme perfette e i regni materiale e spirituale diventeranno uno. L'universo tornerà al suo stato originario di purezza, libero dall'influenza del caos e del male. Questa visione del futuro fornisce agli zoroastriani un senso di speranza e di scopo, poiché le loro azioni quotidiane contribuiscono al compimento di questo destino cosmico.

La cosmologia zoroastriana è quindi una profonda narrazione della luce e dell'oscurità, della saggezza divina che guida il cosmo e degli esseri umani che hanno il potere di scegliere il loro ruolo in questo grande dramma. È una visione del mondo che sottolinea l'interconnessione di tutta la vita e l'importanza di mantenere l'ordine naturale. Attraverso il rispetto per gli elementi - fuoco, acqua, terra - e l'impegno per la verità e la giustizia, gli zoroastriani si considerano partecipi di una missione cosmica per preservare l'equilibrio della creazione. Questa concezione dell'universo modella ogni aspetto della loro pratica religiosa, dalle preghiere recitate davanti a una fiamma sacra alle decisioni etiche prese nella vita quotidiana.

In questa visione grandiosa del cosmo, la luce di Ahura Mazda continua a brillare come un faro di speranza, guidando le anime attraverso l'oscurità e ricordando loro la promessa di un mondo redento. Attraverso i principi di Asha, ogni atto di gentilezza e integrità contribuisce alla lenta ma certa vittoria sul caos, riecheggiando nella lotta senza tempo tra ordine ed entropia. È all'interno di questa narrazione cosmica che i fedeli trovano il loro scopo, uno scopo che trascende il tempo e li lega all'eterna lotta per un mondo in cui la luce prevalga sull'ombra e la verità dissipi la falsità che cerca di consumarlo.

La cosmologia dello zoroastrismo non esiste solo su una grande scala universale, ma si estende profondamente nella vita quotidiana e nelle pratiche dei suoi seguaci. È una visione del mondo che modella il modo in cui gli zoroastriani percepiscono l'ambiente circostante, le loro relazioni e il loro ruolo all'interno dell'intricato arazzo della creazione. Ogni elemento della loro fede è legato alla battaglia cosmica tra Asha (ordine) e Druj (caos), influenzando il modo in cui gli zoroastriani si comportano di fronte alle sfide morali ed esistenziali. Questa visione cosmica non si limita ai templi o alle scritture, ma risuona in ogni aspetto della vita zoroastriana, offrendo un quadro di riferimento attraverso il quale i fedeli navigano nella loro esistenza.

Uno degli aspetti più significativi della cosmologia zoroastriana è il concetto di Asha, un principio che incarna la verità, l'ordine e la legge divina stabilita da Ahura Mazda. Asha non è solo un'idea astratta, ma è una forza guida che modella la struttura dell'universo e la condotta etica che ogni zoroastriano si aspetta. I fedeli sono chiamati ad allinearsi ad Asha in tutte le loro azioni, cercando di vivere in armonia con il mondo naturale e il suo ordine divino. Questo si estende alle pratiche quotidiane, come mantenere la pulizia, offrire preghiere davanti alla fiamma sacra e trattare ogni vita con rispetto. Vivere secondo Asha significa contribuire alla lotta cosmica a favore della luce e della rettitudine, respingendo le forze invadenti del Druj.

Il concetto di Druj, invece, rappresenta il disordine, la falsità e il caos distruttivo introdotto da Angra Mainyu. Druj si manifesta non solo nel regno metafisico come influenza corruttrice, ma anche nel mondo materiale, attraverso atti di inganno, violenza e mancanza di rispetto per l'ordine naturale. Per gli zoroastriani, resistere a Druj è una battaglia quotidiana che si svolge nella mente, nella parola e nell'azione. Richiede consapevolezza e una costante coscienza delle implicazioni morali delle proprie scelte. Gli atti che danneggiano gli altri, che ingannano o che non rispettano la sacralità della vita sono considerati allineamenti con Druj, che indeboliscono la presenza di Asha nel mondo.

I rituali e le pratiche religiose zoroastriane sono concepiti per rafforzare i principi cosmici di Asha, creando uno spazio sacro che rispecchia l'ordine divino dell'universo. Uno degli elementi più centrali del culto zoroastriano è il fuoco, che simboleggia la luce di Ahura Mazda e serve a ricordare costantemente la presenza divina nel mondo materiale. Nei templi del fuoco, gli zoroastriani si riuniscono per pregare davanti a una fiamma sacra, mantenendo la sua purezza come gesto di devozione ad Asha. Il fuoco è tenuto a bruciare continuamente, riflettendo la natura eterna della luce di Ahura Mazda, ed è trattato con la massima riverenza, senza mai essere inquinato da sostanze impure.

Nella vita quotidiana, gli zoroastriani eseguono semplici rituali che rafforzano il loro legame con l'ordine cosmico. Le preghiere vengono recitate più volte al giorno, spesso rivolte verso una fonte di luce, che sia il sole nascente o una candela accesa, a simboleggiare il volgersi verso la verità e l'allontanarsi dalle tenebre del Druj. Queste preghiere sono considerate atti di allineamento con il divino, momenti in cui i fedeli riaffermano il loro impegno a vivere secondo Asha. Anche nelle attività mondane, come mangiare o lavorare, agli zoroastriani viene insegnato a mantenere una mentalità di gratitudine e di rispetto per le benedizioni di Ahura Mazda, assicurandosi che le loro azioni rimangano in armonia con l'ordine cosmico.

L'importanza del libero arbitrio nella cosmologia zoroastriana è un tema ricorrente, poiché ogni individuo è visto come un partecipante attivo nella battaglia cosmica in corso. Questa fiducia nell'arbitrio umano è fondamentale per la comprensione zoroastriana del bene e del male. A differenza di molti antichi sistemi di credenze in cui il destino è predeterminato dagli dei, lo zoroastrismo pone il potere di scelta nelle mani di ogni persona. I seguaci sono incoraggiati a riflettere profondamente sulle loro azioni e sulle loro conseguenze, sapendo che ogni scelta rafforza Asha o permette a Druj di guadagnare terreno. L'enfasi sul libero arbitrio fornisce un quadro morale che è allo stesso tempo stimolante e impegnativo, poiché pone la responsabilità del destino del mondo nelle mani dei suoi abitanti.

Questa filosofia si estende al modo in cui gli zoroastriani vedono la natura e l'ambiente. La terra, l'acqua, le piante e gli animali sono tutti considerati creazioni sacre di Ahura Mazda, meritevoli di cura e rispetto. Questa riverenza per la natura non è semplicemente ecologica, ma è legata alla battaglia cosmica contro il caos. L'inquinamento, lo spreco e la mancanza di rispetto per le risorse naturali sono considerati forme di Druj, atti che disturbano l'armonia divina del mondo. Per gli zoroastriani, curare un giardino, preservare l'acqua o prendersi cura degli animali è più di una semplice buona amministrazione: è un dovere spirituale che li allinea con Asha e contribuisce al ripristino dell'equilibrio cosmico.

L'influenza della cosmologia zoroastriana è evidente anche nell'approccio della comunità alle sfide e alle avversità della vita. Le lotte della vita quotidiana, che siano malattie, perdite o dilemmi morali, sono intese come riflessi della più ampia lotta cosmica. Nell'affrontare tali sfide, gli zoroastriani traggono forza dalla loro fede nella saggezza ultima di Ahura Mazda e dalla promessa che, nonostante le temporanee battute d'arresto, le forze del bene alla fine prevarranno. Questa fede nel trionfo della luce sulle tenebre offre conforto e resilienza, incoraggiando i credenti a perseverare nei loro sforzi per vivere rettamente, anche quando si trovano di fronte a circostanze difficili.

Gli insegnamenti dell'Avesta, comprese le sue vivaci descrizioni della lotta cosmica, giocano un ruolo centrale nel plasmare questa prospettiva. Per esempio, alcuni passaggi della Vendidad sottolineano l'importanza della purezza e della vigilanza contro la corruzione spirituale e fisica, rafforzando l'idea che ogni atto di cura per se stessi e per gli altri è un contributo alla forza di Asha. Questi insegnamenti servono a ricordare che il sacro è intessuto nel tessuto della vita quotidiana, che le scelte fatte anche nei momenti più piccoli hanno un significato cosmico.

In definitiva, la visione zoroastriana del cosmo offre una visione di interconnessione, in cui ogni essere, ogni elemento e ogni momento svolge un ruolo in una grande narrazione che si estende oltre il tempo. Questo senso di dovere cosmico dà un profondo senso di scopo alla vita dei fedeli, ricordando loro che le loro azioni risuonano ben oltre il mondo immediato. Favorisce una comunità legata non solo da rituali e credenze comuni, ma anche da una missione condivisa per preservare l'ordine divino contro le ombre incombenti del caos.

In questa intricata danza tra luce e oscurità, gli zoroastriani trovano un percorso impegnativo e profondamente significativo. Il mondo, con tutte le sue bellezze e le sue sfide, diventa un palcoscenico dove si svolge il dramma di Asha e Druj e dove ogni individuo, attraverso i suoi pensieri, le sue parole e le sue azioni, contribuisce al dispiegarsi della storia dell'universo. È una visione del mondo che invita alla riflessione, alla riverenza e all'impegno per una vita di integrità, offrendo una bussola spirituale che guida i fedeli attraverso le complessità dell'esistenza, sempre con lo sguardo rivolto alla più grande lotta cosmica che plasma il destino di tutta la creazione.

Capitolo 4
Ahura Mazda - La divinità suprema

Ahura Mazda, la divinità suprema dello zoroastrismo, è l'incarnazione della saggezza, della luce e della verità. È il creatore di tutto ciò che è buono nell'universo, un essere la cui essenza è intrecciata con il concetto di Asha, l'ordine divino che sostiene la vita e mantiene l'equilibrio nel cosmo. A differenza delle divinità capricciose di altri pantheon antichi, la natura di Ahura Mazda è singolarmente incentrata sulla promozione dell'armonia, della giustizia e della chiarezza morale. Non è solo una forza cosmica distante, ma una guida personale per coloro che cercano di comprendere i misteri dell'esistenza e di allinearsi con i principi che governano l'universo.

Il nome stesso di Ahura Mazda è ricco di significati. Derivato dall'Avestan, "Ahura" significa "Signore" o "Spirito", mentre "Mazda" si traduce in "Saggezza" o "Conoscenza". Insieme, il nome trasmette l'idea di un'intelligenza divina che governa l'universo con uno scopo e una previsione. Negli insegnamenti di Zarathustra, Ahura Mazda non è solo un creatore, ma la fonte stessa di tutta la saggezza, l'architetto delle stelle e dell'ordine del mondo naturale. È raffigurato come una divinità che possiede Haurvatat (interezza) e Ameretat (immortalità), qualità che indicano la sua natura eterna e immutabile. Ciò lo distingue dalle divinità della Persia pre-zoroastriana, il cui potere era spesso legato a specifici regni della natura o a ruoli sociali.

La cosmologia zoroastriana pone Ahura Mazda al centro della creazione, raffigurandolo come il creatore del mondo spirituale e di quello materiale. Prima che l'universo materiale prendesse forma, Ahura Mazda creò il regno spirituale, un dominio perfetto ed eterno dove i principi di Asha regnavano supremi. Questo atto di creazione non fu un evento lontano, ma un processo continuo, in cui la saggezza di Ahura Mazda continua a guidare il dispiegarsi del cosmo. Nel pensiero zoroastriano, ogni stella che brilla nel cielo notturno e ogni legge naturale che governa la vita è una manifestazione del suo ordine divino. La bellezza del mondo, dallo scorrere dei fiumi ai cicli delle stagioni, è vista come un riflesso della volontà creativa di Ahura Mazda.

Uno degli aspetti più profondi della natura di Ahura Mazda è il suo rapporto con l'umanità. Zarathustra insegnava che Ahura Mazda ha dotato gli esseri umani di Vohu Manah, o Buona Mente, che consente loro di distinguere tra giusto e sbagliato. Questo dono è ciò che permette agli esseri umani di partecipare alla lotta cosmica tra Asha e Druj, usando il loro libero arbitrio per scegliere la via della rettitudine. A differenza di altre divinità antiche che richiedevano un'obbedienza cieca, Ahura Mazda cerca un rapporto consapevole con i suoi seguaci, esortandoli a comprendere le dimensioni morali delle loro scelte e la loro responsabilità nella conservazione del mondo. Attraverso questo rapporto, gli zoroastriani sono invitati a diventare collaboratori di Ahura Mazda nella lotta contro il caos, contribuendo alla vittoria finale della luce sulle tenebre.

Il ruolo di Ahura Mazda come guida morale si riflette ulteriormente nelle sue interazioni con gli Amesha Spenta, gli "Immortali Benevoli" che servono come aspetti della sua volontà divina. Questi esseri non sono divinità separate, ma piuttosto sfaccettature del potere creativo di Ahura Mazda, ognuna delle quali incarna una particolare virtù o elemento del mondo. Ad esempio, Asha Vahishta rappresenta la verità più elevata e l'ordine cosmico, mentre Spenta Armaiti incarna la devozione e la riverenza. Queste entità fungono da intermediari tra Ahura Mazda e il mondo materiale, guidando gli esseri umani verso una vita in linea con i principi di Asha. Insieme, formano un consiglio divino che sostiene l'integrità della creazione, assicurando la realizzazione della visione di Ahura Mazda di un universo giusto e armonioso.

Questa gerarchia divina, con Ahura Mazda a capo, riflette la natura strutturata della visione del mondo zoroastriana. La presenza degli Amesha Spenta sottolinea che l'influenza di Ahura Mazda si estende a ogni aspetto dell'esistenza, dai cicli naturali della vita ai quadri etici che guidano il comportamento umano. Quando gli zoroastriani offrono preghiere ad Ahura Mazda, invocano anche queste qualità divine, cercando di portare la propria vita in armonia con le virtù cosmiche che gli Amesha Spenta rappresentano. Le preghiere e i rituali rivolti ad Ahura Mazda servono quindi come atti di allineamento, in cui i fedeli cercano di riflettere l'ordine divino nei propri pensieri, parole e azioni.

Il ruolo centrale di Ahura Mazda nello zoroastrismo non è solo quello di divinità da adorare, ma anche di simbolo dell'eterna lotta per la verità e la rettitudine. La sua esistenza come fonte ultima di luce e saggezza fornisce le basi per comprendere l'universo morale in cui vivono gli zoroastriani. Attraverso la devozione ad Ahura Mazda, ai credenti viene ricordato il dovere di sostenere Asha di fronte all'invasione di Druj, di essere vigili contro la falsità e di impegnarsi per una vita che incarni integrità e compassione. Questo rapporto con il divino è profondamente personale e offre a ogni individuo l'opportunità di partecipare all'ordine cosmico attraverso le proprie azioni.

Il concetto di Ahura Mazda porta anche una prospettiva unica sulla natura della divinità stessa. A differenza di molte altre tradizioni che raffigurano gli dei come fallibili o guidati da desideri simili a quelli umani, Ahura Mazda rappresenta un ideale di perfezione. Egli è senza difetti o debolezze e incarna i più alti ideali di saggezza e giustizia. Questa visione di una divinità pura nel pensiero, nella parola e nell'azione costituisce uno standard per i fedeli, incoraggiandoli ad aspirare a simili virtù nella propria vita. Attraverso questa aspirazione, gli zoroastriani si considerano capaci di contribuire all'ordine cosmico, incarnando le qualità divine che Ahura Mazda rappresenta.

Nei templi zoroastriani, Ahura Mazda non è raffigurato in forma umana, ma è simboleggiato dal fuoco sacro, che ricorda la sua presenza eterna e la luce della saggezza che dona. Il fuoco, che arde continuamente sugli altari, serve come connessione tangibile con il divino, un simbolo della luce guida di Ahura Mazda che dissipa le tenebre dell'ignoranza. Questo simbolismo rafforza l'idea che il divino non è lontano ma sempre presente, una fonte di ispirazione che illumina il sentiero di Asha per coloro che lo cercano.

L'essenza di Ahura Mazda come creatore e sostenitore della vita, come arbitro ultimo della verità e come forza che spinge il cosmo in avanti, è il nucleo della spiritualità zoroastriana. I suoi insegnamenti attraverso Zarathustra offrono la visione di un mondo in cui regnano l'ordine, la giustizia e la compassione, un mondo in cui ogni individuo ha il potere di contribuire a un bene più grande. Attraverso questo rapporto con Ahura Mazda, gli zoroastriani trovano un senso di scopo, una bussola morale che li guida attraverso le complessità dell'esistenza, puntando sempre verso la promessa di un universo in cui la luce prevale sull'ombra e la saggezza trionfa sull'ignoranza.

Il culto di Ahura Mazda nello zoroastrismo non è solo una pratica di riverenza, ma una profonda espressione di devozione che intreccia la vita quotidiana con l'ordine cosmico. Gli zoroastriani vedono il loro rapporto con Ahura Mazda come una collaborazione nella lotta continua per la conservazione di Asha, la verità e l'ordine divini. Questo legame viene alimentato attraverso rituali, preghiere e comportamenti etici, dando forma a un percorso spirituale in cui la presenza di Ahura Mazda guida la vita sia comunitaria che individuale.

Al centro del culto zoroastriano c'è la pratica delle preghiere quotidiane, note come Gāhs, che vengono recitate cinque volte al giorno, ognuna allineata con specifiche fasi della giornata. Queste preghiere servono a mantenere i fedeli in costante comunione con Ahura Mazda, ricordando loro il ruolo di sostenere Asha in ogni pensiero, parola e azione. Recitare queste preghiere è più di un rituale formale: è un atto di allineamento con la luce divina, che rafforza gli ideali di saggezza e rettitudine che Ahura Mazda incarna. Le Gāhs sono tipicamente rivolte agli elementi naturali come il fuoco, l'acqua e la terra, riconoscendoli come creazioni di Ahura Mazda e ribadendo l'importanza di vivere in armonia con il mondo naturale.

I rituali che coinvolgono il fuoco giocano un ruolo particolarmente significativo in questo culto. Il fuoco è considerato il simbolo più puro dell'essenza di Ahura Mazda e rappresenta la fiamma eterna della saggezza e della luce che egli porta nel mondo. Nei templi del fuoco zoroastriani, o Atash Behram, la fiamma sacra è curata dai Mobed (sacerdoti), che si assicurano che venga mantenuta costantemente accesa. Il fuoco stesso diventa un mezzo attraverso il quale i fedeli si connettono con Ahura Mazda, offrendo preghiere davanti alla fiamma e riflettendo sul suo simbolismo come faro di verità. L'atto di curare il fuoco - sia nei grandi templi che nei piccoli santuari domestici - incarna lo sforzo di mantenere vivo lo spirito di Asha, ricordando che la presenza divina deve essere coltivata con cura e devozione.

Le pratiche devozionali ad Ahura Mazda si estendono oltre i confini degli spazi rituali e permeano la vita quotidiana dei fedeli. Una delle espressioni principali di questa devozione è l'adesione alla triade Humata, Hukhta e Hvarshta: buoni pensieri, buone parole e buone azioni. Questa triade costituisce il fondamento etico della vita zoroastriana, guidando il modo in cui i credenti interagiscono tra loro e con il mondo. Questi principi non sono ideali astratti, ma impegni pratici che danno forma alle azioni quotidiane, dall'onestà negli affari alla gentilezza nei rapporti familiari. Incarnando queste virtù, gli zoroastriani si considerano partecipanti alla missione cosmica di diffondere la luce di Ahura Mazda e di sostenere il tessuto morale del mondo.

Lo Yasna, parte centrale dell'Avesta e chiave del culto zoroastriano, è un rituale che coinvolge direttamente la presenza di Ahura Mazda. Eseguito dai sacerdoti, comprende offerte di haoma, una pianta sacra, e recitazioni di inni che lodano Ahura Mazda e la sua creazione. La cerimonia Yasna è vista come una rievocazione dell'ordine divino, un modo per allineare la comunità ai ritmi del cosmo. Durante la cerimonia, la recita dei Gathas - inni attribuiti allo stesso Zarathustra - invoca la saggezza di Ahura Mazda e ribadisce i principi eterni che dovrebbero guidare la vita umana. Questo rituale funge da affermazione collettiva di fede, rafforzando l'unità tra il divino, la natura e la comunità.

Il rapporto con Ahura Mazda dà forma anche alle feste zoroastriane, che segnano momenti importanti nei cicli naturali e spirituali della vita. Feste come il Nowruz (il Capodanno persiano) e il Mehragan non sono solo eventi culturali, ma anche occasioni spirituali per esprimere gratitudine per la creazione di Ahura Mazda. Durante questi periodi, le comunità si riuniscono per recitare preghiere, condividere feste e riflettere sui valori della generosità, del rinnovamento e dell'equilibrio. Queste feste sono momenti in cui il calendario zoroastriano e i ritmi del mondo naturale si fondono, sottolineando l'unità dei regni materiale e spirituale come parte del disegno di Ahura Mazda.

Al di là dei rituali e delle preghiere, l'influenza di Ahura Mazda si fa sentire nei sistemi etici e legali che governano le comunità zoroastriane. Gli insegnamenti di Zarathustra, che evidenziano gli attributi divini di verità e giustizia, forniscono un quadro di riferimento per risolvere le controversie e guidare la condotta della comunità. La legge zoroastriana, delineata in testi come la Vendidad, riflette la convinzione che le questioni legali debbano essere affrontate con equità e rispetto per la dignità di ogni individuo. I principi della giustizia sono visti come un'estensione di Asha, che incarna la visione di Ahura Mazda per un mondo in cui l'armonia prevale sulla discordia. In questo modo, ai fedeli viene ricordato che sostenere la legge è una forma di devozione, un mezzo per mettere in atto la volontà di Ahura Mazda nelle loro interazioni quotidiane.

Questo profondo rispetto per la guida di Ahura Mazda è evidente anche nell'approccio zoroastriano alle transizioni della vita, come la nascita, il matrimonio e la morte. Durante questi eventi della vita, vengono eseguite preghiere e cerimonie speciali per chiedere la benedizione di Ahura Mazda e per assicurare che ogni fase della vita sia allineata con Asha. La cerimonia Naujote, un rito di iniziazione per i bambini, simboleggia l'accettazione del percorso di Ahura Mazda, in quanto l'iniziato indossa il sudreh (camicia sacra) e il kusti (cordone sacro), che servono a ricordare il suo impegno verso i principi della fede. In questo modo, il legame con Ahura Mazda è intessuto nel tessuto stesso della vita di uno zoroastriano, dai primi passi dell'infanzia agli ultimi momenti del viaggio terreno.

Il rapporto devozionale con Ahura Mazda plasma anche la comprensione zoroastriana della comunità e della carità. Gli atti di carità sono visti come espressione diretta della volontà divina, rafforzando la convinzione che aiutare gli altri contribuisca al mantenimento di Asha. I progetti di welfare comunitario, il sostegno ai meno fortunati e la cura dei templi del fuoco comuni sono considerati doveri sacri, portati avanti con l'intento di onorare gli insegnamenti di Ahura Mazda. In questo modo, il culto di Ahura Mazda trascende la pietà individuale e diventa uno sforzo condiviso per creare una società che rifletta l'ordine e la compassione divina.

Anche se gli zoroastriani hanno affrontato sfide nel corso della storia, tra cui persecuzioni e diaspore, il culto di Ahura Mazda è rimasto un pilastro centrale della loro identità. Le pratiche e i valori che ruotano attorno a questo culto sono stati adattati a nuovi contesti, permettendo ai fedeli di mantenere il loro legame con il divino anche quando le circostanze cambiano. Oggi, che si tratti di un piccolo tempio di fuoco nelle campagne iraniane o di un centro comunitario in una vivace città della diaspora, gli zoroastriani continuano a trovare in Ahura Mazda una fonte di forza, saggezza e speranza.

Questa relazione duratura con Ahura Mazda riflette una visione del divino che non è confinata nei cieli, ma è intimamente presente nella vita di coloro che cercano di comprendere e vivere secondo i principi di Asha. Attraverso la preghiera, i rituali e la ricerca etica di una vita giusta, gli zoroastriani rimangono connessi alla luce guida di Ahura Mazda, trovando in lui la saggezza per navigare nelle complessità del mondo e l'ispirazione per contribuire alla lotta cosmica per una realtà governata dalla verità e dalla rettitudine. Finché questa fiamma di devozione arde, la presenza di Ahura Mazda continua a illuminare il cammino di coloro che si sforzano di sostenere gli antichi valori di una tradizione che dura da millenni.

Capitolo 5
Angra Mainyu e le forze del male

Nel quadro dualistico dello zoroastrismo, Angra Mainyu - spesso noto come Ahriman - è la controparte oscura di Ahura Mazda e rappresenta l'incarnazione del caos, della falsità e della distruzione. Mentre Ahura Mazda simboleggia la saggezza, l'ordine e la luce guida della creazione, Angra Mainyu è la forza che cerca di minare e corrompere questa visione divina. La sua stessa natura si oppone ad Asha, l'ordine cosmico, e incarna Druj, l'inganno che minaccia l'armonia dell'universo. Questa opposizione tra Ahura Mazda e Angra Mainyu costituisce il fondamento della visione del mondo zoroastriana, che presenta il cosmo come un campo di battaglia in cui le forze del bene e del male si contendono la supremazia.

La storia di Angra Mainyu non è una storia di creazione, ma di ribellione all'ordine naturale stabilito da Ahura Mazda. Non è una divinità con un dominio su un particolare aspetto della vita; rappresenta piuttosto la negazione della vita stessa. La sua esistenza è definita da un'eterna spinta a diffondere caos, decadenza e sofferenza, lavorando instancabilmente per opporsi a ogni atto di creazione e armonia portato avanti da Ahura Mazda. Questa opposizione non è semplicemente filosofica, ma è intesa come una lotta letterale e continua che si manifesta sia nel mondo spirituale che in quello materiale.

La natura di Angra Mainyu è radicata nel concetto di Druj, che si traduce in falsità, disordine e corruzione. Druj è l'antitesi di Asha e il potere di Angra Mainyu risiede nella sua capacità di seminare confusione e deviazione morale. Laddove Asha porta chiarezza e verità, Druj porta l'inganno, allontanando gli esseri umani dal sentiero della rettitudine. Questo conflitto spirituale non è limitato a regni astratti; influenza le esperienze quotidiane degli individui, rendendo ogni decisione un potenziale luogo di conflitto cosmico. Nelle credenze zoroastriane, la presenza di malattie, morte e disastri naturali è vista come un segno dei tentativi di Angra Mainyu di deformare e distruggere la perfetta creazione di Ahura Mazda.

Il simbolismo dell'oscurità è centrale per comprendere il ruolo di Angra Mainyu nel pensiero zoroastriano. L'oscurità rappresenta l'ignoranza, la disperazione e l'assenza di una guida divina. È lo stato di esistenza in cui la luce della saggezza di Ahura Mazda è bloccata, permettendo al Druj di diffondersi senza controllo. Nell'antico immaginario zoroastriano, Angra Mainyu è spesso associato alle ombre, ai pericoli nascosti e alle minacce che si celano oltre i confini della comprensione umana. È l'incarnazione della paura e del caos, che sfrutta le incertezze della vita per condurre le anime lontano dalla verità.

L'influenza di Angra Mainyu non si limita ai pericoli esterni, ma si estende profondamente nella sfera morale e spirituale degli individui. Si ritiene che attacchi la mente e lo spirito, usando la tentazione, l'avidità e l'odio per offuscare il giudizio e portare le persone fuori strada. Questa lotta interiore è vista come un riflesso della più ampia battaglia cosmica, in cui le scelte di ciascuno contribuiscono alla forza di Asha o alla diffusione di Druj. Nella tradizione zoroastriana, cedere alla rabbia, all'invidia o alla disonestà significa cedere all'influenza di Angra Mainyu, permettendo ai semi della corruzione di mettere radici nell'anima. Pertanto, resistere a questi impulsi è visto come un atto di guerra spirituale, allineandosi alla volontà di Ahura Mazda.

Nonostante la sua natura distruttiva, Angra Mainyu non è considerato uguale ad Ahura Mazda in potenza o saggezza. Gli insegnamenti zoroastriani sottolineano che, sebbene Angra Mainyu possa causare immense sofferenze e disordini, il suo potere è fondamentalmente difettoso perché è radicato nella negatività e nella distruzione piuttosto che nella creazione. A differenza di Ahura Mazda, che ha una visione chiara e positiva dell'universo, Angra Mainyu può solo reagire a ciò che è già stato creato, cercando di rovinarlo e distorcerlo. Questo squilibrio è fonte di speranza per gli zoroastriani, poiché suggerisce che il trionfo finale del bene sul male non è solo possibile, ma assicurato. La convinzione che la saggezza di Ahura Mazda alla fine prevarrà è centrale nell'escatologia zoroastriana e offre la visione di un futuro in cui l'oscurità di Angra Mainyu sarà completamente dissipata.

Il ruolo di Angra Mainyu nella lotta cosmica si riflette anche nella concezione zoroastriana dell'aldilà e del destino delle anime. Alla morte, ogni anima affronta il giudizio sul ponte di Chinvat, dove le sue azioni vengono pesate per determinare il suo allineamento con Asha o Druj. Coloro che hanno vissuto una vita di virtù e verità vengono accolti nella Casa di Song, un regno di luce e pace sotto il dominio di Ahura Mazda. Al contrario, coloro che hanno ceduto alle influenze di Angra Mainyu si ritrovano nella Casa della Menzogna, un regno di sofferenza in cui regna Druj. Questo concetto di resa dei conti spirituale sottolinea l'impatto duraturo dell'inganno di Angra Mainyu, dimostrando che le scelte fatte nella vita hanno conseguenze eterne.

Gli insegnamenti di Zarathustra offrono una guida su come affrontare e resistere all'influenza di Angra Mainyu. La recita di preghiere, l'esecuzione di rituali e l'adesione ai principi di Humata, Hukhta, Hvarshta - buoni pensieri, buone parole e buone azioni - sono considerati atti protettivi che mettono l'anima al riparo dalla corruzione. Concentrandosi sugli aspetti positivi della vita e sforzandosi di vivere in allineamento con Asha, gli zoroastriani credono di poter indebolire la presa di Angra Mainyu e di contribuire all'eventuale ripristino della purezza del mondo. La purezza rituale, quindi, non è solo una pratica personale o comunitaria, ma un metodo diretto per contrastare l'influenza oscura di Angra Mainyu, mantenendo una connessione con il divino.

Sebbene la presenza di Angra Mainyu sia fonte di sofferenza, gli insegnamenti zoroastriani sottolineano l'importanza di affrontare questa avversità con coraggio e resilienza. La lotta contro Angra Mainyu non è vista come un peso, ma come un'opportunità divina di crescita spirituale. È resistendo alle tentazioni di Druj e scegliendo di agire con integrità che gli esseri umani svolgono il loro ruolo nel dramma cosmico. Ogni atto di gentilezza, ogni scelta di dire la verità, è una vittoria per Asha e una sfida all'influenza di Angra Mainyu. Questa convinzione dà agli zoroastriani un senso di scopo, trasformando anche le più piccole decisioni in contributi significativi alla più grande lotta per l'anima dell'universo.

Nella narrazione della cosmologia zoroastriana, Angra Mainyu serve a ricordare le sfide inerenti al perseguimento di una vita retta. È l'ombra che contrasta con la luce di Ahura Mazda, l'opposizione che definisce la posta in gioco dell'esistenza umana. Il suo ruolo nell'equilibrio cosmico illustra la natura dinamica della visione zoroastriana dell'universo, in cui la lotta e la scelta modellano il destino degli individui e del mondo stesso. La figura di Angra Mainyu, pur essendo temibile, rafforza in ultima analisi il messaggio zoroastriano secondo cui attraverso la vigilanza, la saggezza e la devozione, le forze della verità e della luce prevarranno.

Il ruolo di Angra Mainyu nello zoroastrismo non è solo quello di incarnazione del male cosmico, ma anche di stratega il cui obiettivo primario è quello di corrompere e destabilizzare la creazione di Ahura Mazda. I suoi metodi sono insidiosi e prendono di mira sia il regno fisico che quello spirituale per portare sofferenza, decadenza e confusione morale. La comprensione di queste strategie è fondamentale per gli zoroastriani, poiché permette loro di riconoscere i modi sottili in cui Angra Mainyu tenta di minare Asha e di rafforzare le proprie difese spirituali contro la sua influenza.

Una delle strategie centrali impiegate da Angra Mainyu è la semina del dubbio e della disperazione nella mente umana. A differenza di Ahura Mazda, la cui saggezza guida con chiarezza e verità, Angra Mainyu prospera nell'ambiguità e nell'incertezza. Sfrutta i momenti di debolezza, mirando a far sì che gli individui mettano in dubbio il loro valore, il loro legame con Ahura Mazda e la via della rettitudine. Questa guerra psicologica si manifesta nelle tentazioni che portano le persone ad abbracciare l'avidità, l'odio o l'invidia, emozioni che offuscano il giudizio e indeboliscono la volontà di perseguire Asha. Nel pensiero zoroastriano, mantenere una mente chiara attraverso la preghiera, la meditazione e la riflessione etica è considerato essenziale per resistere a queste influenze negative.

L'influenza di Angra Mainyu è visibile anche nel mondo fisico attraverso l'introduzione di malattie, disastri naturali e altre forme di sofferenza. Queste perturbazioni non sono viste come eventi casuali, ma come manifestazioni di Druj, la forza che si oppone all'ordine naturale. La malattia e il decadimento sono visti come aggressioni all'armonia che Ahura Mazda aveva previsto per il mondo materiale. Per combattere queste minacce, i rituali zoroastriani includono spesso pratiche di purificazione volte a ripristinare l'equilibrio e a respingere il tocco corruttore di Angra Mainyu. Questi rituali servono come scudi sia spirituali che fisici, rafforzando il legame della comunità con Asha e la sua resistenza contro le forze del disordine.

La lotta contro Angra Mainyu si estende al livello sociale e comunitario, dove la sua influenza può manifestarsi attraverso la discordia e l'ingiustizia. Gli insegnamenti zoroastriani avvertono che le lotte sociali - come una leadership ingiusta, la corruzione e la rottura dei valori comunitari - sono segni della presenza di Angra Mainyu. In una comunità lacerata dall'inganno e dalla disuguaglianza, Druj trova terreno fertile per crescere. Per questo motivo, i leader e i seguaci zoroastriani hanno il compito di promuovere la giustizia e l'onestà, assicurando che le loro società riflettano i principi di Asha. Questa attenzione al governo etico e all'equità funge da contrappeso al caos che Angra Mainyu cerca di diffondere, rafforzando l'idea che l'armonia sociale sia parte integrante della lotta cosmica.

Le strategie di Angra Mainyu prevedono anche attacchi diretti alle pratiche sacre che sostengono la vita zoroastriana. Cerca di dissacrare gli elementi che hanno un significato spirituale, come il fuoco, l'acqua e la terra, incoraggiando atti che inquinano o mancano di rispetto a queste creazioni sacre. Nello zoroastrismo, questi elementi sono considerati manifestazioni pure della volontà di Ahura Mazda e qualsiasi danno arrecato loro è visto come un atto di allineamento con Druj. Per questo motivo gli zoroastriani attribuiscono una tale importanza alla purezza dell'ambiente e i rituali sono concepiti per proteggere la santità di questi elementi naturali. Preservando la purezza del fuoco, mantenendo l'acqua pulita e rispettando la terra, gli zoroastriani resistono attivamente ai tentativi di Angra Mainyu di distorcere il mondo.

Oltre a queste strategie fisiche e sociali, la tattica più pericolosa di Angra Mainyu potrebbe essere il suo tentativo di distorcere la percezione morale. Egli lavora per confondere i confini tra giusto e sbagliato, tentando gli individui di razionalizzare le loro azioni dannose e quindi di allontanarsi dal sentiero di Asha. Questa confusione morale è un tratto distintivo dell'influenza di Druj, che porta le persone ad agire in modi che danneggiano se stessi e gli altri, pur credendo di essere giustificati. Gli insegnamenti zoroastriani sottolineano l'importanza di mantenere una mente disciplinata e una salda padronanza dei principi etici per contrastare questa minaccia. Attraverso la guida dell'Avesta e la saggezza degli Amesha Spenta, i fedeli imparano a discernere la vera natura delle loro azioni e a respingere i sottili inganni di Angra Mainyu.

Lo zoroastrismo offre metodi specifici per superare queste influenze, concentrandosi sulla coltivazione della forza spirituale. Una delle pratiche più significative è il rituale Kusti, in cui i credenti recitano preghiere mentre slegano e riannodano un cordone sacro intorno alla vita. Questo rituale è una riaffermazione quotidiana dell'impegno dell'individuo nei confronti di Asha, un gesto fisico che simboleggia il legame con i principi di verità e ordine. La recita ripetuta di Ashem Vohu, una preghiera che elogia il valore della verità, serve come mantra per mantenere la mente concentrata sul sentiero della rettitudine, respingendo le tentazioni che Angra Mainyu potrebbe introdurre.

Inoltre, la comunità svolge un ruolo cruciale nel sostenere gli individui nella loro battaglia contro gli inganni di Angra

Mainyu. Attraverso il culto comune, la recitazione dei Gatha e i rituali condivisi nei templi del fuoco, gli zoroastriani trovano una forza collettiva. Il tempio del fuoco stesso, con la sua fiamma sempre accesa, diventa un luogo in cui la luce di Ahura Mazda si manifesta, fornendo un rifugio contro le tenebre che Angra Mainyu rappresenta. Queste pratiche comunitarie ricordano agli zoroastriani che non sono soli nelle loro lotte, che ogni atto di culto è un contributo alla battaglia cosmica per l'anima del mondo.

Lo zoroastrismo insegna anche che la lotta contro Angra Mainyu richiede una prospettiva a lungo termine, la comprensione che il trionfo finale del bene non sarà immediato. Il concetto di Frashokereti, l'eventuale rinnovamento e purificazione del mondo, fornisce una visione di speranza e di certezza che, nonostante le sofferenze e le sfide poste da Angra Mainyu, l'ordine di Ahura Mazda alla fine prevarrà. Questa convinzione escatologica modella la risposta zoroastriana alle difficoltà, incoraggiando la perseveranza di fronte alle avversità. Serve a ricordare che ogni sforzo per mantenere Asha, per quanto piccolo, contribuisce al più ampio piano divino e alla sconfitta finale delle tenebre.

Nella grande narrazione cosmica dello zoroastrismo, Angra Mainyu è un avversario formidabile, ma il cui potere è intrinsecamente difettoso perché è radicato nella distruzione piuttosto che nella creazione. Le sue strategie possono turbare l'armonia del mondo, ma non possono spegnere la luce di Ahura Mazda. L'attenzione zoroastriana per la vita etica, la purezza e la devozione alla verità funge da costante resistenza all'influenza di Angra Mainyu, incarnando la convinzione che, anche in mezzo alla lotta, la luce della saggezza e della bontà resisterà.

La presenza di Angra Mainyu, pur essendo fonte di prove, evidenzia in ultima analisi l'importanza della scelta umana nel pensiero zoroastriano. Sottolinea la convinzione che il destino del mondo sia intrecciato con le azioni dei suoi abitanti. Ogni volta che uno zoroastriano resiste alla tentazione, sostiene la giustizia o compie una preghiera davanti al fuoco sacro, si oppone alle ombre che Angra Mainyu proietta. Questa lotta quotidiana è una testimonianza della resilienza dello spirito umano e della sua capacità di scegliere la luce al posto delle tenebre, riflettendo la verità più profonda che anche di fronte alle più grandi avversità, la ricerca di Asha rimane un percorso che non può essere oscurato.

Capitolo 6
La creazione del mondo

La visione zoroastriana della creazione è una storia intessuta di intenzioni divine, di lotte cosmiche e dell'emergere di un mondo che contiene sia la bellezza che la sfida. Questa narrazione della creazione è una pietra miliare della teologia zoroastriana e rivela come la saggezza di Ahura Mazda abbia plasmato l'universo e messo in moto il grande conflitto tra Asha, l'ordine cosmico, e Druj, le forze del caos. Secondo l'Avesta, i testi sacri dello zoroastrismo, l'atto della creazione non fu solo un momento di nascita della vita, ma una strategia deliberata per contrastare la minaccia rappresentata da Angra Mainyu, lo spirito della distruzione e della falsità.

Il processo di creazione, come dettagliato negli insegnamenti zoroastriani, si svolge in sette fasi, ognuna delle quali rappresenta un aspetto vitale del mondo materiale e spirituale. Queste fasi sono strettamente legate agli Amesha Spenta, le sette emanazioni divine di Ahura Mazda, che fungono da guardiani dei diversi aspetti della creazione. La prima fase inizia con la creazione del cielo, che forma la cupola protettiva sul mondo. Questo cielo è immaginato come un cristallo solido e puro, simbolo della luce divina che protegge la terra dall'influenza del caos. Sotto questo baldacchino celeste, Ahura Mazda fece nascere le acque, riempiendo il mondo di fiumi, laghi e mari, destinati a nutrire la vita e a sostenere l'equilibrio della terra.

Il terzo stadio della creazione fu la formazione della terra stessa: una terra vasta e immobile, che rappresentava stabilità e ordine. Questa terra non era ancora popolata di vita, ma costituiva la base su cui sarebbe fiorito il resto della creazione. Ahura Mazda creò quindi il regno vegetale, che riempì la terra di verde, fornendo nutrimento e ossigeno vitale. Le piante, nel pensiero zoroastriano, sono considerate sacre e incarnano una connessione con l'ordine divino di Asha. Simboleggiano la purezza intrinseca della natura e il suo ruolo nel sostenere il benessere fisico e spirituale del mondo.

Dopo le piante, Ahura Mazda introdusse il regno animale, creando il primo toro-Gavaevodata, un essere mitologico che rappresenta l'essenza di tutte le creature viventi. Questo toro primordiale simboleggia la fertilità, la forza e il potenziale di crescita della vita sulla terra. La sua creazione segnò l'inizio di un mondo in cui gli esseri viventi potevano esistere in armonia con il piano divino. Tuttavia, questa armonia non doveva rimanere incontrastata, poiché Angra Mainyu cercò di corrompere e danneggiare il toro, provocando la diffusione di malattie e sofferenze tra gli animali. Nonostante questi tentativi, l'essenza divina del toro contribuì alla continuazione della vita, dimostrando che anche di fronte alla distruzione, lo spirito creativo di Ahura Mazda non poteva essere completamente annullato.

Il quinto stadio della creazione portò alla nascita dell'umanità: Ahura Mazda diede forma a Gayomart, il primo essere umano, che incarnava la purezza e il potenziale dell'umanità. Gayomart fu creato per essere il guardiano di Asha sulla terra, un essere il cui scopo era quello di mantenere l'equilibrio del mondo attraverso azioni e pensieri giusti. Nello zoroastrismo, gli esseri umani sono considerati parte integrante dell'ordine cosmico e possiedono la capacità unica di scegliere tra il bene e il male, Asha e Druj. Questa capacità di libero arbitrio rende l'umanità un alleato cruciale nella lotta di Ahura Mazda contro Angra Mainyu. Il destino del mondo, e la vittoria finale della luce sulle tenebre, è quindi intrecciato alle scelte degli esseri umani, chiamati a proteggere il creato e a vivere secondo la verità divina.

La sesta fase prevedeva la creazione del fuoco, elemento sacro che simboleggia la luce e la saggezza divina di Ahura Mazda. Il fuoco, nello zoroastrismo, non è solo un fenomeno fisico ma una presenza spirituale, che incarna la purezza e l'energia creativa del divino. Serve come ponte tra il mondo materiale e i regni spirituali, una manifestazione tangibile della presenza guida di Ahura Mazda. Il fuoco è centrale nei rituali zoroastriani, dove viene trattato con grande riverenza, mantenuto puro e usato come mezzo per collegare i fedeli con la fiamma eterna della saggezza divina. Nella storia della creazione, il fuoco svolge un ruolo protettivo, offrendo calore e luce che contrastano il freddo e l'oscurità associati ad Angra Mainyu.

La fase finale della creazione fu l'introduzione degli Amesha Spenta nel mondo materiale. Ognuno di questi esseri divini assunse la tutela di un aspetto della creazione, assicurando che Asha rimanesse forte anche quando Angra Mainyu cercava di diffondere la sua influenza. Haurvatat (Integrità) e Ameretat (Immortalità) vegliavano sull'acqua e sulle piante, preservandone la purezza. Vohu Manah (Mente Buona) guidava l'umanità, aiutandola a fare scelte in linea con la saggezza divina. Questo consiglio divino assicurava che le forze della luce non venissero sopraffatte, fornendo sostegno spirituale a ogni parte della creazione di Ahura Mazda.

Tuttavia, con il completamento del mondo materiale, Angra Mainyu si risvegliò dalle sue tenebre e lanciò il suo assalto a questa nuova realtà. Portò le sue forze demoniache ad attaccare ogni fase della creazione, introducendo malattie nelle acque, corruzione nella terra e paura nei cuori degli esseri umani. Questo segnò l'inizio del Gumezishn, la mescolanza cosmica di bene e male. È un'epoca di conflitti, in cui la pura creazione di Ahura Mazda è continuamente messa alla prova dalle perturbazioni di Angra Mainyu. La lotta tra queste forze opposte definisce l'esperienza umana, poiché ogni aspetto della vita diventa un luogo di competizione tra Asha e Druj.

Nonostante lo sconvolgimento causato dall'attacco di Angra Mainyu, la narrazione della creazione offre una visione di speranza e resilienza. Le piante, gli animali e gli esseri umani, sebbene vulnerabili alla corruzione, sono anche in grado di guarire e rigenerarsi grazie al loro allineamento con Asha. Gli zoroastriani credono che attraverso rituali, preghiere e una vita etica possano ripristinare la purezza che Angra Mainyu tenta di contaminare. Gli Spenta Amesha, che agiscono come protettori divini, continuano a guidare l'umanità, rafforzando l'idea che le azioni di ciascuno abbiano un significato cosmico.

La storia della creazione serve quindi a ricordare l'interconnessione di tutta la vita e l'importanza di mantenere l'equilibrio del mondo naturale. Insegna che il mondo materiale non è un luogo da sfuggire o da respingere, ma un regno dove il divino può essere incontrato e servito. Comprendendo il loro ruolo in questa creazione, gli zoroastriani si vedono come amministratori di un'eredità divina, con il compito di proteggere la terra, favorire la crescita e preservare la luce spirituale che Ahura Mazda ha donato loro.

Questa narrazione, con i suoi strati di mito e simbolismo, è più di una storia di inizi: è una chiamata all'azione. Sfida ogni credente a riconoscere la sacralità del mondo che lo circonda e a prendere parte allo sforzo continuo di proteggerlo dalle forze che cercano di annullarne l'armonia. Nei rituali eseguiti davanti al fuoco sacro, nell'attenzione alla conservazione dell'acqua e della terra e nell'impegno all'onestà e all'integrità, gli zoroastriani continuano a onorare la creazione che Ahura Mazda ha portato in essere, affermando il loro posto all'interno dell'antica lotta tra luce e ombra.

La storia zoroastriana della creazione va oltre la semplice formazione dell'universo; si addentra nelle responsabilità che derivano per l'umanità e nelle profonde implicazioni dell'essere i guardiani dell'ordine divino di Ahura Mazda. In questa visione intricata, la creazione è un processo dinamico in cui gli esseri umani non sono osservatori passivi ma partecipanti attivi, incaricati di mantenere l'equilibrio di Asha, l'ordine cosmico. Questo dovere non è solo un obbligo spirituale, ma una risposta diretta ai costanti tentativi di Angra Mainyu di minare il mondo attraverso il caos e la corruzione.

Al centro di questa missione cosmica c'è il ruolo di Gayomart, il primo umano, la cui essenza incarna il potenziale dell'umanità. L'esistenza di Gayomart rappresenta la purezza e l'innocenza della creazione di Ahura Mazda, uno stato non intaccato dall'inganno di Druj. Quando Angra Mainyu lanciò il suo assalto alla creazione, prese di mira Gayomart, cercando di estinguere questo essere puro. Anche se Gayomart cedette all'influenza di Angra Mainyu e morì, la morte di questo umano primordiale non fu una sconfitta, ma una trasformazione. Dai resti di Gayomart fiorì la vita: il suo seme divenne la fonte della vita umana e la sua purezza continuò a plasmare il potenziale morale e spirituale del genere umano.

Questo concetto di vita che emerge dalla lotta è fondamentale per lo zoroastrismo. Suggerisce che anche nei momenti di oscurità e di perdita, la scintilla divina all'interno dell'umanità rimane resistente. I discendenti di Gayomart ereditano la duplice eredità della purezza e della lotta, portando in sé il potenziale sia del bene che del male. Gli insegnamenti zoroastriani sottolineano che questa eredità non è una caratteristica passiva, ma una responsabilità: ogni individuo ha il compito di scegliere Asha rispetto a Druj, assicurando che il mondo si avvicini alla visione divina voluta da Ahura Mazda.

La relazione tra il regno fisico e quello spirituale è ulteriormente evidenziata dal modo in cui gli zoroastriani percepiscono il mondo naturale. La terra, le piante, gli animali e gli esseri umani sono interconnessi, formando una rete di vita che deve essere protetta dall'inquinamento e dal degrado diffusi da Angra Mainyu. Questa riverenza per la natura si manifesta nell'attenzione che gli zoroastriani pongono nelle loro interazioni quotidiane con l'ambiente, dove gli atti di conservazione e di rispetto sono visti come estensioni del loro dovere spirituale. Per esempio, i rituali che prevedono la conservazione dei fuochi sacri o l'uso attento delle fonti d'acqua non sono semplici pratiche culturali, ma affermazioni dell'essenza divina all'interno del mondo naturale.

La responsabilità umana come guardiani della terra è anche legata alla comprensione zoroastriana del Frashokereti, il rinnovamento finale del mondo. Questo concetto escatologico prevede un momento in cui Asha trionferà pienamente su Druj, riportando la creazione alla sua purezza originale. Tuttavia, questa restaurazione non è vista come un evento inevitabile che si svolge senza il coinvolgimento dell'uomo. Al contrario, richiede lo sforzo continuo dei fedeli, le cui azioni contribuiscono a ripulire il mondo dalle impurità introdotte da Angra Mainyu. Ogni buona azione, ogni atto di compassione o di gestione dell'ambiente è considerato un contributo a questo rinnovamento cosmico, rafforzando la convinzione che il ruolo dell'umanità sia essenziale nel grande disegno.

Le scritture zoroastriane sottolineano anche il concetto di Amesha Spenta, le emanazioni divine di Ahura Mazda, e la loro relazione con gli elementi della creazione. Questi esseri, come Spenta Armaiti, che incarna lo spirito della terra, e Haurvatat e Ameretat, che presiedono all'acqua e alle piante, lavorano al fianco dell'umanità nel mantenimento di Asha. Rispettando e onorando questi aspetti della creazione, gli zoroastriani credono di poter rafforzare la presenza di Asha nel mondo, rendendolo più resistente alle forze corruttrici di Angra Mainyu. Questa comprensione degli Spenta Amesha come guide spirituali e protettori della natura illustra la profondità dell'impegno zoroastriano per un'esistenza armoniosa.

I rituali zoroastriani riflettono questo dovere cosmico attraverso atti di purificazione e riverenza. Una di queste pratiche è il rituale zoroastriano della consacrazione del fuoco, che prevede l'attenta cura e l'onore delle fiamme sacre. In questi rituali, il fuoco viene trattato come un'incarnazione vivente della presenza di Ahura Mazda sulla terra, la cui purezza simboleggia l'essenza incontaminata della creazione. Il rituale prevede la recitazione di specifici inni, che si ritiene purifichino lo spazio da qualsiasi influenza di Druj, riaffermando il dominio di Asha all'interno del regno fisico. Mantenendo la purezza del fuoco, gli zoroastriani creano uno spazio in cui l'ordine divino è preservato, offrendo un luogo di rifugio contro la minaccia sempre presente del caos.

Il significato di questi rituali si estende al trattamento dei defunti, dove i concetti di purezza e responsabilità cosmica assumono un tono cupo. Gli zoroastriani praticano la sepoltura nel cielo, dove i corpi dei defunti sono esposti agli elementi in strutture note come Dakhmas o "Torri del Silenzio". Questa pratica nasce dalla convinzione che la morte, in quanto manifestazione dell'influenza di Angra Mainyu, possa contaminare la terra se non gestita correttamente. Permettendo agli elementi naturali e agli uccelli spazzini di purificare i resti, gli zoroastriani assicurano che la terra rimanga incontaminata, allineando le loro pratiche con la loro riverenza per la natura e l'ordine cosmico. Questo approccio dimostra una profonda consapevolezza dell'interconnessione di tutta la vita e della necessità di rispettare la sacralità della creazione di Ahura Mazda anche nella morte.

Le dimensioni morali di questa storia della creazione non si limitano al rituale, ma si estendono alle azioni quotidiane dei credenti. Secondo gli insegnamenti zoroastriani, vivere in accordo con Asha significa contribuire attivamente alla prosperità della terra e al benessere degli altri. Atti come coltivare la terra, prendersi cura degli animali e impegnarsi in un lavoro onesto sono visti come riflessi dell'intento divino. Questa prospettiva conferisce un significato spirituale ai compiti mondani, trasformando l'ordinario in un mezzo per partecipare alla missione cosmica. È attraverso queste azioni che i fedeli zoroastriani mantengono il loro ruolo di amministratori della creazione, assicurando che la luce di Ahura Mazda continui a brillare nel mondo materiale.

La lotta tra Asha e Druj si incarna quindi nelle scelte di ciascuno, estendendo la narrazione della creazione alla realtà vissuta delle comunità zoroastriane. Ogni decisione etica è una piccola battaglia nella più grande guerra tra ordine e caos, e ogni azione individuale ha il potenziale per affermare o interrompere l'equilibrio divino. Questa convinzione del significato delle scelte umane offre sia una sfida che una promessa: una sfida a rimanere vigili di fronte alle tentazioni poste da Angra Mainyu e una promessa che, attraverso i loro sforzi, l'umanità può contribuire a guidare il mondo verso un futuro in cui prevalga la purezza di Asha.

In questa visione grandiosa della creazione, lo zoroastrismo offre una visione del mondo che vede i regni materiale e spirituale come intrecciati, dove il mondo fisico è uno spazio sacro che riflette l'ordine divino. La storia della creazione del mondo, con la sua enfasi sulla responsabilità umana e sulla lotta cosmica, chiama i credenti a partecipare attivamente allo svolgimento del piano divino. Li invita a vedere le loro vite non come eventi isolati, ma come parti integranti di una storia che è iniziata con la visione di Ahura Mazda e continua attraverso gli sforzi di ogni individuo che sceglie di sostenere i principi di verità, ordine e rispetto per la vita.

La narrazione della creazione, con la sua enfasi sull'amministrazione e sul dovere cosmico, serve da guida ai fedeli per navigare nella complessità dell'esistenza. Ricorda loro che anche in un mondo segnato dall'ombra di Angra Mainyu, la presenza di Asha rimane a portata di mano, in attesa di essere rafforzata da coloro che osano agire con integrità e compassione. Grazie a questa comprensione, i fedeli zoroastriani trovano uno scopo, sapendo che le loro azioni contribuiscono non solo alla propria crescita spirituale, ma anche allo sforzo continuo di riportare il mondo allo stato di armonia e di luce a cui era destinato.

Capitolo 7
Asha e Druj - Ordine e caos

Nello zoroastrismo, i concetti di Asha e Druj rappresentano le dualità fondamentali che danno forma al cosmo e al paesaggio morale dell'esistenza umana. Asha incarna la verità, l'ordine e la legge divina, guidando l'universo verso l'armonia e la rettitudine. Druj, la sua antitesi, simboleggia la falsità, il caos e la corruzione, che cercano di distorcere la purezza della creazione. Queste forze non sono idee astratte, ma principi attivi che si manifestano in ogni aspetto della vita, dal mondo naturale ai pensieri più intimi degli individui. La comprensione di Asha e Druj è essenziale per cogliere la visione zoroastriana di un mondo in cui ogni azione, parola e pensiero contribuisce all'equilibrio tra luce e tenebre.

Asha, spesso tradotto come "verità" o "rettitudine", è il principio che regola il funzionamento ordinato dell'universo. È la forza che guida i cicli della natura, la struttura del cosmo e la legge morale che Ahura Mazda ha stabilito attraverso la creazione. Asha è più di un insieme di regole; rappresenta l'armonia intrinseca che esiste quando il mondo funziona come previsto. Questo principio si riflette nella bellezza del mondo naturale: il movimento prevedibile delle stelle, il ritmo delle stagioni e il fiorire della vita. È presente anche nel comportamento etico degli esseri umani, che sono chiamati ad allinearsi con questo ordine cosmico attraverso le loro scelte.

L'idea di Asha è centrale nell'etica e nella spiritualità zoroastriana. Fornisce un quadro di riferimento per comprendere il modo giusto di vivere, sottolineando valori come l'onestà, la giustizia e il rispetto per tutte le forme di vita. Quando gli zoroastriani parlano di vivere secondo Asha, intendono vivere in modo da rispettare il mondo naturale, sostenere la comunità e onorare la presenza divina in ogni essere. Asha è il sentiero dei virtuosi, il fondamento su cui si costruisce una vita di integrità e chiarezza spirituale. È attraverso il perseguimento di Asha che gli individui trovano uno scopo, diventando co-creatori con Ahura Mazda nel mantenere l'equilibrio del mondo.

Al contrario, Druj rappresenta la forza del disordine e della falsità. È la fonte di tutte le bugie, gli inganni e la corruzione morale che minano il tessuto della creazione. Mentre Asha cerca di costruire e sostenere, Druj mira a distruggere e distorcere. Angra Mainyu, lo spirito del male, incarna Druj e lavora per diffondere la sua influenza nei regni materiali e spirituali. Druj è presente ovunque regni il caos, la violenza o l'ingiustizia, dove la verità è oscurata e dove l'ordine naturale è sconvolto. Gli insegnamenti zoroastriani avvertono che Druj può insinuarsi nel cuore degli individui attraverso l'egoismo, la rabbia e l'inganno, allontanandoli dalla luce di Asha.

La lotta tra Asha e Druj non si limita al livello cosmico, ma si svolge all'interno della mente e dell'anima di ogni persona. Lo zoroastrismo insegna che gli esseri umani, dotati di libero arbitrio da Ahura Mazda, hanno il potere di scegliere tra questi due percorsi. Questa scelta è al centro del loro cammino spirituale e determina il loro ruolo nella più grande lotta cosmica. Asha li chiama ad agire con integrità e compassione, a essere amministratori della terra e a sostenere la giustizia. Druj li tenta con scorciatoie, false promesse e azioni che danneggiano gli altri. Ogni decisione diventa una battaglia, con il destino dell'anima dell'individuo e l'equilibrio del mondo in bilico.

In termini pratici, l'influenza di Asha e Druj si estende al modo in cui gli zoroastriani interagiscono con l'ambiente e la comunità. Gli atti di gentilezza, come dare da mangiare agli affamati, proteggere gli animali e offrire ospitalità, sono visti come affermazioni di Asha. Queste azioni riflettono un impegno verso il benessere degli altri e il mantenimento dell'ordine divino. Al contrario, gli atti che causano danni, come le bugie, i furti o l'incuria verso il mondo naturale, sono considerati manifestazioni di Druj. Tali comportamenti disturbano l'armonia che Asha cerca di mantenere, creando disordine sia nel regno fisico che in quello spirituale.

Questa visione dualistica del mondo è strettamente legata ai rituali e alle pratiche quotidiane zoroastriane. Le preghiere, come la recita dell'Ashem Vohu, invocano direttamente il potere di Asha, sottolineando l'importanza della verità e la dedizione del credente a vivere in conformità con essa. Queste preghiere servono a ricordare la continua battaglia tra ordine e caos, incoraggiando gli individui a mantenere i loro pensieri allineati con i principi di Asha. I rituali di purificazione, che includono l'uso di acqua e fuoco consacrati, sono modi per purificarsi fisicamente e spiritualmente dall'influenza di Druj, rafforzando la purezza richiesta da Asha.

Le scritture zoroastriane, in particolare i Gatha di Zarathustra, esplorano la tensione tra Asha e Druj in termini poetici e filosofici. Gli inni di Zarathustra affrontano frequentemente i dilemmi morali dei suoi seguaci, esortandoli a scegliere Asha nelle loro azioni e a riconoscere i pericoli di cadere sotto l'influenza di Druj. Egli parla di un mondo in cui gli esseri umani sono chiamati a essere ashavan - coloro che percorrono il sentiero di Asha - opponendosi ai dregvant, coloro che incarnano le menzogne di Druj. Questa distinzione non riguarda solo la moralità, ma anche il proprio allineamento con lo scopo cosmico, contribuendo al sostentamento o alla distruzione della creazione.

I concetti di Asha e Druj danno forma anche alla concezione zoroastriana dell'aldilà. Il ponte di Chinvat, il ponte del giudizio che le anime devono attraversare dopo la morte, riflette questa dualità. Coloro che hanno vissuto in accordo con Asha trovano il ponte ampio e facile da attraversare, che li conduce alla Casa del Canto, un regno di luce e gioia sotto la cura di Ahura Mazda. Coloro che hanno ceduto a Druj affrontano un passaggio stretto e insidioso, cadendo nella Casa della Menzogna, dove le loro anime sperimentano la sofferenza causata dalle loro stesse azioni. Questa visione del giudizio rafforza l'importanza di vivere una vita in linea con Asha, poiché le conseguenze si estendono ben oltre questa esistenza terrena.

L'interazione tra Asha e Druj offre anche un quadro di riferimento per comprendere le sfide del mondo. La sofferenza, i disastri naturali e i conflitti sociali sono visti come manifestazioni dell'influenza di Druj, che ricorda la battaglia in corso che plasma il cosmo. Agli zoroastriani viene insegnato a rispondere a queste sfide non con la disperazione, ma con la resilienza e un rinnovato impegno verso i principi di Asha. Rimanendo saldi di fronte alle difficoltà, credono di poter contribuire a ribaltare la situazione contro Druj, contribuendo al trionfo finale del bene sul male.

In questo intricato equilibrio tra Asha e Druj, lo zoroastrismo presenta una visione della vita in cui ogni momento ha un significato, in cui le azioni più semplici possono far pendere la bilancia verso la luce o l'oscurità. È una visione del mondo che enfatizza la responsabilità personale, la comunità e la sacralità della creazione. Per i fedeli, il cammino di Asha non è facile: richiede disciplina, chiarezza e una costante vigilanza contro le tentazioni di Druj. Tuttavia, è anche un sentiero pieno di scopi, che offre la promessa che, vivendo in armonia con l'ordine divino, non solo stanno plasmando il proprio destino, ma partecipano alla più grande storia cosmica, che conduce alla restaurazione finale del mondo.

I principi di Asha e Druj non sono solo concetti astratti all'interno dello zoroastrismo, ma sono profondamente integrati nella vita quotidiana e nelle pratiche dei suoi seguaci. Gli zoroastriani considerano le loro azioni, i loro pensieri e le loro scelte come contributi diretti alla lotta cosmica tra queste forze. Vivere in sintonia con Asha non significa solo comprenderne il significato, ma anche applicarne attivamente i valori in ogni aspetto della vita, dal comportamento personale alle responsabilità comunitarie. Questo impegno modella il modo in cui gli zoroastriani si comportano, favorendo una cultura in cui ogni decisione è un atto deliberato di sostegno ad Asha e di resistenza all'influenza pervasiva di Druj.

Asha guida gli zoroastriani ad agire con integrità, a dire la verità e a mantenere un senso del dovere verso gli altri e l'ambiente. La triade Humata, Hukhta, Hvarshta - buoni pensieri, buone parole e buone azioni - è al centro di questa pratica. Questa triade funge da quadro etico semplice ma profondo che modella il modo in cui gli individui si impegnano nel mondo. I buoni pensieri sono considerati il seme di tutte le azioni virtuose, in quanto favoriscono una mente che rimane libera da invidia, odio e inganno. Le buone parole riflettono l'impegno all'onestà e alla gentilezza nel parlare, assicurando che la comunicazione serva a costruire fiducia e comprensione. Le buone azioni comprendono le azioni che sono benefiche per gli altri e che contribuiscono al mantenimento dell'ordine nel mondo, dall'aiuto ai bisognosi alla protezione della natura.

Questi principi vengono rafforzati attraverso rituali e preghiere quotidiane che enfatizzano la consapevolezza della presenza di Asha. La recita della preghiera Ashem Vohu, che esalta il valore della verità e della rettitudine, serve a ricordare di allinearsi al percorso di Asha. Impegnandosi regolarmente in queste preghiere, gli zoroastriani mantengono la loro attenzione sugli ideali di verità e ordine, sforzandosi di manifestare queste qualità nelle loro interazioni con gli altri. La purezza rituale è vista come un'estensione di questo allineamento: pratiche come lavarsi prima della preghiera o mantenere la pulizia della propria casa sono considerate atti che onorano il desiderio di Asha di un mondo armonioso.

Al contrario, l'influenza di Druj viene contrastata attraverso la vigilanza contro i pensieri e i comportamenti che possono portare alla corruzione e al caos. Gli zoroastriani riconoscono che Druj si manifesta spesso in modo sottile, attraverso la tentazione di mentire, agire in modo egoistico o danneggiare gli altri. La battaglia contro Druj si combatte a livello personale, dove gli individui si sforzano di mantenere il controllo sui propri impulsi e di resistere al fascino di scorciatoie o di azioni che comprometterebbero la loro integrità. Gli insegnamenti zoroastriani sottolineano che ogni atto di disonestà o crudeltà rafforza la presenza di Druj nel mondo, rendendo la lotta contro questi impulsi un impegno profondamente spirituale.

Questa lotta personale si estende alla sfera sociale, dove Asha funge da fondamento per la giustizia e l'armonia comunitaria. Le comunità zoroastriane sono guidate da principi di equità, ospitalità e sostegno ai bisognosi. Gli incontri sociali, compresi quelli che si tengono nei templi del fuoco, non sono solo occasioni di culto, ma anche di rafforzamento dei legami comunitari attraverso valori condivisi. In questi spazi, i principi di Asha guidano le interazioni, promuovendo una cultura in cui il rispetto reciproco e la responsabilità collettiva sono fondamentali. Mantenendo la giustizia all'interno delle loro comunità, gli zoroastriani credono di creare un microcosmo dell'ordine ideale che Asha rappresenta, respingendo il disordine che Druj cerca di introdurre.

I rituali, come la cerimonia dello Yasna, svolgono un ruolo cruciale nel rafforzare l'equilibrio cosmico tra Asha e Druj. Lo Yasna, un rito centrale che prevede la recitazione di testi sacri e offerte, viene eseguito per invocare la presenza di Ahura Mazda e degli Amesha Spenta. Durante il rituale, i partecipanti cercano di purificare se stessi e l'ambiente circostante, creando uno spazio in cui l'influenza di Asha possa manifestarsi. Questa purificazione non è solo un atto fisico, ma anche spirituale, volto a dissipare le ombre di Druj che possono indugiare nelle menti e nei cuori dei presenti. La struttura del rituale simboleggia il ristabilimento dell'ordine divino, ricordando ai partecipanti il loro ruolo nella lotta continua per un mondo governato dalla verità e dalla luce.

Al di là dei rituali formali, l'applicazione dell'Asha nella vita quotidiana si manifesta in pratiche come il racconto della verità e la risoluzione dei conflitti. Gli insegnamenti zoroastriani sottolineano che la menzogna, anche in piccole questioni, introduce una misura di Druj nel mondo, disturbando l'armonia che Asha cerca di mantenere. Questo impegno alla veridicità favorisce una cultura in cui la trasparenza e l'onestà sono profondamente apprezzate. Nel risolvere i conflitti, gli zoroastriani sono incoraggiati a cercare soluzioni pacifiche che sostengano la giustizia, riflettendo la convinzione che il mantenimento dell'armonia tra le persone sia vitale quanto il mantenimento dell'armonia nella natura.

La gestione dell'ambiente è un'altra importante espressione di Asha: la cura del mondo naturale è vista come un dovere spirituale. Gli zoroastriani credono che la terra, l'acqua, il fuoco e l'aria siano creazioni sacre di Ahura Mazda, che meritano rispetto e protezione. Questa riverenza si estende a tutti gli esseri viventi, dove la compassione verso gli animali e la conservazione delle risorse naturali sono visti come modi per sostenere i principi di Asha. Atti come piantare alberi, conservare l'acqua e ridurre al minimo i rifiuti sono visti come contributi diretti alla lotta contro il Druj, riflettendo la convinzione che mantenere la purezza della natura sia parte del mantenimento della purezza della propria anima.

Il calendario zoroastriano, scandito da feste come Nowruz e Mehregan, integra ulteriormente i principi di Asha nel ritmo della vita. Queste feste celebrano i cicli della natura e le vittorie della luce sulle tenebre, fungendo da momenti di rinnovamento e riflessione. Durante queste celebrazioni, la comunità si riunisce per ringraziare per le benedizioni della creazione e per rinnovare il proprio impegno a vivere in accordo con Asha. Questi momenti rafforzano i legami tra gli individui e il loro ambiente, ricordando loro la più ampia storia cosmica di cui fanno parte.

L'enfasi sull'Asha come stile di vita modella anche l'atteggiamento zoroastriano nei confronti della morte e dell'aldilà. La morte è vista come una transizione in cui le scelte fatte durante la vita determinano l'esperienza dell'anima nei regni spirituali. Si ritiene che coloro che hanno vissuto secondo Asha attraversino il ponte di Chinvat con facilità, entrando in un regno di luce dove si uniscono alla presenza di Ahura Mazda. Questa credenza rafforza l'importanza di mantenere una vita in linea con Asha, poiché le conseguenze delle proprie azioni si estendono oltre la vita terrena, nel destino spirituale dell'anima.

L'approccio dello zoroastrismo alla disciplina morale non è improntato alla paura, ma alla speranza e al proposito. Gli insegnamenti di Zarathustra ispirano i seguaci a vedere le loro scelte quotidiane come opportunità per affermare il loro posto nella lotta cosmica. Che si tratti di piccoli atti di gentilezza, di perseguire la giustizia o di dedicarsi alla purezza del pensiero e dell'azione, ogni momento è un'occasione per contribuire al trionfo di Asha. Questa prospettiva incoraggia un senso di agency, in cui i fedeli capiscono che i loro sforzi, per quanto umili, sono parte di una più ampia missione divina.

In questo modo, la vita zoroastriana diventa un dialogo continuo con le forze dell'ordine e del caos, dove Asha è una luce guida che offre chiarezza nella complessità dell'esistenza. La comunità zoroastriana, legata da rituali e impegni etici condivisi, trova forza nella consapevolezza che le sue azioni collettive possono plasmare l'equilibrio del mondo. È attraverso questa unità, fondata sulla ricerca di Asha, che affrontano le sfide poste da Druj, trasformando anche i momenti più ordinari in espressioni di una visione cosmica che si estende oltre il tempo e lo spazio, verso un futuro in cui prevalgono la luce e la verità.

Capitolo 8
Il fuoco

Nel cuore dello zoroastrismo, il fuoco arde come simbolo della presenza divina, incarnando la luce, il calore e la purezza che Ahura Mazda dona al mondo. Il fuoco non è solo un elemento fisico, ma una forza spirituale che rappresenta la fiamma eterna della verità e l'essenza di Asha, l'ordine cosmico. Venerato come manifestazione diretta di Ahura Mazda, il fuoco occupa un posto centrale nei rituali zoroastriani, fungendo da ponte tra il regno materiale e quello spirituale. Il suo ruolo si estende oltre gli spazi sacri dei templi, entrando nella vita quotidiana dei credenti come fonte di ispirazione e simbolo della connessione divina che sostiene l'universo.

Il concetto di fuoco nello zoroastrismo è profondamente intrecciato con il principio di Asha. Così come Asha rappresenta la verità e l'ordine del cosmo, il fuoco simboleggia la pura luce della conoscenza che dissipa le ombre dell'ignoranza e della falsità. In questo modo, il fuoco serve a ricordare costantemente la verità divina che guida l'universo. Si ritiene che attraverso le fiamme sacre la presenza di Ahura Mazda possa essere percepita sulla Terra, fornendo un'ancora spirituale a coloro che cercano saggezza e illuminazione. Ciò rende il fuoco non solo un punto focale per il culto, ma anche un simbolo della luce interiore che ogni individuo deve coltivare per vivere in armonia con Asha.

I fuochi più venerati si trovano negli Atash Behram, o templi del fuoco, che fungono da centri spirituali delle comunità zoroastriane. Questi templi ospitano il fuoco sacro che viene curato meticolosamente dai sacerdoti, noti come Mobed. Il fuoco all'interno di un Atash Behram è considerato il più alto grado di fiamma sacra, noto come Atash Adaran, e la sua cura comporta rituali rigorosi per mantenerne la purezza. I sacerdoti si assicurano che il fuoco non si spenga mai, alimentandolo con legno di sandalo e incenso per mantenerne la luminosità. La continuità ininterrotta della fiamma simboleggia la natura eterna della saggezza di Ahura Mazda, che si erge come un faro della presenza divina in mezzo alle sfide del mondo materiale.

Il fuoco stesso è trattato con il massimo rispetto, poiché è considerato un simbolo vivente del divino. Vengono eseguiti rituali per garantire che la fiamma rimanga incontaminata, con linee guida rigorose su chi può avvicinarsi ad essa e su come vengono fatte le offerte. Lo Yasna, un rituale zoroastriano fondamentale che include la recitazione di inni e la preparazione dell'haoma, una bevanda sacra a base di piante, viene spesso eseguito davanti alla fiamma sacra. Questa cerimonia cerca di onorare Ahura Mazda e gli Amesha Spenta, invocando la loro presenza e rafforzando la connessione tra il regno terreno e quello spirituale. La recita dell'Avesta davanti al fuoco è un atto di allineamento, in cui le parole dei testi sacri risuonano con la purezza della fiamma, rafforzando i principi di Asha.

Il ruolo del fuoco si estende oltre i templi nella vita quotidiana degli zoroastriani, dove i fuochi domestici sono trattati con una simile riverenza. Le famiglie spesso tengono una piccola fiamma o una lampada accesa nelle loro case, usandola come punto focale per le loro preghiere quotidiane. Questa pratica riflette la convinzione che anche la più piccola fiamma contenga una scintilla del divino e, onorandola, i fedeli possono mantenere un legame con la saggezza di Ahura Mazda. In casa, il fuoco diventa un simbolo di continuità, rappresentando il passaggio della tradizione da una generazione all'altra e servendo come promemoria della luce sempre presente che guida il cammino spirituale e morale della famiglia.

L'enfasi posta dallo zoroastrismo sulla purezza del fuoco è strettamente legata ai suoi insegnamenti sul mantenimento della pulizia fisica e spirituale. Il fuoco è considerato intrinsecamente puro e il suo ruolo di purificatore è centrale in molti rituali zoroastriani. Si ritiene che il fuoco possa purificare sia gli spazi fisici che le impurità spirituali, rendendolo una parte vitale di rituali come quelli per la nascita, il matrimonio e la morte. Quando un nuovo bambino viene accolto nella comunità o una coppia si sposa, il fuoco viene invocato come testimone e la sua purezza simboleggia la speranza di una vita piena di Asha. Allo stesso modo, alla fine della vita, il fuoco svolge un ruolo nelle cerimonie che onorano il defunto, assicurando che il passaggio dal mondo materiale rispetti la sacralità della creazione.

Il simbolismo del fuoco come purificatore si estende anche al mondo naturale. Nelle pratiche ambientali zoroastriane, il ruolo del fuoco come purificatore riflette la più ampia credenza nella santità degli elementi. Ai zoroastriani viene insegnato di evitare azioni che inquinerebbero il fuoco, come gettare in esso rifiuti o sostanze impure. Invece, le offerte fatte alla fiamma sacra devono essere pure e degne, riflettendo il rispetto per l'elemento divino. Questa pratica incarna l'idea che rispettare il fuoco è un modo per rispettare la creazione di Ahura Mazda, rafforzando il legame tra il regno materiale e quello spirituale.

Al di là del suo ruolo rituale, il fuoco funge da metafora del cammino spirituale di ogni individuo. Proprio come le fiamme sacre sono curate con attenzione per mantenere la loro luminosità, gli zoroastriani sono incoraggiati a coltivare la loro fiamma interiore, la luce della saggezza e della verità dentro di sé. Gli insegnamenti di Zarathustra sottolineano che l'anima umana è come una fiamma, capace di bruciare intensamente se alimentata da buoni pensieri, buone parole e buone azioni. Questa luce interiore è ciò che permette a ogni persona di resistere alle influenze di Druj e di percorrere il sentiero di Asha, trasformando la propria vita in una testimonianza dell'ordine divino.

La presenza del fuoco come simbolo di vita e di energia si estende alle feste zoroastriane, come Sadeh e Nowruz, dove il fuoco svolge un ruolo centrale nelle celebrazioni. Durante il Sadeh, che segna la scoperta del fuoco e il trionfo del calore sul freddo dell'inverno, vengono accesi grandi falò per simboleggiare la luce della conoscenza che vince le tenebre. Questa festa è un'espressione comunitaria della convinzione che il calore e la luce del fuoco siano doni di Ahura Mazda, capaci di sostenere la vita attraverso le difficoltà del mondo. Allo stesso modo, durante il Nowruz, il Capodanno persiano, l'accensione dei fuochi simboleggia il rinnovamento della vita e la pulizia del passato, preparando la comunità a un nuovo ciclo di crescita e speranza.

Il ruolo del fuoco nello zoroastrismo è quindi multiforme: allo stesso tempo elemento fisico, simbolo della verità divina e guida spirituale. La sua importanza si intreccia con gli atti quotidiani di culto, i grandiosi rituali dei templi e i momenti intimi della vita familiare. Per gli zoroastriani, la vista di una fiamma ricorda che la saggezza di Ahura Mazda è sempre presente e li guida attraverso l'oscurità dell'incertezza e le sfide poste da Angra Mainyu. Incarna la convinzione duratura che, finché la fiamma della verità arde, rimane la speranza di un mondo in cui Asha prevale su Druj, in cui l'ordine, la compassione e la luce sono preservati tra le complessità dell'esistenza.

Venerando il fuoco, gli zoroastriani mantengono un legame con la loro antica eredità, una tradizione che è sopravvissuta al passare dei millenni. La fiamma sacra, sia che arda in un grande tempio o che sfarfalli in una casa modesta, è un simbolo di resilienza, che incarna lo spirito duraturo di una fede che trova il divino nelle forze più elementari della natura. Attraverso la loro devozione al fuoco, i seguaci di Zarathustra onorano non solo il dio che ha creato il mondo, ma l'essenza stessa della vita che anima l'universo, una fiamma che continua a illuminare il cammino verso la comprensione, la saggezza e un mondo guidato dai principi di Asha.

La venerazione del fuoco nello zoroastrismo non riguarda solo il suo simbolismo, ma anche i rituali pratici e sacri che ruotano attorno a questo elemento. Questi rituali sono profondamente intessuti nel tessuto della vita zoroastriana e riflettono una profonda comprensione del fuoco come legame tra il regno materiale e quello spirituale. Oltre a essere un simbolo della presenza di Ahura Mazda, il fuoco è attivamente coinvolto nelle preghiere quotidiane, nelle pratiche cerimoniali e negli eventi del ciclo di vita, rafforzando il suo ruolo di tramite dell'energia divina e di guardiano della purezza spirituale.

Nel culto zoroastriano, i diversi tipi di fuoco sacro sono classificati in base al loro significato spirituale, ognuno dei quali ha un ruolo unico nella pratica religiosa. Il grado più alto è l'Atash Behram, noto come "Fuoco Vittorioso". Questo fuoco si trova nei templi del fuoco più venerati ed è considerato l'apice della santità zoroastriana. Il processo di consacrazione di un Atash Behram è intricato e richiede molto tempo, in quanto comporta la purificazione di un fuoco proveniente da sedici fonti diverse, tra cui la fucina di un artigiano, una pira funeraria e il focolare domestico. Questo processo simboleggia la raccolta di diversi elementi del mondo e la loro unione sotto la forza purificatrice della fiamma divina, rappresentando un microcosmo dell'ordine che Asha porta nell'universo.

La cura rituale di un Atash Behram è affidata a sacerdoti appositamente formati per mantenere la purezza del fuoco. Questi sacerdoti, noti come Mobed, svolgono cerimonie quotidiane che includono la recitazione dell'Avesta e l'offerta di legno di sandalo e incenso, che servono ad alimentare la fiamma. La continua combustione del fuoco è un potente simbolo della natura eterna della luce di Ahura Mazda, un promemoria del fatto che anche in un mondo oscurato dall'influenza di Angra Mainyu, la presenza divina perdura. Il ruolo dei Mobed in questo contesto non è solo pratico, ma profondamente spirituale: essi fungono da intermediari che assicurano che la connessione tra il regno divino e quello terreno rimanga forte e ininterrotta.

Oltre all'Atash Behram, altri gradi di fuoco sacro, come l'Atash Adaran e l'Atash Dadgah, si trovano in templi più piccoli e santuari domestici. Pur essendo meno complessi nella loro consacrazione, questi fuochi sono trattati con la stessa riverenza. L'Atash Adaran, spesso chiamato "Fuoco dei Fuochi", serve le comunità che non hanno accesso a un Atash Behram. L'Atash Dadgah, o "Fuoco installato", può essere tenuto nelle case delle famiglie, offrendo uno spazio più intimo per la devozione quotidiana. In questi ambienti, il fuoco serve come punto focale per le preghiere personali e come simbolo dell'impegno della famiglia nei confronti di Asha. Questi fuochi domestici sono curati con attenzione e le famiglie spesso eseguono un semplice rituale aggiungendo legna o incenso mentre recitano le benedizioni, mantenendo viva la connessione con il sacro nella vita quotidiana.

L'importanza del fuoco nei rituali zoroastriani si estende agli eventi del ciclo vitale, dove svolge un ruolo centrale nel segnare le transizioni e invocare le benedizioni divine. Nelle cerimonie matrimoniali, gli sposi si trovano davanti a una fiamma sacra mentre si scambiano le promesse, a simboleggiare la purezza della loro unione e la luce che portano l'uno nella vita dell'altro. Il fuoco funge da testimone e la sua presenza ricorda che il loro impegno non è solo l'uno verso l'altro, ma anche verso i principi di verità e ordine che il fuoco rappresenta. Allo stesso modo, durante la cerimonia Navjote - un rito di iniziazione in cui i bambini vengono formalmente accolti nella fede zoroastriana - il fuoco sacro è un elemento centrale, che simboleggia l'ingresso del bambino in una vita guidata dalla luce di Asha.

Alla fine della vita, il fuoco svolge un ruolo importante anche nelle pratiche funerarie degli zoroastriani, anche se con un'attenzione diversa. A causa della fede nella purezza del fuoco, esso non deve essere inquinato dai morti, che sono visti come sotto l'influenza temporanea di Angra Mainyu. Per questo motivo, piuttosto che la cremazione, gli zoroastriani praticano tradizionalmente sepolture nel cielo su Dakhmas, o "Torri del Silenzio". Tuttavia, il fuoco rimane parte dei rituali di morte attraverso preghiere eseguite vicino a una fiamma consacrata, che hanno lo scopo di favorire il passaggio dell'anima attraverso il ponte di Chinvat e nell'aldilà. Il ruolo del fuoco in queste preghiere rafforza la sua funzione di guida e protezione, aiutando a purificare il percorso che l'anima deve attraversare.

Durante le riunioni e le feste comunitarie, l'accensione dei fuochi serve a riaffermare collettivamente la fede e l'unità. Una delle feste più significative, Sadeh, celebra la scoperta del fuoco, con grandi falò che simboleggiano il trionfo dell'umanità sulle tenebre e sul freddo. La festa riunisce le comunità e i partecipanti si riuniscono intorno alle fiamme, recitando preghiere, cantando inni e condividendo il cibo. Il fuoco è un punto focale di gioia e riverenza, un'offerta comunitaria ad Ahura Mazda che rafforza i legami tra i partecipanti. L'atto di riunirsi intorno al fuoco simboleggia un impegno condiviso a sostenere Asha di fronte alle sfide portate dal Druj, trasformando il semplice atto di accendere una fiamma in una potente dichiarazione di speranza e resilienza.

Un'altra celebrazione fondamentale, Nowruz, il Capodanno zoroastriano, prevede rituali che purificano la casa e la mente in preparazione al rinnovamento. L'accensione di fuochi Chaharshanbe Suri - piccoli falò su cui le persone saltano - è una pratica comune in questo periodo, che simboleggia il bruciare le disgrazie e le impurità del passato per far posto alle benedizioni di un nuovo anno. Il rituale, sebbene gioioso e festoso, è radicato nell'antica convinzione che il fuoco possa purificare e trasformare, trasformando ciò che è vecchio e logoro in un terreno fertile per nuovi inizi. Questa enfasi sul rinnovamento attraverso il fuoco riflette la più ampia visione zoroastriana secondo cui la luce di Asha può trasformare il mondo, un'azione alla volta.

Il significato del fuoco nello zoroastrismo si esprime anche attraverso il suo rapporto con altri elementi, come l'acqua e la terra, in rituali che sottolineano l'equilibrio della natura. L'uso di fuoco e acqua insieme in cerimonie come l'Abyan riflette la convinzione che questi elementi, se mantenuti puri, mantengano l'equilibrio cosmico stabilito da Ahura Mazda. L'acqua, come il fuoco, è considerata portatrice di benedizioni divine e i rituali spesso prevedono l'aspersione di acqua consacrata attorno a una fiamma sacra, che simboleggia l'interazione tra luce e vita. Questo legame tra fuoco e acqua sottolinea l'impegno zoroastriano per la gestione dell'ambiente, dove la conservazione della purezza della natura è considerata essenziale per mantenere l'armonia spirituale.

Attraverso questi rituali, il fuoco diventa più di un semplice simbolo: è un partecipante dinamico alla vita spirituale della comunità. La sua presenza nel cuore dei rituali e negli spazi quotidiani della vita serve a ricordare costantemente la luce divina che guida i fedeli. Rafforza l'idea che mantenere Asha è un processo continuo, che richiede sia la devozione individuale che lo sforzo collettivo. Ogni volta che si accende una fiamma, si rinnova l'impegno verso i principi di verità, ordine e compassione cari allo zoroastrismo.

La riverenza per il fuoco e il suo ruolo nei rituali incapsulano il nucleo del credo zoroastriano: il mondo, anche se sfidato dalle forze dell'oscurità, è sostenuto dalla luce della saggezza e dalle azioni di coloro che scelgono di vivere in allineamento con Asha. Prendendosi cura delle fiamme sacre, gli zoroastriani non solo onorano le loro antiche tradizioni, ma affermano anche il loro ruolo di custodi della luce. In questo modo, i rituali che circondano il fuoco servono a testimoniare la forza duratura di una fede che trova il divino negli elementi e negli atti quotidiani di devozione che mantengono accesa la fiamma della speranza, anche in mezzo alle prove dell'esistenza.

Capitolo 9
L'etica

Lo zoroastrismo pone una profonda enfasi sull'etica, ponendo la condotta morale al centro della sua pratica spirituale. A differenza delle religioni che si concentrano molto sui rituali o sui dogmi, lo zoroastrismo insegna che l'essenza della fede risiede nel modo in cui si vive, attraverso pensieri, parole e azioni che si allineano all'ordine divino di Asha. Il perseguimento di una vita virtuosa non è solo una ricerca personale di rettitudine, ma una responsabilità cosmica, poiché le scelte di ogni individuo contribuiscono all'equilibrio tra bene e male, tra Asha e Druj. Al centro di questo quadro etico c'è la triade nota come Humata, Hukhta, Hvarshta - Buoni Pensieri, Buone Parole e Buone Azioni - che guida gli zoroastriani in ogni aspetto della loro vita.

I buoni pensieri, o Humata, costituiscono il fondamento del codice etico zoroastriano. Gli zoroastriani credono che la mente sia il punto di partenza di tutte le azioni e che coltivare pensieri puri sia essenziale per vivere in accordo con Asha. Questo principio sottolinea l'importanza della disciplina mentale, incoraggiando gli individui a guardarsi dai pensieri di odio, invidia e inganno. Si insegna che una mente allineata con la verità porta naturalmente a discorsi e comportamenti positivi, dando forma a una vita che contribuisce al benessere degli altri. Promuovendo la chiarezza e l'integrità dei propri pensieri, gli zoroastriani si considerano direttamente partecipi della lotta cosmica contro Druj, mantenendo la purezza interiore necessaria per l'espressione esteriore della virtù.

Il secondo elemento, Hukhta, o Buone Parole, estende il principio di Asha al regno della parola. Lo zoroastrismo attribuisce grande importanza al potere delle parole, riconoscendole come strumenti che possono elevare o danneggiare. Parlare con sincerità è visto come un riflesso della luce divina interiore, un'affermazione del proprio impegno verso Asha. Gli zoroastriani sono incoraggiati a usare le loro parole per creare armonia, offrire incoraggiamento e risolvere i conflitti in modo pacifico. La calunnia, le false accuse e i discorsi ingannevoli sono considerati atti che rafforzano il Druj, introducendo il caos nelle relazioni umane e nella comunità in generale. Pertanto, mantenere l'onestà e la gentilezza nel parlare non è solo una questione di integrità personale, ma un modo per contribuire all'ordine che Ahura Mazda ha previsto per il mondo.

Hvarshta, o Buone Azioni, completa la triade, sottolineando che ai pensieri e alle parole devono corrispondere azioni che riflettano i valori etici. Negli insegnamenti zoroastriani, le azioni sono l'espressione tangibile delle proprie convinzioni interiori, che trasformano i principi astratti in realtà concrete. Le buone azioni comprendono un'ampia gamma di azioni, dalla cura dei bisognosi alla protezione dell'ambiente e all'impegno in un lavoro onesto. Gli atti di carità, noti come Dastur, sono particolarmente incoraggiati e riflettono la convinzione che aiutare gli altri rafforzi l'ordine divino di Asha. Gli zoroastriani considerano i loro sforzi per alleviare la sofferenza come un contributo diretto alla lotta cosmica contro le forze del male, creando ondate di positività che si estendono oltre le singole vite.

Questa triade funge da guida pratica per gli zoroastriani, offrendo un quadro semplice ma profondo per le decisioni quotidiane. Allineando costantemente i loro pensieri, parole e azioni a questi ideali, essi cercano di incarnare i valori predicati da Zarathustra e di vivere in armonia con la visione di Ahura Mazda. La vita etica è quindi vista come un processo continuo, che richiede vigilanza e auto-riflessione. Gli insegnamenti zoroastriani sottolineano l'importanza del Fravashi, o spirito guardiano interiore, che guida l'individuo nel discernere il bene dal male. Questa voce interiore è considerata un dono di Ahura Mazda, una scintilla di saggezza divina che aiuta i credenti a navigare nella complessità della vita e a fare scelte che sostengono Asha.

Oltre alla condotta personale, l'etica zoroastriana si estende alle relazioni e alle responsabilità sociali. L'unità familiare è considerata uno spazio sacro dove i principi di Humata, Hukhta e Hvarshta vengono appresi e praticati per primi. Il rispetto per gli anziani, la cura dei bambini e il sostegno reciproco tra i coniugi sono considerati elementi fondamentali per una vita di integrità. Le famiglie sono incoraggiate a creare ambienti in cui la sincerità e la gentilezza sono le norme, dando un esempio che si estende alla comunità in generale. La comunità zoroastriana, o Anjuman, diventa una famiglia più ampia legata da valori condivisi, dove il benessere di uno è visto come interconnesso con il benessere di tutti.

La giustizia è un'altra pietra miliare dell'etica zoroastriana, strettamente legata al principio di Asha. Lo zoroastrismo insegna che sostenere la giustizia è un dovere sacro, che rispecchia la giustizia divina di Ahura Mazda. Ciò implica non solo la ricerca dell'equità nei propri rapporti, ma anche la lotta contro l'oppressione e l'ingiustizia, ovunque esse si manifestino. La legge zoroastriana, delineata in testi antichi come la Vendidad, fornisce indicazioni sul comportamento etico in settori come il commercio, il matrimonio e le dispute comunitarie. Sebbene queste leggi si siano evolute nel corso del tempo, il principio di fondo rimane quello secondo cui la giustizia dovrebbe servire a ristabilire l'armonia e l'equilibrio, anziché limitarsi a punire le malefatte. Questa attenzione alla giustizia riparativa si allinea con la convinzione che anche coloro che si sono allontanati possono essere ricondotti sul sentiero di Asha attraverso la saggezza e la compassione.

L'etica zoroastriana sottolinea anche l'importanza del lavoro e la dignità del lavoro. Gli insegnamenti di Zarathustra promuovono l'idea che il lavoro onesto sia una forma di culto, un modo per contribuire al benessere del mondo. Che si tratti di agricoltura, artigianato o servizi, agli zoroastriani viene insegnato a vedere il proprio lavoro come un mezzo per sostenere l'ordine divino. Questa prospettiva trasforma il lavoro quotidiano in una pratica spirituale, in cui lo sforzo di fare del proprio meglio è visto come un'offerta ad Ahura Mazda. Al contrario, la pigrizia e la disonestà nel lavoro sono viste come espressioni di Druj, che minano l'armonia che il lavoro onesto porta alla società.

Anche l'etica ambientale è parte integrante dello stile di vita zoroastriano. Il mondo naturale, in quanto parte della creazione di Ahura Mazda, deve essere trattato con rispetto e cura. Gli zoroastriani credono che inquinare la terra, l'acqua o l'aria non sia solo un'offesa all'ambiente, ma un'alterazione di Asha stesso. Pratiche come la conservazione dell'acqua, la protezione degli animali e la pulizia degli spazi vitali sono viste come riflessi della purezza spirituale. Queste azioni non sono solo ecologiche, ma profondamente religiose, e riaffermano l'impegno zoroastriano a preservare l'equilibrio della creazione. La riverenza per la natura ricorda che il ruolo dell'umanità non è quello di dominare la terra, ma di agire come suoi amministratori, mantenendo l'ordine sacro stabilito da Ahura Mazda.

Gli insegnamenti etici zoroastriani si estendono al trattamento degli altri, sottolineando il valore della compassione e la responsabilità di prendersi cura di coloro che sono meno fortunati. Gli atti di carità, come il provvedere ai poveri o il sostenere progetti comunitari, sono considerati modi per manifestare la luce di Asha nel mondo. Questa attenzione alla responsabilità sociale crea un senso di solidarietà all'interno delle comunità zoroastriane, dove il benessere di ogni persona è visto come interconnesso con la collettività. Attraverso questi atti di gentilezza, gli zoroastriani credono non solo di compiere il loro dovere morale, ma anche di rafforzare la presenza del bene nel mondo, contribuendo alla più ampia lotta cosmica tra Asha e Druj.

L'enfasi dello zoroastrismo sull'etica e sulla condotta morale fornisce una visione della vita in cui ogni azione, per quanto piccola, ha un significato cosmico. I principi di Humata, Hukhta e Hvarshta offrono un percorso semplice e profondo allo stesso tempo, guidando i credenti a vivere in modo da onorare l'ordine divino e contribuire al bene superiore. Questa attenzione a vivere una vita di integrità trasforma la fede da un insieme di credenze in una realtà vissuta, in cui ogni pensiero, parola e azione è una testimonianza del proprio impegno verso Ahura Mazda e della lotta duratura per un mondo in cui la verità e la luce prevalgano sulla falsità e sulle tenebre.

L'etica zoroastriana, fondata sui principi di Humata, Hukhta, Hvarshta - buoni pensieri, buone parole e buone azioni - si estende oltre gli antichi precetti per adattarsi alle sfide della vita moderna. Mentre il mondo si evolve, gli zoroastriani continuano ad attingere ai loro valori radicati per affrontare le questioni contemporanee, assicurandosi che le loro azioni siano in linea con Asha, l'ordine cosmico. Questa capacità di adattamento permette alle comunità zoroastriane di sostenere le loro antiche basi etiche e di rispondere al contempo ai nuovi dilemmi sociali, ambientali e morali di un mondo dinamico.

Uno dei modi principali in cui l'etica zoroastriana si manifesta nell'era moderna è attraverso la responsabilità sociale e l'adattamento dei valori della comunità alle circostanze che cambiano. Nell'odierna società globalizzata, dove gli zoroastriani vivono spesso come minoranze, i principi del sostegno reciproco e della carità assumono un nuovo significato. La tradizione del Dastur - atti di gentilezza e carità - rimane una pratica vitale, ma ora include anche sforzi come il sostegno alle iniziative educative zoroastriane, l'assistenza agli anziani e il contributo agli sforzi umanitari al di là della loro comunità immediata. Questa estensione della compassione riflette l'idea che la luce di Asha debba raggiungere tutti gli angoli della società, offrendo aiuto a coloro che hanno bisogno, indipendentemente dal loro background.

Le comunità zoroastriane hanno adattato i loro sforzi caritatevoli per affrontare sfide moderne come la disuguaglianza economica, l'accesso all'istruzione e all'assistenza sanitaria. Molte organizzazioni zoroastriane hanno istituito programmi di borse di studio, strutture sanitarie e servizi sociali a beneficio sia degli zoroastriani sia delle comunità più ampie in cui vivono. Questi sforzi sono visti come espressioni moderne di insegnamenti antichi, dove la pratica della generosità e l'elevazione degli altri si allineano con l'impegno senza tempo per la rettitudine. In questo modo, gli zoroastriani considerano i loro contributi sociali non solo come atti di buona volontà, ma come elementi cruciali nella più ampia lotta per mantenere Asha in un mondo che spesso tende al caos e alla divisione.

I principi di veridicità e integrità, incarnati nell'Hukhta, svolgono un ruolo significativo anche nell'approccio zoroastriano alla vita professionale moderna. In un'epoca in cui le sfide etiche negli affari e nella governance sono comuni, gli zoroastriani si sforzano di mantenere elevati standard di onestà e trasparenza nel loro lavoro. Questo impegno per una condotta etica si estende alle pratiche commerciali corrette, agli investimenti etici e all'enfasi sull'integrità nelle relazioni professionali. Agli zoroastriani viene insegnato a considerare le loro professioni come estensioni del loro percorso spirituale, dove ogni decisione riflette il loro impegno verso Asha. Dando priorità all'equità e al comportamento etico, cercano di creare luoghi di lavoro e ambienti commerciali che si allineino ai valori dell'ordine e della giustizia, opponendosi agli inganni che potrebbero altrimenti compromettere la loro integrità.

Di fronte al rapido progresso tecnologico, gli insegnamenti etici zoroastriani offrono una guida su questioni come la comunicazione digitale e l'uso responsabile della tecnologia. Il principio di Hukhta - le buone parole - si estende al regno delle interazioni online, incoraggiando gli zoroastriani a impegnarsi in una comunicazione rispettosa e veritiera anche negli spazi digitali. Ciò riflette un impegno più ampio a mantenere Asha in tutti gli aspetti della vita, compresi quelli emersi con la modernità. Sottolineando l'importanza della verità e del rispetto nei dialoghi digitali, gli zoroastriani cercano di creare un'influenza positiva in uno spazio in cui la disinformazione e la negatività possono facilmente diffondersi, utilizzando i loro principi per guidare il loro impegno con il mondo virtuale.

La gestione dell'ambiente, radicata nella venerazione zoroastriana per il mondo naturale, è diventata sempre più importante con l'aggravarsi delle sfide ecologiche. Gli insegnamenti zoroastriani hanno a lungo sottolineato la sacralità dell'acqua, della terra e del fuoco, considerando l'inquinamento di questi elementi una violazione dell'ordine divino. Nel contesto moderno, questo rispetto si traduce in un coinvolgimento attivo negli sforzi di conservazione e sostenibilità ambientale. Molti zoroastriani partecipano a iniziative volte a ridurre l'inquinamento, a conservare l'acqua e a promuovere le energie rinnovabili. Considerano queste azioni come un'estensione del loro dovere di proteggere la creazione di Ahura Mazda, rafforzando l'antica convinzione che gli esseri umani sono amministratori della terra, responsabili di mantenere l'equilibrio richiesto da Asha.

Le comunità zoroastriane hanno anche adattato le loro pratiche per affrontare questioni globali come il cambiamento climatico, riconoscendo che preservare l'ambiente è un modo per sostenere i loro principi spirituali. Ad esempio, le iniziative per ridurre i rifiuti e promuovere uno stile di vita sostenibile sono sempre più integrate nella vita comunitaria zoroastriana, compresi eventi e celebrazioni in cui si cerca di ridurre al minimo l'impatto ambientale. Concentrandosi sulla sostenibilità, gli zoroastriani si considerano parte di un movimento più ampio per ripristinare l'armonia del mondo naturale, allineando i loro antichi valori con le esigenze ecologiche del presente.

Gli insegnamenti di Humata - i buoni pensieri - influenzano anche il modo in cui gli zoroastriani affrontano il benessere mentale ed emotivo nell'era moderna. Con la crescente consapevolezza della salute mentale, gli zoroastriani sottolineano l'importanza di mantenere una mente chiara e pacifica, in linea con la tradizione di coltivare pensieri positivi. Questo approccio incoraggia la mindfulness, la meditazione e la recitazione di preghiere come modi per alimentare la chiarezza mentale e la resilienza. Le pratiche spirituali zoroastriane, come la recita quotidiana dell'Ashem Vohu e la riflessione davanti al fuoco sacro, sono considerate metodi per centrare la mente e rafforzare lo spirito, offrendo strumenti per affrontare lo stress della vita contemporanea.

Inoltre, l'etica zoroastriana fornisce un quadro di riferimento per affrontare le complessità della diversità sociale e del multiculturalismo. Vivendo in comunità di diaspora, gli zoroastriani si confrontano spesso con persone di diverse fedi e contesti culturali. I loro insegnamenti incoraggiano il rispetto per le credenze altrui e l'apertura al dialogo, riflettendo l'enfasi di Zarathustra sul valore della saggezza e della comprensione. Gli zoroastriani sono guidati a mantenere la propria identità mentre costruiscono ponti con gli altri, vedendo queste interazioni come opportunità per incarnare i principi di Asha in contesti diversi. Questo equilibrio tra tradizione e apertura permette agli zoroastriani di preservare la loro eredità e di contribuire positivamente alle società in cui vivono.

Mentre lo zoroastrismo affronta la sfida di preservare la propria identità in un mondo in rapida evoluzione, i principi di Humata, Hukhta, Hvarshta rimangono più che mai attuali. Gli sforzi per trasmettere questi valori alle nuove generazioni sono fondamentali per la sopravvivenza della comunità. L'educazione alla storia, alla teologia e all'etica zoroastriana è spesso enfatizzata nei programmi per i giovani, per garantire che le nuove generazioni comprendano l'importanza di allineare le loro vite con Asha. Questi sforzi educativi spesso includono discussioni su come i principi antichi si applicano ai dilemmi moderni, fornendo ai giovani zoroastriani un senso di continuità e di scopo. Impegnandosi con le loro tradizioni in modo significativo, i giovani zoroastriani imparano a vedere la loro eredità non come una reliquia del passato, ma come una guida vivente per una vita retta.

L'attenzione della comunità al dialogo intergenerazionale assicura che gli insegnamenti etici siano adattati alle realtà contemporanee, pur rimanendo fedeli alle loro radici spirituali. Gli anziani condividono la loro saggezza ed esperienza, mentre i membri più giovani apportano nuove prospettive, creando un processo dinamico di apprendimento e adattamento. Questo dialogo rafforza la convinzione che l'essenza dell'etica zoroastriana - la compassione, la veridicità, il rispetto per la natura e la dedizione al benessere degli altri - trascenda il tempo, offrendo un modello senza tempo per una buona vita, indipendentemente dall'epoca o dal luogo.

Attraverso questo impegno continuo con i loro insegnamenti etici, gli zoroastriani continuano ad affermare il loro ruolo di protettori di Asha in un mondo in cui Druj, la forza del caos e della falsità, pone ancora delle sfide. I principi di Humata, Hukhta, Hvarshta offrono un modo per navigare nella modernità rimanendo ancorati alla saggezza antica, guidando ogni pensiero, parola e azione. Questa continuità permette agli zoroastriani di rimanere saldi nel loro impegno per una vita che onora l'ordine divino, contribuendo a un mondo in cui la luce prevale sulle tenebre e in cui i valori della verità, dell'integrità e della compassione resistono tra le complessità del presente.

Capitolo 10
Le donne

Il ruolo delle donne nello zoroastrismo è complesso e significativo, plasmato da antichi insegnamenti che si sono evoluti attraverso secoli di cambiamenti culturali e sociali. La posizione delle donne nella tradizione zoroastriana affonda le sue radici negli insegnamenti di Zarathustra che, secondo i Gatha, enfatizzava l'uguaglianza spirituale di uomini e donne. La visione di Zarathustra offriva una visione in cui le donne, come gli uomini, erano viste come agenti morali in grado di scegliere tra Asha (verità e ordine) e Druj (falsità e caos). Questa convinzione fondamentale ha posto le basi per una tradizione in cui il contributo delle donne alla vita religiosa, alla famiglia e alla società era riconosciuto e valorizzato.

Nella Persia pre-islamica, lo zoroastrismo ha avuto un ruolo significativo nel plasmare le norme e le leggi della società, comprese quelle che definivano lo status e i diritti delle donne. I documenti storici dell'antica Persia, come le epoche achemenide e sasanide, indicano che le donne zoroastriane occupavano posizioni di influenza all'interno delle loro famiglie e comunità. Avevano diritti di proprietà e potevano intraprendere attività commerciali, uno status non comune rispetto ad altre società antiche. Le donne erano spesso coinvolte nella vita economica della famiglia, gestendo proprietà e partecipando al commercio. Questa autonomia economica si riflette nell'enfasi zoroastriana sull'unità familiare come fondamento della società, dove sia gli uomini che le donne contribuivano alla sua prosperità e al tessuto morale.

Gli insegnamenti di Zarathustra ponevano anche un'enfasi significativa sul matrimonio come istituzione sacra, dove i ruoli di entrambi i partner erano considerati essenziali per mantenere

Asha all'interno della famiglia. Il matrimonio era visto non solo come un contratto sociale, ma come una partnership spirituale volta a promuovere l'armonia e a sostenere l'ordine divino. In questo contesto, le donne svolgevano un ruolo fondamentale nell'educazione religiosa dei figli e nel mantenimento dei rituali e delle pratiche di purezza che collegavano la famiglia alla fede zoroastriana. La casa stessa era considerata uno spazio in cui la sacra fiamma di Ahura Mazda poteva essere onorata attraverso preghiere e rituali quotidiani, e le donne spesso servivano come custodi di queste pratiche, assicurando che la luce di Asha fosse preservata nella loro sfera domestica.

Nonostante l'enfasi sull'uguaglianza spirituale, le realtà dei ruoli femminili nella società zoroastriana furono plasmate dalle più ampie strutture sociali dell'epoca. I codici legali sasanidi, fortemente influenzati dalla dottrina zoroastriana, includevano disposizioni che riflettevano una struttura patriarcale, come le leggi relative all'eredità e alla gerarchia familiare. Ad esempio, sebbene le donne potessero ereditare proprietà, la distribuzione spesso favoriva gli eredi maschi. Questi quadri giuridici, se da un lato offrivano alle donne alcuni diritti, dall'altro delineavano i loro ruoli in modo da rafforzare la leadership maschile sia all'interno della famiglia che della comunità. Tuttavia, queste strutture non hanno negato l'agenzia spirituale delle donne, che hanno continuato a essere viste come partecipanti vitali alla vita religiosa delle loro famiglie e comunità.

Il ruolo delle donne nella pratica religiosa si estendeva anche alla loro partecipazione ai rituali e alle feste. Mentre il sacerdozio rimaneva prevalentemente maschile, le donne avevano ruoli importanti nei rituali familiari e nelle celebrazioni comunitarie. Durante feste come Nowruz e Mehregan, che celebrano il rinnovamento della vita e il trionfo della luce, le donne partecipavano attivamente alla preparazione degli spazi sacri, alla creazione di offerte e alla recita di preghiere. Queste attività sottolineavano la convinzione che i contributi spirituali delle donne fossero parte integrante del mantenimento dell'Asha, non solo all'interno delle loro famiglie ma anche nella più ampia comunità zoroastriana.

Oltre al loro ruolo nel mantenimento delle pratiche religiose, le donne zoroastriane erano anche riconosciute per la loro saggezza e guida morale. I testi storici e le tradizioni orali conservano storie di donne che consigliavano i re, guidavano le famiglie con compassione e servivano come esempi di forza morale. Queste narrazioni celebrano le virtù dell'integrità, del coraggio e della resilienza, sottolineando che la forza spirituale delle donne era fondamentale quanto il loro ruolo nella vita familiare. Figure come Pourandokht e Azarmidokht, regine sassanesi che hanno governato in tempi di turbolenze politiche, sono ricordate come leader che hanno incarnato i principi di giustizia e ordine centrali negli insegnamenti zoroastriani.

Gli insegnamenti di Humata, Hukhta, Hvarshta - buoni pensieri, buone parole e buone azioni - fornivano un quadro morale che si applicava in egual misura a uomini e donne, incoraggiando tutti i seguaci a impegnarsi per una vita allineata con Asha. Questa uguaglianza nella responsabilità spirituale rafforzava l'idea che le donne non fossero secondarie agli occhi di Ahura Mazda, ma fossero in grado di raggiungere la grandezza spirituale. L'enfasi di Zarathustra sulla scelta individuale e sull'agenzia morale si estendeva a tutti, suggerendo che ogni persona, indipendentemente dal sesso, aveva un ruolo nella battaglia cosmica tra luce e tenebre.

Nella mitologia zoroastriana, anche le donne svolgono ruoli simbolici significativi, rappresentando sia gli aspetti nutritivi della natura sia la resilienza dello spirito umano. L'Amesha Spenta Spenta Armaiti, spesso associata alla terra e alla devozione, è vista come una forza divina femminile, che incarna le qualità dell'amore, della pazienza e della fedeltà alla creazione di Ahura Mazda. Questo aspetto divino sottolinea l'idea che le virtù associate alle donne sono parte integrante della visione zoroastriana di un universo equilibrato e armonioso. Il ruolo di Spenta Armaiti nell'ordine divino serve a ricordare l'importanza di nutrire e sostenere il mondo, qualità che le donne zoroastriane sono incoraggiate a emulare nella loro cura della famiglia, della comunità e della natura.

Inoltre, l'enfasi zoroastriana sulla purezza del pensiero e dell'azione trovava espressione in pratiche che guidavano il ruolo delle donne nel mantenere la pulizia sia fisica che spirituale. Rituali come la purificazione dopo il parto e l'adesione a pratiche specifiche durante le mestruazioni erano visti come modi per allinearsi ai principi di purezza centrali del pensiero zoroastriano. Se da un lato queste pratiche rafforzavano un senso di separazione rituale, dall'altro evidenziavano le responsabilità uniche delle donne nel preservare la sacralità della vita e della casa. Questi rituali, anche se a volte considerati restrittivi, erano spesso interpretati all'interno della comunità come opportunità di riflessione e rinnovamento spirituale, collegando le pratiche individuali con il più ampio ordine cosmico.

Nel corso della storia, le donne zoroastriane hanno navigato nei loro ruoli all'interno della tradizione, adattandosi al contempo a nuovi contesti sociali e culturali. Quando lo zoroastrismo ha affrontato le sfide poste dalle influenze esterne, tra cui l'arrivo dell'Islam in Persia, le donne hanno svolto un ruolo cruciale nel preservare le pratiche culturali e religiose della loro comunità. In tempi di avversità, sono diventate custodi delle tradizioni orali, narratrici che hanno tramandato i Gatha e le storie di Zarathustra ai loro figli, assicurando che l'essenza della fede rimanesse viva anche quando la pratica pubblica diventava difficile. Questo ruolo di custodi della memoria e della tradizione sottolinea la duratura resilienza delle donne zoroastriane, che hanno continuamente adattato i loro ruoli per sostenere la sopravvivenza della loro fede.

L'approccio dello zoroastrismo alle donne, con la sua miscela di uguaglianza spirituale e tradizione sociale, offre una prospettiva ricca di sfumature che ha permesso alla fede di resistere per molti secoli. Gli insegnamenti di Zarathustra hanno fornito una base che ha riconosciuto il potenziale spirituale delle donne, anche se le strutture sociali hanno modellato i loro ruoli in modi specifici. Questo equilibrio tra gli antichi insegnamenti e l'evoluzione della realtà sociale ha definito il percorso delle donne zoroastriane, che sono rimaste parte attiva delle loro comunità, contribuendo alla conservazione di Asha e dei valori cari alla loro fede.

Nel comprendere il ruolo delle donne all'interno dello zoroastrismo, diventa chiaro che il loro contributo è intessuto nel tessuto stesso della tradizione. La loro presenza, sia come custodi dei rituali domestici sia come simboli delle virtù divine, continua a plasmare la vita spirituale della comunità. Mentre lo zoroastrismo affronta le sfide per mantenere la propria identità nel mondo moderno, l'eredità della forza spirituale e della resilienza delle donne rimane una luce guida, che riflette la convinzione duratura che il sentiero di Asha è un sentiero che tutti sono chiamati a percorrere, in unità e con un impegno condiviso verso la verità che lega il cosmo insieme.

Il contributo delle donne zoroastriane ha svolto un ruolo fondamentale nel plasmare la resilienza e la continuità della fede nel corso della storia, offrendo forza spirituale e culturale alle loro comunità. Quando lo zoroastrismo si è diffuso oltre i confini dell'antica Persia, in particolare durante i periodi di migrazione e diaspora, le donne si sono spesso trovate in prima linea nel preservare i costumi e i valori della religione. I loro sforzi hanno fatto sì che gli insegnamenti di Zarathustra rimanessero vivi, adattandosi alle nuove sfide e mantenendo intatta l'essenza della tradizione. Questo capitolo esplora l'evoluzione del ruolo delle donne zoroastriane, evidenziando la loro leadership, le sfide che hanno affrontato e la loro continua lotta per il riconoscimento e l'uguaglianza nel quadro più ampio della loro fede.

Nei secoli successivi alla conquista islamica della Persia, le comunità zoroastriane subirono notevoli sconvolgimenti. Molti furono sfollati o emigrarono, e un gran numero si stabilì in India, dove divenne noto come Parsi. Questa migrazione fu un punto di svolta per le donne zoroastriane, che dovettero adattarsi a un nuovo ambiente culturale mantenendo la propria identità religiosa. All'interno di questa diaspora, le donne emersero come figure chiave nella casa, assicurando che i rituali, le preghiere e le tradizioni orali dei loro antenati fossero trasmessi alla generazione successiva. Sono diventate narratrici di storie, conservando i racconti di Zarathustra e degli antichi re persiani, mantenendo così viva la memoria culturale di una comunità in esilio.

Questo ruolo di preservatori della tradizione si estendeva alla trasmissione dell'Avesta e alla pratica quotidiana delle preghiere davanti al fuoco sacro. Nonostante non facessero parte del sacerdozio, le donne zoroastriane della diaspora svolgevano un ruolo fondamentale nel coltivare la devozione religiosa delle loro famiglie. Hanno insegnato ai loro figli i principi fondamentali della fede, tra cui i principi di Humata, Hukhta, Hvarshta - buoni pensieri, buone parole e buone azioni. Grazie al loro impegno nei confronti di questi valori, le donne hanno fatto sì che gli insegnamenti etici zoroastriani rimanessero una parte centrale della vita familiare, anche quando le loro comunità si sono adattate alle sfide di vivere in un contesto culturale nuovo e spesso sconosciuto.

Man mano che i Parsi si affermavano in India, i ruoli delle donne si evolvevano in risposta ai cambiamenti del paesaggio sociale. Nel periodo coloniale, le donne Parsi iniziarono ad avere accesso all'istruzione e alle opportunità professionali, contribuendo alle loro comunità non solo come custodi della tradizione, ma anche come leader in ambito sociale ed economico. L'istruzione ha dato potere a una nuova generazione di donne zoroastriane, che sono diventate attive in campi come l'assistenza sanitaria, l'istruzione e la riforma sociale. I loro sforzi per fondare scuole, ospedali e organizzazioni caritatevoli furono determinanti per rafforzare sia le loro comunità sia la società circostante. Queste iniziative riflettevano l'enfasi zoroastriana sulla carità e sul servizio alla comunità, valori profondamente radicati nei loro insegnamenti religiosi.

Figure di spicco come Bhikaiji Cama, che divenne una figura di spicco nel movimento per l'indipendenza dell'India, esemplificano lo spirito delle donne zoroastriane che fondevano l'impegno verso la propria fede con una visione più ampia di giustizia sociale e progresso. L'attivismo di Cama, insieme a quello di altre donne zoroastriane, ha evidenziato una tradizione di impegno con il mondo esterno, in cui i valori di Asha - verità, ordine e giustizia - venivano applicati a cause sociali e politiche. Questa fusione di devozione religiosa e azione sociale dimostrava che i principi insegnati da Zarathustra non erano limitati al rituale, ma potevano ispirare un cambiamento trasformativo nella società.

Oltre ai loro ruoli pubblici, le donne zoroastriane continuarono ad affrontare le aspettative delle loro comunità tradizionali, dove le norme culturali spesso le collocavano in ruoli definiti all'interno della famiglia. Queste aspettative hanno talvolta creato tensioni, poiché le donne hanno cercato di bilanciare il rispetto della tradizione con il loro desiderio di maggiore autonomia. Questioni come il matrimonio all'interno della fede, i diritti di eredità e la partecipazione alla leadership della comunità hanno spesso evidenziato la sfida di mantenere i valori tradizionali adattandosi agli ideali moderni di uguaglianza di genere. Ad esempio, nelle comunità zoroastriane tradizionali, le regole relative al matrimonio con persone non zoroastriane sono state un punto di contesa, con ripercussioni sia sullo status delle donne all'interno della comunità sia sul riconoscimento dei loro figli come zoroastriani.

La lotta per l'uguaglianza di genere all'interno della comunità ha visto dei progressi nel corso degli anni, con dibattiti su questi temi che riflettono cambiamenti sociali più ampi. Molte donne zoroastriane hanno sostenuto riforme che riconoscono il loro diritto alla piena partecipazione alla vita religiosa e comunitaria. Questi sforzi hanno incluso la richiesta di un maggiore coinvolgimento nella gestione dei templi del fuoco e l'inclusione delle donne in ruoli tradizionalmente riservati agli uomini, come la recita di preghiere specifiche o il coinvolgimento nei consigli comunitari. Sebbene questi cambiamenti abbiano incontrato diversi gradi di accettazione, riflettono un dialogo continuo all'interno della comunità su come onorare la tradizione e allo stesso tempo abbracciare i ruoli in evoluzione delle donne.

Negli ultimi decenni, il ruolo delle donne zoroastriane ha continuato a espandersi, mentre la globalizzazione e la dispersione delle comunità in tutto il mondo hanno rimodellato la diaspora zoroastriana. Oggi le donne zoroastriane sono alla guida di organizzazioni comunitarie, partecipano a conferenze internazionali e contribuiscono alla ricerca accademica che esplora la storia e la filosofia della loro fede. Portano prospettive che sottolineano la necessità di inclusione e adattamento, affrontando le sfide del mantenimento di una popolazione piccola e dispersa. Attraverso piattaforme come l'Organizzazione zoroastriana mondiale e le associazioni regionali, le donne hanno svolto un ruolo cruciale nel plasmare il discorso sul futuro della loro fede, assicurando che lo zoroastrismo rimanga rilevante per la prossima generazione.

Questo impegno è particolarmente importante in quanto la comunità zoroastriana globale si trova ad affrontare la sfida del calo numerico. Molte donne zoroastriane sono in prima linea negli sforzi per attirare ed educare i giovani sul loro patrimonio, fondendo gli insegnamenti tradizionali con i contesti moderni. Ciò comporta la creazione di programmi educativi, l'organizzazione di eventi culturali e l'utilizzo di piattaforme digitali per mettere in contatto gli zoroastriani di tutto il mondo. Sfruttando questi strumenti, le donne zoroastriane continuano a svolgere il loro ruolo di educatrici e custodi della tradizione, assicurando che le storie, i valori e le pratiche che hanno sostenuto la loro comunità siano accessibili a coloro che cercano di imparare.

Tuttavia, il percorso non è privo di sfide. La questione dell'uguaglianza di genere continua a far discutere, soprattutto per quanto riguarda l'interpretazione dei testi religiosi e il ruolo delle donne nei rituali tradizionalmente guidati da sacerdoti maschi. Questi dibattiti fanno parte di una conversazione più ampia su come lo zoroastrismo possa rimanere fedele alle sue antiche radici, pur evolvendosi per riflettere i valori contemporanei. Per molte donne zoroastriane, questo viaggio non consiste nell'abbandonare la tradizione, ma nel ripensarla in modi che consentano una maggiore partecipazione e il riconoscimento dei loro contributi. Cercano uno spazio in cui le loro voci siano ascoltate alla pari, sia negli aspetti sacri che in quelli comunitari della loro fede.

Il viaggio delle donne zoroastriane, dall'antica Persia alle moderne comunità della diaspora, riflette la forza duratura e l'adattabilità del loro spirito. In tempi di sconvolgimenti e trasformazioni, sono rimaste ferme nella loro dedizione a preservare la luce di Asha. La loro resilienza e la loro leadership hanno fatto sì che gli insegnamenti di Zarathustra continuassero a ispirare una visione della vita in cui la verità, la giustizia e la compassione guidano ogni azione. Mentre le comunità zoroastriane guardano al futuro, il ruolo delle donne rimane vitale come sempre, per ricordare che i principi di uguaglianza e forza morale predicati da Zarathustra sono senza tempo, in grado di guidare una fede antica e sempre rinnovata.

Abbracciando il loro patrimonio e sostenendo al contempo il cambiamento, le donne zoroastriane incarnano lo spirito di Asha in un modo che parla sia al passato che al futuro. Il loro viaggio è una testimonianza del potere della fede di adattarsi, sopravvivere e prosperare, anche di fronte alle sfide. Continuano a illuminare il cammino verso il futuro, mantenendo viva l'antica fiamma che arde da millenni, una fiamma che simboleggia non solo la presenza divina di Ahura Mazda, ma anche la luce duratura di saggezza, forza e speranza che le donne zoroastriane portano alle loro famiglie, alle loro comunità e al mondo.

Capitolo 11
Rituali di purificazione

Nello zoroastrismo, il concetto di purezza è fondamentale per mantenere un legame con Ahura Mazda e l'ordine cosmico di Asha. I rituali di purificazione sono considerati essenziali per preservare la pulizia sia fisica che spirituale, proteggendo i fedeli dalle influenze corruttrici di Angra Mainyu, lo spirito del caos e del male. Queste pratiche incarnano una visione del mondo in cui mantenere la purezza non è solo una questione di igiene fisica, ma un dovere spirituale che sostiene l'equilibrio divino dell'universo. Attraverso questi rituali, gli zoroastriani rafforzano il loro impegno a vivere in armonia con Asha, assicurandosi che le loro azioni, i loro pensieri e i loro ambienti rimangano allineati con l'ordine divino.

Una delle pratiche fondamentali della purificazione zoroastriana è il padyab, o abluzione, un rituale che prevede il lavaggio delle mani e del viso prima delle preghiere o delle attività sacre. L'atto di eseguire un padyab ricorda l'importanza di mantenere la pulizia esterna e interna, simboleggiando la rimozione delle impurità prima di avvicinarsi al divino. Questo rituale viene spesso eseguito prima di recitare le preghiere dell'Avesta, preparando l'individuo ad affrontare i testi sacri con mente e corpo puri. Impegnandosi consapevolmente in questo semplice atto di purificazione, gli zoroastriani cercano di eliminare sia la sporcizia fisica sia le distrazioni della vita quotidiana, creando uno spazio per la concentrazione e la riflessione spirituale.

Oltre alla pratica personale dell'abluzione, lo zoroastrismo prevede rituali di purificazione più elaborati che vengono eseguiti in occasioni specifiche o in risposta a particolari esigenze. Uno di questi rituali è il Nahn, una purificazione più completa che prevede il lavaggio dell'intero corpo con acqua consacrata. I Nahn vengono spesso eseguiti durante eventi significativi della vita, come prima delle cerimonie di matrimonio o durante i periodi di malattia, quando si cerca un rinnovamento spirituale e fisico. L'uso di acqua consacrata, benedetta da un Mobed (sacerdote), rafforza la convinzione che l'acqua sia un elemento sacro, un mezzo attraverso il quale il divino può purificare e ripristinare l'individuo. Immergendosi in questo rituale, gli zoroastriani cercano di riallineare i loro corpi e le loro anime con la purezza della creazione di Ahura Mazda.

Anche il ruolo del fuoco nella purificazione occupa un posto di rilievo nei riti zoroastriani. Il fuoco, in quanto rappresentante terreno della luce di Ahura Mazda, funge da purificatore in grado di ripulire spazi, oggetti e persone dalle impurità spirituali. Si ritiene che il fuoco sacro presente nei templi emetta un'energia spirituale che allontana l'influenza del Druj (inganno e male). Durante i rituali, i sacerdoti possono agitare una fiamma o un bruciatore di incenso su oggetti o persone per purificarli, una pratica che simboleggia il potere della luce divina di ripristinare l'equilibrio e l'ordine. Questo uso del fuoco si estende ai rituali quotidiani in casa, dove piccole lampade o candele vengono accese durante le preghiere per invitare la presenza protettiva di Ahura Mazda nella casa.

Un altro importante rituale di purificazione è la cerimonia del Barsom, in cui fasci di ramoscelli consacrati, tipicamente provenienti dall'albero del melograno o del tamerice, vengono utilizzati per benedire i fedeli e gli spazi sacri. Il Barsom rappresenta la vita vegetale che fa parte della creazione di Ahura Mazda e il suo uso nei rituali simboleggia l'interconnessione tra il mondo naturale e quello spirituale. Durante la cerimonia del Barsom, il Mobed tiene il fascio mentre recita le preghiere, invocando benedizioni sui partecipanti e cercando di scacciare qualsiasi impurità spirituale. Il rituale serve a ricordare il rispetto zoroastriano per la natura, sottolineando che tutti gli elementi della creazione svolgono un ruolo nel mantenimento dell'equilibrio cosmico di Asha.

I rituali di purificazione nello zoroastrismo si estendono anche alla cura degli spazi sacri, compresi i templi e i luoghi in cui si svolgono i rituali. Si ritiene che questi spazi debbano essere mantenuti liberi dall'inquinamento, sia fisico che spirituale, per garantire che la presenza divina possa dimorarvi. Gli zoroastriani si preoccupano di garantire che i templi del fuoco siano mantenuti rigorosamente puliti e che vengano eseguiti riti speciali per purificare il fuoco sacro stesso. L'attenzione alla manutenzione di questi spazi riflette la convinzione che la purezza non sia solo una responsabilità individuale, ma uno sforzo comunitario che sostiene la salute spirituale dell'intera comunità. Mantenendo puri i loro luoghi di culto, gli zoroastriani creano ambienti in cui la luce divina di Ahura Mazda può risplendere senza ostacoli, offrendo un rifugio dal caos del mondo.

La purificazione è anche al centro dei riti zoroastriani che riguardano il passaggio tra la vita e la morte. Quando una persona muore, la tradizione zoroastriana ritiene che il suo corpo fisico diventi impuro perché colpito dal decadimento, un processo associato ad Angra Mainyu. Per evitare che questa impurità si diffonda, viene eseguita una serie di rituali per purificare l'ambiente e guidare l'anima verso l'aldilà. Il corpo viene lavato con l'urina di toro, nota come nirang, e poi deposto in una Dakhma (Torre del Silenzio), dove viene esposto al sole e agli uccelli rapaci. Questo processo assicura che gli elementi della terra, dell'acqua e del fuoco rimangano incontaminati dalla decomposizione, riflettendo la convinzione che la natura debba rimanere pura, anche nella morte.

L'uso dell'urina di toro per la purificazione, benché poco familiare alla sensibilità moderna, è profondamente radicato nella cosmologia zoroastriana. È considerata un potente agente di purificazione, che rappresenta gli aspetti vivificanti e purificanti della natura. Viene utilizzata non solo nei rituali di morte, ma anche nella preparazione di spazi e oggetti per le cerimonie religiose. Attraverso queste pratiche, gli zoroastriani si impegnano con elementi della loro antica eredità, mantenendo tradizioni che sono state tramandate per millenni, anche se le adattano alla vita contemporanea.

La purezza nello zoroastrismo non si limita agli atti fisici del lavaggio e del rituale, ma si estende ai pensieri e alle intenzioni, rafforzando la dimensione spirituale di queste pratiche. L'enfasi sulla purezza della mente si allinea con i principi etici di Humata (buoni pensieri), che insegnano che la vera purezza inizia all'interno. Gli zoroastriani credono che i pensieri negativi, come la rabbia o la gelosia, possano disturbare l'armonia di Asha, proprio come le impurità fisiche possono influenzare il corpo. Pertanto, la pratica della consapevolezza e la coltivazione di pensieri positivi sono considerate componenti essenziali per mantenere la purezza spirituale. Questo approccio olistico alla purezza fa sì che i rituali zoroastriani non siano solo pratiche esteriori, ma espressioni di un impegno più profondo per una vita vissuta in allineamento con i principi divini.

Il significato di questi rituali di purificazione risiede nella loro capacità di collegare il credente con il sacro, trasformando le azioni quotidiane in opportunità di rinnovamento spirituale. Che si tratti del semplice atto di lavarsi prima della preghiera o dei riti elaborati di un Nahns, agli zoroastriani viene costantemente ricordato il loro ruolo nel preservare la purezza del mondo. Questa pratica di purificazione continua riflette la natura dinamica di Asha, che deve essere mantenuta attivamente contro l'influenza incombente di Druj. È attraverso questi rituali che gli zoroastriani riaffermano il loro impegno verso l'ordine cosmico, riconoscendo che le loro azioni contribuiscono alla più ampia lotta tra luce e tenebre.

Attraverso la lente della purificazione, lo zoroastrismo offre una visione di un mondo in cui i regni spirituali e materiali sono intrecciati, dove l'atto fisico di pulizia è il riflesso di un'aspirazione spirituale più profonda. I rituali, pur essendo antichi, hanno una rilevanza senza tempo, ricordando ai fedeli che la purezza è un percorso verso la connessione divina. Quando gli zoroastriani si trovano ad affrontare le complessità della vita moderna, queste pratiche rappresentano una pietra di paragone, un modo per mantenere la propria identità e il proprio legame con Ahura Mazda in un mondo in continua evoluzione.

La profondità e l'intricatezza dei rituali di purificazione zoroastriani rivelano una profonda comprensione del significato spirituale che si cela dietro ogni azione. Queste pratiche, radicate nella convinzione che mantenere la pulizia sia fisica che spirituale sia essenziale per sostenere Asha, fungono da ponte tra il quotidiano e il divino. Nel corso della loro evoluzione, questi rituali hanno assunto strati di significato che collegano i fedeli zoroastriani con la loro antica eredità, fornendo al contempo un quadro di riferimento per affrontare le sfide del mondo moderno. In questo capitolo approfondiamo alcuni dei riti di purificazione più significativi, esplorando i loro significati simbolici e i modi in cui rafforzano l'integrità spirituale degli individui e delle comunità.

Tra i riti di purificazione più significativi dello zoroastrismo c'è il Bareshnum, un elaborato rituale che rappresenta l'apice della pulizia spirituale. Il Bareshnum è riservato a situazioni gravi, come quando una persona è entrata in contatto con un cadavere o con un'altra fonte di significativa impurità spirituale. Il rituale prevede un processo di nove giorni in cui l'individuo si sottopone a ripetute abluzioni con acqua e sabbia consacrata, guidato da un Mobed (sacerdote) che si assicura che ogni fase sia condotta secondo i testi sacri. Il processo comprende anche la recita di preghiere tratte dall'Avesta, che invocano l'aiuto di Ahura Mazda per ripristinare la purezza. Durante il Bareshnum, la persona rimane in isolamento, riflettendo sul proprio stato spirituale e cercando di riallinearsi con l'ordine cosmico. Questo periodo di introspezione sottolinea che la purificazione non riguarda solo gli atti fisici, ma anche il raggiungimento di un rinnovamento spirituale più profondo.

Il rituale del Bareshnum è altamente simbolico e illustra la visione zoroastriana della purificazione come processo di ristabilimento dell'equilibrio divino interrotto dall'esposizione alla morte o al decadimento. L'uso di elementi consacrati come l'acqua e la sabbia nel rituale indica la connessione ininterrotta tra il mondo spirituale e quello naturale. L'acqua, considerata un dono sacro di Ahura Mazda, purifica il corpo e simboleggia il lavaggio delle impurità spirituali. L'uso della sabbia rappresenta la connessione con la terra, ricordando al partecipante il suo ruolo di amministratore della natura, con il compito di mantenerne la purezza. Attraverso questi elementi, il rituale del Bareshnum diventa un microcosmo della lotta cosmica tra Asha e Druj, dove ogni atto di purificazione contribuisce all'obiettivo più ampio di sostenere l'ordine divino.

Una pratica correlata è il rituale del Kusti, che viene eseguito quotidianamente da tutti gli zoroastriani per ricordare il loro impegno alla purezza. Il Kusti è un cordone sacro di lana, indossato intorno alla vita, che simboleggia la divisione tra bene e male, luce e tenebre. Tradizionalmente viene indossato sopra il Sudreh, una camicia di cotone bianca che rappresenta la purezza dell'anima. Il rituale consiste nello slegare e riannodare il Kusti mentre si recitano le preghiere, solitamente eseguite più volte al giorno, tra cui all'alba, a mezzogiorno e al tramonto. Durante il rituale, l'individuo è rivolto verso una fonte di luce, come il sole o una lampada, a simboleggiare il suo allineamento con la luce divina di Ahura Mazda.

L'atto di slegare il Kusti è visto come un rilascio simbolico di pensieri o azioni impure, mentre il riannodamento rappresenta un rinnovato impegno verso Asha. Questa pratica quotidiana serve come forma di mantenimento spirituale continuo, assicurando che l'individuo rimanga concentrato sulle proprie responsabilità etiche. Il rituale Kusti è un modo accessibile per gli zoroastriani di integrare i principi della loro fede nella vita quotidiana, sottolineando che la ricerca della purezza è un processo continuo che richiede vigilanza e intenzione. La semplicità del rituale Kusti, unita al suo profondo significato spirituale, illustra la convinzione zoroastriana che anche le piccole azioni possono avere un impatto significativo nella lotta per mantenere l'ordine e la verità nel mondo.

Oltre alle pratiche di purificazione personale, lo zoroastrismo enfatizza la purificazione degli oggetti e degli spazi sacri, garantendo che rimangano adatti alla presenza divina. Uno dei rituali chiave per la purificazione degli spazi è la cerimonia del Parahom, che viene eseguita nei templi o durante le riunioni della comunità. Questa cerimonia prevede la preparazione di una miscela sacra di latte, foglie di melograno e acqua consacrata, che viene spruzzata nello spazio mentre si recitano le preghiere. Il rituale Parahom viene utilizzato per pulire aree che sono state esposte a impurità o per preparare uno spazio per una cerimonia speciale. L'uso di foglie di melograno è particolarmente significativo, in quanto il melograno è un simbolo di vita e fertilità nella cultura zoroastriana e rappresenta il rinnovamento della purezza all'interno dello spazio.

Anche il rituale di Hamazor svolge un ruolo di purificazione comunitaria, anche se si concentra maggiormente sull'unità e sulla forza della comunità stessa. Hamazor è un rituale di saluto eseguito durante le riunioni, in cui gli individui si stringono la mano e si scambiano benedizioni per la salute e la prosperità. Questo atto di connessione fisica simboleggia l'unità spirituale della comunità e l'impegno condiviso a sostenere Asha. Pur non essendo un rituale di purificazione in senso fisico, Hamazor riflette la convinzione zoroastriana che mantenere l'armonia tra gli individui sia essenziale per sostenere la purezza della comunità. Il rituale rafforza l'idea che la purezza spirituale si estende al di là dell'individuo per comprendere le relazioni e il benessere collettivo dei fedeli.

Un altro aspetto essenziale della purificazione zoroastriana è il mantenimento delle Dakhmas, o Torri del Silenzio, dove i corpi dei defunti vengono collocati per la sepoltura nel cielo. Sebbene questa pratica sia diminuita in molte regioni, rimane un simbolo dell'enfasi zoroastriana sul mantenere gli elementi - terra, acqua, fuoco e aria - liberi dall'inquinamento della morte. Le Dakhmas sono costruite in modo da permettere alla luce del sole e agli uccelli spazzini di decomporre naturalmente il corpo, preservando così la purezza della terra e prevenendo la contaminazione. Questa pratica riflette la convinzione che il mondo naturale debba essere rispettato e che la morte, pur essendo un passaggio per l'anima, non debba sconvolgere l'ordine divino della natura. Per le comunità che non praticano più la sepoltura nel cielo, vengono eseguiti riti modificati per garantire il mantenimento dello spirito di questa antica tradizione.

In epoca contemporanea, gli zoroastriani hanno adattato molti di questi antichi rituali a nuovi contesti, in particolare quando la comunità si è diffusa in diversi paesaggi geografici e culturali. Mentre il rituale completo del Bareshnum viene oggi raramente eseguito a causa della sua complessità, elementi della sua pratica, come preghiere specifiche e atti di abluzione, sono stati integrati in forme più semplici che possono essere eseguite nella vita quotidiana. Allo stesso modo, i principi alla base della purificazione degli spazi sacri continuano a guidare la progettazione e la manutenzione dei templi e dei centri comunitari zoroastriani, dove rituali come il Parahom assicurano che questi luoghi rimangano santuari della luce divina.

L'adattamento dei rituali di purificazione riflette la resilienza delle tradizioni zoroastriane, dove i valori spirituali fondamentali vengono preservati anche quando le pratiche stesse si evolvono. Gli zoroastriani che vivono nei moderni ambienti urbani, ad esempio, hanno trovato il modo di mantenere le loro preghiere quotidiane di Kusti e le pratiche di purezza nonostante i vincoli della vita contemporanea. Per molti, questi rituali adattati servono a ricordare il loro legame con un'eredità spirituale millenaria, fornendo un senso di continuità e di radicamento in mezzo ai rapidi cambiamenti del mondo moderno.

Attraverso questi rituali di purificazione, gli zoroastriani rinnovano continuamente il loro legame con Ahura Mazda e riaffermano il loro ruolo di guardiani di Asha. Le pratiche, sia che si tratti di semplici abluzioni quotidiane che di intricate cerimonie comunitarie, servono a testimoniare la duratura convinzione che la purezza sia il fondamento della forza spirituale. Mantenendo questa purezza, gli zoroastriani contribuiscono alla lotta cosmica contro Angra Mainyu, sostenendo una visione della vita in cui la luce e la verità sono preservate contro le forze dell'oscurità e dell'inganno.

La rilevanza duratura di questi rituali non risiede solo nella loro forma, ma nei valori che incarnano. Essi insegnano che la purezza è sia uno stato dell'essere sia un percorso di sforzi continui, un viaggio che ogni individuo e comunità intraprende per sostenere la luce di Asha nella propria vita. Attraverso l'atto di purificazione, gli zoroastriani ricordano di essere parte di un ordine cosmico più grande, legati a una tradizione che li invita a essere amministratori attenti del mondo, cercando sempre di mantenere l'equilibrio tra il sacro e il quotidiano.

Capitolo 12
Feste e celebrazioni

Le feste zoroastriane rappresentano una miscela armoniosa di spiritualità, natura e cicli della vita, e agiscono come potenti promemoria dell'ordine cosmico stabilito da Ahura Mazda. Queste celebrazioni, profondamente radicate nei principi di Asha, sono progettate per allineare i fedeli con i ritmi del mondo naturale, onorando il divino e rafforzando la connessione della comunità con l'universo. Attraverso queste feste, gli zoroastriani esprimono gratitudine, cercano il rinnovamento e celebrano il trionfo della luce sulle tenebre. Ogni festa occupa un posto unico nel calendario zoroastriano, offrendo momenti di riflessione, gioia e culto collettivo.

Tra le feste zoroastriane più significative c'è Nowruz, il Capodanno persiano, che segna l'arrivo della primavera e il rinnovamento della vita. Celebrato all'equinozio di primavera, Nowruz è un momento in cui il giorno e la notte si equilibrano, simboleggiando l'equilibrio tra le forze del bene e del male. Le origini della festa sono antecedenti allo zoroastrismo, ma è stata abbracciata e arricchita da questa fede, che l'ha infusa con temi di rinascita e risveglio spirituale. Durante il Nowruz, gli zoroastriani preparano le loro case con cura meticolosa, eseguendo pulizie profonde note come khaneh takani, un atto simbolico di purificazione sia dello spazio fisico che dell'anima in preparazione del nuovo anno. Questa pratica riflette l'enfasi zoroastriana sulla purezza, rendendo il Nowruz non solo una celebrazione della rinascita della natura, ma anche un rinnovamento personale e spirituale per i fedeli.

Al centro della celebrazione del Nowruz c'è la preparazione dell'Haft-Seen, una tavola adornata con sette oggetti simbolici, ognuno dei quali inizia con la lettera persiana "S".

Questi oggetti, tra cui sabzeh (grano o lenticchie germogliate), senjed (frutto secco dell'oleastro), seeb (mela), seer (aglio), somāq (sommacco), serkeh (aceto) e samanu (budino dolce), rappresentano diversi aspetti della vita e le speranze per l'anno a venire: crescita, salute, prosperità e saggezza. In alcune tradizioni, l'Haft-Seen può includere anche un libro sacro, come l'Avesta, a significare l'aspetto spirituale della celebrazione. L'accensione delle candele intorno alla Haft-Seen serve a ricordare la luce sempre presente di Ahura Mazda, che guida i fedeli attraverso le sfide della vita e porta speranza per il futuro. Questa attenzione alla luce e ai nuovi inizi è un riflesso della cosmologia zoroastriana, dove ogni atto che sostiene Asha contribuisce al rinnovamento della creazione.

Un altro elemento chiave del Nowruz è il Chaharshanbe Suri, o Festa del Fuoco, che si svolge l'ultimo mercoledì prima del nuovo anno. Durante questa festa, gli zoroastriani saltano su piccoli falò, cantando frasi che esprimono il desiderio che i loro malanni vengano portati via dal fuoco, ricevendone il calore e la vitalità. Il salto sul falò simboleggia il potere trasformativo del fuoco che, nella credenza zoroastriana, rappresenta la luce purificatrice di Ahura Mazda. Questo rituale serve a lasciarsi alle spalle i fardelli dell'anno passato e ad entrare nel nuovo anno con un'energia rinnovata. Evidenzia inoltre il duraturo rispetto zoroastriano per il fuoco come simbolo di purezza spirituale, un tema che attraversa molti aspetti della fede.

Mehregan è un'altra importante festa zoroastriana, celebrata in onore di Mithra, l'essere divino associato alle alleanze, all'amicizia e alla luce del sole. Cadendo in autunno, Mehregan è un momento di ringraziamento per il raccolto e l'abbondanza della terra. Riflette la fede zoroastriana nell'interconnessione di tutte le forme di vita e nella responsabilità degli esseri umani di proteggere e nutrire la natura. Tradizionalmente, gli zoroastriani si riuniscono con le loro famiglie e comunità durante il Mehregan per offrire preghiere, condividere i pasti e recitare passi dell'Avesta che lodano Mithra e il mondo naturale. La celebrazione è caratterizzata dalla condivisione di frutta, fiori e incenso, che simboleggiano i doni della natura e il rinnovamento dei legami spirituali all'interno della comunità.

Mehregan è anche un momento di atti di carità, che riflettono il valore zoroastriano della generosità. Durante questa festa, gli zoroastriani sono incoraggiati a sostenere i bisognosi, assicurando che le benedizioni del raccolto siano condivise tra tutti. Questa pratica sottolinea la dimensione etica delle feste zoroastriane, in cui la celebrazione è sempre intrecciata con la responsabilità di sostenere Asha sia nella vita personale che in quella sociale. Praticando la generosità e la gentilezza durante il Mehregan, gli zoroastriani rafforzano i legami della comunità e riaffermano il loro impegno verso i valori che definiscono la loro fede.

Yalda, la notte più lunga dell'anno, è un'altra celebrazione che ha un profondo significato spirituale nella tradizione zoroastriana. Avvenendo nel giorno del solstizio d'inverno, Yalda rappresenta la lotta tra la luce e le tenebre, un tema centrale nella cosmologia zoroastriana. In questa notte, gli zoroastriani si riuniscono con i loro cari, rimanendo svegli durante le lunghe ore per assistere al trionfo del sole sulle tenebre all'approssimarsi dell'alba. È un momento per raccontare storie, recitare poesie e riflettere sui cicli della vita e della natura. Il simbolismo di Yalda come momento in cui la luce inizia il suo lento ritorno rispecchia l'eterna fede zoroastriana nel trionfo finale del bene sul male. Ricorda ai fedeli che anche nei momenti più bui, la promessa di luce rimane.

Durante lo Yalda si preparano cibi speciali, come melograni, noci e angurie, che si ritiene portino calore e protezione contro la durezza dell'inverno. I semi rossi del melograno simboleggiano il sangue che dà la vita, mentre i colori vivaci del frutto ricordano il ritorno del sole. La natura comunitaria degli incontri di Yalda sottolinea l'importanza della solidarietà e del sostegno reciproco all'interno della comunità zoroastriana, rafforzando l'idea che affrontare le sfide insieme rafforza i legami che sostengono la resilienza spirituale.

Le feste zoroastriane comprendono anche i Gahambar, celebrazioni stagionali che onorano le sei fasi della creazione descritte nella cosmologia zoroastriana. Ogni Gahambar è associato a un particolare aspetto della creazione, come il cielo, l'acqua, la terra, le piante, gli animali e gli esseri umani. Queste feste, distribuite nel corso dell'anno, invitano gli zoroastriani a ringraziare per gli elementi che sostengono la vita e a riflettere sul loro ruolo di amministratori del mondo naturale. Durante i Gahambar, gli zoroastriani si riuniscono per condividere pasti comuni, offrire preghiere e impegnarsi in atti di carità, rafforzando il legame tra la pratica spirituale e il benessere della comunità. I Gahambar ricordano che il mondo materiale non è separato da quello spirituale, ma è parte integrante della creazione di Ahura Mazda che deve essere rispettata e custodita.

Queste feste stagionali sottolineano la convinzione zoroastriana di vivere in armonia con la natura e di riconoscere la presenza divina in tutti gli aspetti del mondo. Celebrando i cicli della terra, gli zoroastriani affermano il loro posto all'interno di un universo che vive della presenza del divino. Le feste forniscono una struttura per l'anno che è profondamente intrecciata con i ritmi naturali della terra, assicurando che la pratica spirituale sia intrecciata con l'alternarsi delle stagioni. Attraverso queste osservanze, gli zoroastriani si ricordano che le loro azioni - sia onorando le stagioni che cambiano, sia condividendo le loro benedizioni - hanno un impatto diretto sull'equilibrio tra Asha e Druj, contribuendo alla lotta continua per mantenere l'ordine e la bontà nel mondo.

Le celebrazioni di Nowruz, Mehregan, Yalda e Gahambar offrono opportunità uniche di rinnovamento spirituale e di riunione comunitaria, riflettendo i valori duraturi dello zoroastrismo. Essi servono a ricordare una tradizione che celebra il divino attraverso la gioia dei cicli della vita, incoraggiando i fedeli a coltivare la gratitudine, a cercare la purezza e a impegnarsi in atti di gentilezza. Mentre lo zoroastrismo continua ad adattarsi alla vita moderna, queste feste rimangono una pietra miliare della sua pratica, assicurando che l'antica connessione tra la natura, la comunità e il divino rimanga vibrante e rilevante in un mondo che cambia. Attraverso ogni celebrazione, gli zoroastriani riaffermano la loro dedizione ai principi che li hanno guidati per millenni, abbracciando la luce che brilla nelle notti più buie e la speranza che arriva con ogni nuova alba.

Il vibrante ciclo delle feste zoroastriane non è solo un modo per segnare il passaggio del tempo, ma una pratica profondamente spirituale che intreccia comunità, memoria e allineamento cosmico. Ogni festa è intrisa di strati di rituali e significati che riflettono i valori fondamentali zoroastriani di Asha (verità e ordine) e l'eterna battaglia contro Druj (falsità e caos). Grazie a queste celebrazioni, gli zoroastriani si riuniscono per ricollegarsi alle loro antiche tradizioni, onorare Ahura Mazda e rafforzare i legami che uniscono le loro comunità. Questo capitolo approfondisce le pratiche e i rituali specifici di queste feste, esplorando come vengono eseguite e il profondo senso di continuità che creano tra gli zoroastriani di tutto il mondo.

Uno dei rituali chiave eseguiti durante il Nowruz è il Farvardigan, o Muktad, un periodo di dieci giorni che precede il nuovo anno dedicato a onorare gli spiriti dei defunti, noti come Fravashis. Durante il Farvardigan, le famiglie zoroastriane preparano le loro case e i loro templi per accogliere questi spiriti ancestrali, credendo che i Fravashis tornino per offrire le loro benedizioni e ricevere gratitudine. Le famiglie allestiscono piccoli altari con fiori freschi, frutta e fuoco sacro, recitando preghiere per invocare la protezione e la guida degli spiriti. Questo atto di ricordo sottolinea la fede zoroastriana nella presenza duratura del mondo spirituale e l'importanza di rispettare il legame tra passato e presente. Il Farvardigan è un momento di riflessione in cui i vivi onorano coloro che li hanno preceduti, riconoscendo che la forza della comunità è costruita sull'eredità di coloro che hanno sostenuto Asha nel corso dei secoli.

I rituali delle cerimonie Jashan, che si svolgono durante varie feste, forniscono un'altra finestra sugli aspetti comunitari e devozionali delle celebrazioni zoroastriane. Il Jashan è un servizio di preghiera condotto dai Mobed (sacerdoti) per benedire la comunità, spesso eseguito per commemorare occasioni speciali o per ringraziare delle benedizioni di Ahura Mazda. Durante queste cerimonie, i sacerdoti recitano versi dell'Avesta, offrono myazda (offerte rituali di frutta, latte e pane sacro) ed eseguono il rituale di Atash Niyayesh, in cui il fuoco sacro viene venerato con offerte e preghiere. La congregazione si riunisce intorno, partecipando con la propria presenza e la recitazione silenziosa, rafforzando l'attenzione spirituale condivisa. Il Jashan serve come potente promemoria dell'unità della comunità zoroastriana, dove ogni individuo svolge un ruolo nel sostenere la salute spirituale dell'insieme.

Un Jashan particolarmente significativo è la celebrazione del Khordad Sal, il compleanno del profeta Zarathustra. In questo giorno, gli zoroastriani si riuniscono in templi di fuoco e sale comunitarie per ricordare la vita e gli insegnamenti del loro profeta. La celebrazione comprende preghiere che raccontano le rivelazioni di Zarathustra e il suo messaggio di buoni pensieri, buone parole e buone azioni. È un momento per rinnovare il proprio impegno a vivere secondo i principi di Asha, riflettendo sui modi in cui gli insegnamenti di Zarathustra possono guidare la vita moderna. Khordad Sal non è solo la celebrazione di una figura storica, ma anche un momento di introspezione spirituale, in cui gli zoroastriani si ricordano del loro ruolo di seguaci di una tradizione che cerca di portare luce nel mondo.

Durante il Mehregan, una delle pratiche più singolari è l'Haft Mewa, ovvero la disposizione dei sette frutti. Questo spettacolo simbolico ha lo scopo di onorare l'abbondanza fornita da Mithra, la divinità della luce, della lealtà e dell'amicizia. Ogni frutto rappresenta una benedizione diversa, come la salute, la prosperità e la fertilità. Le famiglie si riuniscono per gustare i frutti, condividendo un pasto che simboleggia il nutrimento fisico e spirituale. L'atto di condivisione durante il Mehregan riflette l'impegno zoroastriano alla carità e all'ospitalità, sottolineando che la vera celebrazione implica il dare agli altri e assicurare che le benedizioni della vita siano condivise con tutti. La natura comunitaria del Mehregan, come quella del Nowruz, serve a rafforzare i legami tra gli zoroastriani, ricordando loro che la loro fede è sia un viaggio personale che un'esperienza collettiva.

Le pratiche rituali associate al Tirgan, una festa estiva dedicata a Tishtrya, la stella che porta la pioggia, evidenziano ulteriormente il legame tra le celebrazioni zoroastriane e il mondo naturale. Il Tirgan viene celebrato con rituali che prevedono spruzzi d'acqua, che simboleggiano le piogge vivificanti che Tishtrya porta alla terra. Questa festa è un momento di gioia, soprattutto per i bambini, che si cimentano in lotte e danze giocose con l'acqua. Gli zoroastriani credono che le acque di Tishtrya portino una purificazione spirituale e un rinnovamento fisico, in linea con la loro più ampia credenza nella sacralità degli elementi naturali. Lo spirito giocoso del Tirgan, combinato con la riverenza per l'acqua, illustra l'equilibrio nello zoroastrismo tra la devozione seria e la celebrazione delle semplici gioie della vita. È una festa in cui risate e gratitudine si fondono, onorando i cicli che sostengono la terra.

Zartosht No Diso, la commemorazione della morte di Zarathustra, offre un contrasto più cupo ma profondamente riflessivo rispetto alle festività più festose. È un giorno di preghiera, lutto e contemplazione degli insegnamenti lasciati da Zarathustra. Durante Zartosht No Diso, gli zoroastriani visitano i templi del fuoco per offrire preghiere per l'anima del profeta e riflettere sulle lezioni morali e spirituali che ha impartito. È un momento per considerare le sfide di mantenere l'Asha in un mondo che spesso tende al caos e all'inganno e per trarre forza dall'esempio del profeta. Questo giorno serve a ricordare la continuità della tradizione zoroastriana, incoraggiando i fedeli a rimanere saldi nel loro impegno per la rettitudine, anche di fronte alle avversità.

La celebrazione del Navjote, o cerimonia di iniziazione per i giovani zoroastriani, è un altro rituale fondamentale che spesso si svolge in concomitanza con feste importanti come Nowruz o Mehregan. Durante il Navjote, i bambini vengono accolti nella fede zoroastriana con una cerimonia che prevede l'indossamento del Sudreh (maglia intima bianca) e del Kusti (cordone sacro). La cerimonia è un evento comunitario che riunisce parenti e amici per assistere all'ingresso del bambino nella comunità religiosa. Durante la cerimonia, il bambino recita delle preghiere e gli viene insegnato il significato di mantenere la purezza e di sostenere i principi di Asha per tutta la vita. La cerimonia Navjote simboleggia un momento di risveglio spirituale, in cui l'individuo si assume la propria responsabilità nella lotta cosmica tra il bene e il male. Svolgendo questa cerimonia durante i periodi di festa, le famiglie sottolineano il legame tra la fede personale e i più ampi cicli di rinnovamento e celebrazione che definiscono la pratica zoroastriana.

In tutte queste celebrazioni, l'interazione tra luce e oscurità, tra purezza e rinnovamento, rimane un tema centrale. Rituali come l'accensione delle lampade a olio durante lo Yalda o l'accensione del fuoco sacro durante le cerimonie di Jashan servono a ricordare costantemente la fede zoroastriana nel potere della luce di superare anche le ombre più profonde. Questi atti di illuminazione, eseguiti nei templi o nelle case, riflettono la lotta senza tempo di Asha contro Druj, esortando i fedeli ad accendere la fiamma della rettitudine dentro di sé. La luce fisica, sia che arda brillantemente nell'altare del fuoco di un tempio o che sfarfalli delicatamente sul tavolo dell'Haft-Seen di una famiglia, simboleggia la luce spirituale che ogni zoroastriano è chiamato a coltivare nella sua vita quotidiana.

Nel mondo moderno, le feste zoroastriane si sono adattate a nuovi contesti culturali e le comunità hanno trovato il modo di celebrare le loro tradizioni in ambienti diversi e globalizzati. Anche se le ambientazioni possono cambiare, l'essenza di queste feste rimane, fornendo continuità agli zoroastriani che vivono lontano dalle terre in cui queste tradizioni hanno messo radici. Le comunità della diaspora si riuniscono in case, centri comunitari e templi del fuoco adattati, creando spazi in cui le antiche preghiere risuonano con nuove voci. L'esperienza condivisa della celebrazione di queste feste diventa una fonte di forza e di identità, offrendo agli zoroastriani un modo per rimanere legati alle loro radici e allo stesso tempo abbracciare il loro posto in un mondo diverso e in continua evoluzione.

    Queste celebrazioni non sono solo un mezzo per preservare la tradizione, ma sono anche un'affermazione della vita, un modo per abbracciare la presenza divina in ogni momento di gioia e riflessione. Ci ricordano che lo zoroastrismo è una fede viva, che trova espressione nei cicli della natura, nel ritmo della vita quotidiana e nel calore della comunità. Attraverso questi rituali, gli zoroastriani onorano il loro passato, celebrano il loro presente e guardano avanti con speranza, fiduciosi nella convinzione che finché la luce sarà curata, Asha durerà.

Capitolo 13
La vita dopo la morte

La visione zoroastriana della vita dopo la morte presenta una visione del cosmo in cui le scelte morali della vita risuonano ben oltre il regno terreno, plasmando il destino dell'anima nell'aldilà. Questo sistema di credenze è radicato negli insegnamenti di Zarathustra, che sottolineava l'importanza delle azioni, dei pensieri e delle parole di ogni individuo nel determinare il suo destino spirituale. Per gli zoroastriani, la morte non è vista come una fine, ma come una transizione verso un viaggio spirituale che rivela le conseguenze della vita terrena. Il concetto di giudizio dopo la morte riflette la più ampia cosmologia zoroastriana, dove le forze di Asha (verità) e Druj (inganno) continuano la loro eterna lotta, con l'anima umana che svolge un ruolo cruciale nel mantenere l'equilibrio tra loro.

Al centro della concezione zoroastriana dell'aldilà c'è il ponte di Chinvat, il ponte del giudizio. Secondo l'Avesta e i testi zoroastriani successivi, quando una persona muore, la sua anima rimane vicino al corpo per tre giorni e tre notti, durante i quali la famiglia e la comunità offrono preghiere. Queste preghiere, spesso recitate dai Mobed (sacerdoti) e dai cari del defunto, cercano di confortare l'anima nel suo viaggio e di invocare la protezione di Ahura Mazda. Il ruolo della comunità in queste preghiere sottolinea la convinzione che la morte non sia un'esperienza solitaria, ma un passaggio che comporta il sostegno e la solidarietà di coloro che sono rimasti.

Il quarto giorno si ritiene che l'anima raggiunga il ponte di Chinvat, dove viene giudicata in base alla qualità morale della sua vita sulla Terra. Questo ponte è descritto come uno stretto sentiero sospeso su un abisso, che simboleggia la linea sottile come un rasoio tra virtù e vizio. Qui l'anima incontra tre entità spirituali: Mithra, il giudice divino associato alla verità e ai contratti; Sraosha, il guardiano delle preghiere; e Rashnu, la divinità della giustizia. Insieme, pesano le azioni dell'anima utilizzando una bilancia divina, dove le azioni buone sono misurate rispetto a quelle cattive. Se le azioni buone superano quelle cattive, l'anima trova il ponte ampio e facile da attraversare, che conduce ai regni della luce. Se invece le azioni cattive superano quelle buone, il ponte diventa stretto e pericoloso e l'anima rischia di cadere nell'abisso sottostante.

Questo processo di giudizio riflette l'enfasi zoroastriana sulla responsabilità morale e l'idea che ogni pensiero, parola e azione contribuisca alla lotta cosmica tra bene e male. A differenza di alcune tradizioni religiose che si concentrano sulla grazia divina come unico arbitro della salvezza, lo zoroastrismo attribuisce un peso significativo alle scelte dell'individuo e all'integrità etica della sua vita. Questa enfasi incoraggia i seguaci a vivere con un senso di scopo, consapevoli dell'impatto delle loro azioni sia sulla loro anima che sul mondo circostante.

L'esito di questo giudizio determina il viaggio dell'anima in uno dei tre possibili regni: Garōdmān, la Casa del Canto (Paradiso); Hamistagan, il luogo intermedio; o Duzakh, la Casa della Menzogna (Inferno). Garōdmān è descritto come un regno pieno di luce divina, dove l'anima si riunisce con Ahura Mazda e sperimenta la gioia eterna insieme ad altri spiriti retti. È un luogo di realizzazione spirituale, dove le virtù coltivate in vita continuano a fiorire e l'anima trova pace in compagnia di altri seguaci di Asha. In questo regno, la luce di Ahura Mazda illumina ogni aspetto dell'esistenza, simboleggiando il trionfo finale del bene sul male.

Hamistagan, lo stato intermedio, è per quelle anime le cui azioni buone e cattive sono equamente bilanciate. Questo stato non è né di beatitudine né di tormento, ma piuttosto un luogo di attesa, dove l'anima esiste in una sorta di sospensione spirituale. Nella tradizione zoroastriana, Hamistagan rappresenta la complessità della moralità umana, riconoscendo che molte vite contengono una miscela di virtù e difetti. Mentre si trova nell'Hamistagan, l'anima rimane in uno stato liminare, riflettendo sulla propria vita e aspettando il rinnovamento finale del mondo, noto come Frashokereti, quando tutte le anime saranno infine purificate e riunite ad Ahura Mazda. Questo regno intermedio enfatizza la credenza nel potenziale di crescita spirituale e di redenzione, anche dopo la morte.

Duzakh, o Casa della Menzogna, è riservato a coloro che si sono allineati con Druj attraverso atti di inganno, crudeltà e ingiustizia. È rappresentato come un luogo oscuro e freddo, dove le anime soffrono a causa dei loro fallimenti morali. A differenza di molte rappresentazioni dell'Inferno in altre tradizioni, il Duzakh zoroastriano non è eterno; è un luogo di purificazione piuttosto che una punizione permanente. La sofferenza sperimentata dalle anime nel Duzakh è intesa come una conseguenza delle loro azioni, un periodo in cui affrontano il danno che hanno causato e le deviazioni da Asha. L'esistenza di questo regno serve come severo promemoria delle conseguenze della corruzione morale, ma sottolinea anche la fede zoroastriana in un'eventuale restaurazione cosmica, dove anche i luoghi più oscuri saranno trasformati dalla luce di Ahura Mazda.

Il viaggio dell'anima attraverso questi regni mette in evidenza l'attenzione zoroastriana per l'iniziativa individuale e la responsabilità di scegliere la rettitudine. Nel corso della vita, gli zoroastriani sono incoraggiati a incarnare i principi di Humata, Hukhta, Hvarshta - buoni pensieri, buone parole e buone azioni - come modo per assicurarsi un passaggio favorevole al ponte di Chinvat. Gli insegnamenti di Zarathustra sottolineano che ogni persona ha la capacità di plasmare il proprio destino spirituale attraverso le proprie scelte, riflettendo una visione del mondo in cui il libero arbitrio gioca un ruolo centrale. Questa fede nel potere della scelta ispira i seguaci a impegnarsi attivamente nelle loro comunità, a sostenere la giustizia e a prendersi cura dell'ambiente, riconoscendo che le loro azioni hanno conseguenze spirituali che si estendono nell'aldilà.

Questa concezione della vita dopo la morte influenza profondamente anche le pratiche funerarie zoroastriane, concepite per rispettare la purezza degli elementi naturali. Secondo la tradizione, il corpo del defunto viene posto in una Dakhma, o Torre del Silenzio, dove è esposto agli elementi e agli uccelli carogne. Questa pratica garantisce che il corpo non contamini gli elementi sacri della terra, dell'acqua o del fuoco. Restituendo il corpo alla natura in questo modo, gli zoroastriani adempiono al loro dovere di proteggere la purezza della creazione, anche nella morte. Mentre l'anima intraprende il suo viaggio attraverso il ponte di Chinvat, il corpo viene rilasciato di nuovo nel ciclo della natura, sottolineando la convinzione che la vita fisica sia parte di un ordine cosmico più ampio.

I rituali che circondano la morte, comprese le preghiere e i riti di purificazione eseguiti dai Mobed, riflettono la convinzione zoroastriana che i vivi possano assistere l'anima nel suo viaggio. Queste pratiche assicurano che il passaggio dal regno materiale a quello spirituale sia condotto con riverenza e cura, rafforzando la convinzione che la morte sia un processo profondamente spirituale che collega il regno terreno con quello divino. Impegnandosi in questi riti, gli zoroastriani onorano sia la memoria del defunto sia l'ordine cosmico che guida tutta la vita.

La visione zoroastriana della vita dopo la morte offre una visione in cui speranza e giustizia si intrecciano. Fornisce conforto ai vivi, offrendo la certezza che gli sforzi compiuti in vita per sostenere Asha saranno ricompensati con il ricongiungimento nella Casa del Canto. Allo stesso tempo, funge da richiamo all'azione etica, ricordando ai credenti che le loro scelte non solo plasmano il loro mondo immediato, ma anche il loro viaggio eterno. In una tradizione che attribuisce un tale valore all'interazione tra luce e tenebre, il cammino dell'anima è visto come una continuazione della lotta cosmica, dove ogni pensiero e azione contribuisce al trionfo della verità. Questa visione ispira gli zoroastriani a vivere con integrità e scopo, sapendo che la loro eredità non è limitata al mondo materiale, ma è scritta nel tessuto stesso dell'universo.

Mentre il viaggio dell'anima procede oltre il ponte di Chinvat, l'escatologia zoroastriana rivela un ricco arazzo di credenze che illuminano la natura dell'aldilà e il destino che attende ogni spirito. Questo capitolo approfondisce i regni del Paradiso (Garōdmān), del Purgatorio (Hamistagan) e il concetto zoroastriano di Inferno (Duzakh), esplorando come questi concetti si siano evoluti nel tempo e il loro impatto duraturo sulla vita etica degli zoroastriani. Questi insegnamenti riflettono l'intricata relazione tra l'ordine cosmico (Asha), la responsabilità morale e la speranza ultima di una restaurazione universale.

Garōdmān, spesso indicato come la Casa del Canto, rappresenta la destinazione finale per le anime che hanno vissuto in accordo con Asha. Questo regno è descritto nell'Avesta come un luogo di luce sconfinata, gioia e realizzazione spirituale, dove l'anima è circondata dalla presenza di altri spiriti retti. Qui, la radiosità divina di Ahura Mazda illumina ogni aspetto dell'esistenza, offrendo uno stato di pace eterna e di unità con l'ordine divino. Nel Garōdmān, le anime sperimentano la beatitudine che deriva dalla realizzazione del loro più alto potenziale, vivendo in armonia con i valori che hanno sostenuto durante la loro vita terrena. Questa visione del Paradiso non è solo una ricompensa, ma anche una continuazione del viaggio dell'anima verso la perfezione, dove può partecipare pienamente alla sinfonia cosmica di luce e verità.

Negli insegnamenti zoroastriani, il Garōdmān è più di una lontana ricompensa celeste: serve come obiettivo etico che guida le azioni dei fedeli. Il desiderio di raggiungere la Casa del Canto motiva gli zoroastriani a vivere una vita di integrità, gentilezza e consapevolezza spirituale. Questa enfasi sul guadagnarsi un posto nell'aldilà attraverso la coltivazione delle virtù evidenzia la convinzione zoroastriana che ogni individuo è parte attiva del proprio destino spirituale. La gioia del Garōdmān è quindi vista come il risultato naturale di una vita vissuta in linea con i principi di Asha, dove la luce dell'anima si accende con ogni buon pensiero, parola e azione.

Al contrario, Duzakh, o Casa della Menzogna, presenta una visione dell'aldilà che funge da severo monito contro le conseguenze del fallimento morale. Questo regno è rappresentato come oscuro, freddo e desolato, un luogo in cui l'anima si confronta con tutto il peso del suo allineamento con Druj (la falsità). A differenza degli inferni infuocati di altre tradizioni religiose, l'inferno zoroastriano è un luogo di desolazione spirituale piuttosto che di tormento fisico. È uno stato in cui l'anima è isolata dalla luce divina, intrappolata nell'oscurità che ha coltivato con l'inganno, la crudeltà e il tradimento dei valori di Asha. La sofferenza sperimentata nel Duzakh, tuttavia, non è vista come eterna, ma come uno stato temporaneo destinato a purificare l'anima attraverso la realizzazione delle sue mancanze morali.

Il concetto di Duzakh sottolinea la fede zoroastriana nella bontà intrinseca della creazione e nella possibilità di redenzione. Anche nelle profondità di questo regno oscuro, l'anima conserva il potenziale di trasformazione. Questa convinzione è centrale nell'idea di Frashokereti, la restaurazione finale del mondo, quando tutte le anime - indipendentemente dal loro destino iniziale - saranno purificate e riconciliate con Ahura Mazda. Gli insegnamenti di Zarathustra sottolineano che nessuna anima è al di fuori della portata della misericordia divina e che il trionfo finale di Asha su Druj porterà alla guarigione di tutta la creazione. Questa visione di speranza offre conforto ai fedeli, ricordando loro che la lotta tra il bene e il male, sia nella vita che nell'aldilà, è in ultima analisi orientata al rinnovamento e all'unità.

L'Hamistagan, lo stato intermedio, offre una visione sfumata dell'aldilà che riconosce la complessità del comportamento umano. Qui dimorano le anime che hanno vissuto sia la virtù che il vizio, senza sperimentare né le gioie del Garōdmān né la desolazione del Duzakh. Hamistagan rappresenta uno stato di riflessione e di stasi spirituale, dove l'anima contempla le proprie azioni e attende il rinnovamento cosmico. È un luogo in cui l'equilibrio delle azioni buone e cattive viene attentamente misurato, offrendo la possibilità all'anima di crescere nella comprensione e di allinearsi più pienamente con Asha nel corso del tempo. In questo modo, Hamistagan riflette la convinzione zoroastriana che il viaggio verso la crescita spirituale non si conclude con la morte fisica, ma continua mentre l'anima cerca di armonizzarsi con l'ordine divino.

Il ruolo di Frashokereti nell'escatologia zoroastriana è particolarmente significativo per comprendere il destino finale di tutte le anime. Questo concetto, che descrive l'eventuale rinnovamento e purificazione del mondo, prevede un momento in cui le forze di Asha prevarranno pienamente, cancellando l'influenza di Druj e portando a uno stato perfetto e immortale per tutta la creazione. In quel momento, si ritiene che le anime di Hamistagan e Duzakh saranno purificate dalle loro impurità, emergendo per unirsi ai giusti nella Casa del Canto. Il mondo stesso sarà trasformato, con l'abolizione della morte e della sofferenza e l'elevazione del regno fisico a un piano divino. Questa idea di trasformazione finale incarna la speranza zoroastriana di un futuro in cui la giustizia, la pace e la verità regnano sovrane e in cui ogni anima trova il suo posto nell'ordine restaurato.

La fede nel Frashokereti modella il modo in cui gli zoroastriani affrontano la loro vita terrena, instillando un senso di responsabilità per il futuro del mondo e per il destino di tutte le anime. Incoraggia i fedeli a impegnarsi in azioni che contribuiscono al miglioramento del mondo, dalla carità e dal servizio alla comunità alla gestione dell'ambiente. Allineando le proprie azioni alla visione di un mondo purificato, gli zoroastriani partecipano al processo continuo di creazione, facendo scelte che sostengono la realizzazione di un mondo pieno di luce e armonia. L'idea che le azioni di ciascuno possano influenzare la restaurazione finale del cosmo sottolinea la profonda interconnessione tra le azioni individuali e il destino più ampio dell'universo.

Queste credenze sull'aldilà influenzano anche i riti funebri zoroastriani, che sono concepiti per rispettare il percorso spirituale del defunto, mantenendo al contempo la purezza degli elementi naturali. La recita di preghiere nei giorni che precedono il giudizio dell'anima ha lo scopo di fornire una guida e un sostegno, assicurando che il passaggio dal regno terreno a quello spirituale sia il più agevole possibile. Questi rituali, che includono l'uso del fuoco consacrato e la recitazione di versi sacri, rafforzano la convinzione che l'anima rimanga parte della comunità, anche quando intraprende il suo viaggio attraverso il ponte Chinvat.

In epoca contemporanea, le comunità zoroastriane continuano ad adattare queste antiche credenze e pratiche ai contesti moderni. Per coloro che non osservano più l'uso tradizionale delle Dakhma, la cremazione o la sepoltura sono condotte con l'obiettivo di mantenere l'integrità spirituale dei riti, assicurando che gli elementi sacri rimangano rispettati. Nonostante questi cambiamenti, gli insegnamenti fondamentali sul viaggio dell'anima, sul significato delle azioni morali e sulla speranza di Frashokereti rimangono centrali nella fede zoroastriana. Essi offrono un quadro di riferimento per la comprensione della vita e della morte, profondamente radicato nella convinzione che ogni vita contribuisca al piano divino e che ogni anima sia destinata a trovare il proprio posto nella luce di Ahura Mazda.

La visione zoroastriana dell'aldilà fornisce una narrazione potente che fonde responsabilità e compassione, sottolineando l'importanza di una vita etica e offrendo al contempo la speranza di una redenzione finale. Il viaggio dell'anima, dalle prove del Ponte Chinvat alla promessa di Garōdmān e ai fuochi purificatori di Frashokereti, è un riflesso della visione zoroastriana del cosmo come uno spazio dinamico in cui ogni azione si riverbera nel tempo e nello spazio. Questa visione incoraggia i seguaci a vivere con un senso di scopo, sapendo che le loro scelte non solo plasmano il loro destino, ma contribuiscono alla più grande lotta cosmica. Attraverso le loro credenze sulla vita dopo la morte, gli zoroastriani mantengono la promessa che, alla fine, Asha trionferà, portando luce e ordine in ogni angolo della creazione.

Capitolo 14
Gli Spenta Amesha

Gli Amesha Spenta, spesso tradotti come "Immortali Benevoli", occupano un ruolo centrale nella teologia e nella cosmologia zoroastriana, rappresentando gli aspetti divini della creazione di Ahura Mazda. Queste sette entità spirituali non sono viste semplicemente come divinità, ma come incarnazioni dei principi che governano l'universo e mantengono l'ordine cosmico di Asha. Ogni Amesha Spenta detiene il dominio su un particolare aspetto dell'esistenza, guidando i fedeli e aiutando a sostenere l'equilibrio tra bene e male nel mondo. Attraverso i loro attributi e le loro associazioni, gli Spenta Amesha offrono agli zoroastriani un quadro di riferimento per comprendere il loro rapporto con il divino, con la natura e con il proprio sviluppo spirituale.

Ahura Mazda, la divinità suprema dello zoroastrismo, è considerato la fonte da cui emanano gli Amesha Spenta. Essi servono come estensioni della sua volontà, manifestando le sue qualità in tutto il creato e assicurando che Asha - verità, rettitudine e ordine - pervada l'universo. Gli Amesha Spenta non sono venerati solo per i loro poteri individuali, ma sono anche profondamente intrecciati, formando una rete spirituale che rappresenta la natura interconnessa della vita. Gli zoroastriani intendono questi esseri divini come guide che assistono nella lotta continua contro i Druj, le forze del caos e della falsità, mantenendo l'integrità della creazione.

Tra gli Spenta Amesha, Vohu Manah, che significa "Mente Buona", è considerato fondamentale. Vohu Manah rappresenta la saggezza divina che ispira i buoni pensieri e guida gli esseri umani verso decisioni morali ed etiche. Questa entità governa la mente e l'intelletto, incoraggiando la chiarezza, la compassione e la comprensione. L'influenza di Vohu Manah è fondamentale per aiutare gli zoroastriani a discernere tra ciò che è giusto e ciò che è sbagliato e per promuovere un senso di empatia verso tutti gli esseri viventi. Questo Amesha Spenta è anche associato agli animali e simboleggia la compassione e la cura che dovrebbero essere estese a tutte le creature. Per gli zoroastriani, coltivare Vohu Manah significa sviluppare una mentalità allineata con i principi di Asha, consentendo all'individuo di fare scelte che contribuiscono al bene comune.

Poi c'è Asha Vahishta, o "Migliore Verità", che incarna l'essenza stessa di Asha. Asha Vahishta è il guardiano della verità, dell'ordine e delle leggi naturali che governano il cosmo. Questo Amesha Spenta rappresenta l'ordine divino che mantiene l'universo in equilibrio, assicurando che ogni aspetto della creazione funzioni in armonia con la volontà di Ahura Mazda. Nelle pratiche zoroastriane, Asha Vahishta è invocato nelle preghiere e nei rituali che cercano di mantenere la purezza e la rettitudine, sia nella condotta personale che nella comunità. L'influenza di Asha Vahishta si estende al regno del fuoco, visto come la manifestazione fisica della verità e della purezza sulla terra. Il fuoco, in quanto simbolo di questo essere divino, è centrale nel culto zoroastriano, con i templi del fuoco che fungono da luoghi in cui la luce di Asha Vahishta viene venerata e mantenuta. Grazie a questo legame, agli zoroastriani viene ricordato che vivere con verità significa vivere in allineamento con l'ordine cosmico che Asha Vahishta sostiene.

Spenta Armaiti, o "Sacra devozione", rappresenta le virtù dell'amore, dell'umiltà e della devozione al divino. Lo Spenta Armaiti è visto come il guardiano della terra, che incarna le qualità nutritive che sostengono la vita e provvedono ai bisogni di tutti gli esseri. Questo Amesha Spenta insegna agli zoroastriani l'importanza di vivere con uno spirito di gratitudine e di rispetto per la natura, riconoscendo che la terra è un dono sacro che richiede un'attenta gestione. L'influenza di Spenta Armaiti è evidente nell'enfasi zoroastriana sulla cura dell'ambiente e sull'uso etico delle risorse naturali. Gli zoroastriani credono che onorando la terra e trattandola con riverenza, si allineano con le qualità di

Spenta Armaiti, contribuendo alla conservazione di Asha nel mondo.

Khshathra Vairya, o "Dominio desiderabile", incarna i principi di forza, autorità e giusto esercizio del potere. Questo Amesha Spenta è associato al cielo e al metallo, e rappresenta la forza necessaria per proteggere il mondo dalle forze del caos. Khshathra Vairya viene invocato nel contesto della leadership e del governo, dove l'enfasi è posta sull'uso saggio ed equo del potere. Questa entità divina serve a ricordare che la vera autorità deriva dalla responsabilità di sostenere la giustizia e proteggere i vulnerabili. Per gli zoroastriani, seguire il sentiero di Khshathra Vairya significa sforzarsi di essere una forza per il bene nel mondo, usando la propria influenza per sostenere i valori di equità e integrità. In questo modo, contribuiscono alla creazione di una società che riflette l'ordine divino che Khshathra Vairya rappresenta.

Haurvatat e Ameretat, spesso considerate entità gemelle, sono associate rispettivamente alla completezza e all'immortalità. Haurvatat, che significa "interezza" o "perfezione", è il guardiano dell'acqua, un elemento sacro dello zoroastrismo che simboleggia la vita, la purezza e il rinnovamento. L'influenza di Haurvatat incoraggia i fedeli a cercare l'equilibrio e la completezza nella loro vita spirituale, riflettendo l'armonia naturale che si trova nel flusso dell'acqua. I rituali che coinvolgono l'acqua, come le abluzioni e la consacrazione delle sorgenti sacre, onorano il ruolo di Haurvatat nel mantenere la purezza. Ameretat, che significa "Immortalità", è associata alle piante e alla vita eterna, e simboleggia la resilienza e la continuità dell'anima oltre la morte fisica. La presenza di Ameretat ricorda agli zoroastriani la natura eterna dell'anima e la promessa di una vita che dura attraverso cicli di crescita e rinnovamento. Insieme, Haurvatat e Ameretat ispirano una visione della vita spiritualmente appagata ed eterna, guidando i fedeli verso una connessione più profonda con il divino.

Infine, Spenta Mainyu, lo "Spirito Santo", rappresenta l'aspetto creativo e vivificante dell'essenza di Ahura Mazda. Lo

Spenta Mainyu non è considerato separato da Ahura Mazda, ma piuttosto un'estensione della sua energia creativa, che lavora per promuovere la crescita, la bontà e la vitalità in tutto il cosmo. Spenta Mainyu incarna le forze che promuovono la vita, l'innovazione e il cambiamento positivo, contrastando le tendenze distruttive di Angra Mainyu (lo Spirito Distruttivo). La presenza di Spenta Mainyu nel mondo ricorda che la creazione stessa è un atto sacro, a cui gli zoroastriani sono chiamati a partecipare con i loro atti di creatività, cura e compassione. Allineandosi a Spenta Mainyu, gli zoroastriani si impegnano a nutrire la vita e ad opporsi a tutto ciò che minaccia l'armonia della creazione. L'interazione tra gli Spenta Amesha e le loro associazioni con elementi naturali come il fuoco, l'acqua, la terra e le piante riflette una visione del mondo in cui ogni parte della creazione è vista come impregnata di significato spirituale. Per gli zoroastriani, gli Amesha Spenta servono come modelli di virtù divine che si sforzano di incarnare nella loro vita quotidiana. Attraverso rituali, preghiere e meditazioni sulle qualità di ogni Amesha Spenta, i fedeli cercano di approfondire il loro legame con questi principi divini, assicurandosi che le loro azioni riflettano gli ideali superiori che sostengono il cosmo.

Comprendendo i ruoli degli Amesha Spenta, gli zoroastriani si ricordano che il loro cammino spirituale non si percorre da soli; sono sostenuti da questi esseri divini che rappresentano le migliori qualità a cui l'umanità può aspirare. La relazione tra gli Spenta Amesha e il mondo fisico incoraggia gli zoroastriani a vedere la propria vita come parte di un arazzo divino più grande, in cui ogni atto di gentilezza, ogni verità detta e ogni momento di devozione contribuiscono al mantenimento continuo di Asha. Come guide e protettori, gli Spenta Amesha forniscono sia un modello di vita che una fonte di forza spirituale, aiutando gli zoroastriani a navigare nelle complessità della vita con saggezza, devozione e impegno nell'eterna lotta contro il caos e la falsità.

Il significato degli Amesha Spenta nella spiritualità zoroastriana va al di là del loro ruolo simbolico, in quanto sono intessuti nel tessuto del culto zoroastriano, dell'etica e della vita quotidiana. Ciascuno degli Amesha Spenta offre ai fedeli un percorso per connettersi con l'ordine divino di Ahura Mazda attraverso pratiche, preghiere e meditazioni specifiche. Questo capitolo approfondisce gli attributi più profondi di ogni Amesha Spenta, esplorando come vengono invocati nei rituali, la loro presenza nei testi sacri e la loro influenza sulla guida morale e spirituale degli zoroastriani.

Il Vohu Manah (Buona Mente) è particolarmente centrale nelle pratiche di preghiera e meditazione zoroastriane. I Gatha, gli inni attribuiti a Zarathustra, invocano spesso Vohu Manah come guida per comprendere la saggezza divina e prendere decisioni in linea con Asha. Recitando questi antichi versi, gli zoroastriani cercano di coltivare la chiarezza e l'intuizione, usando la loro mente per discernere i sentieri che portano alla rettitudine. L'associazione del Vohu Manah con l'intelletto significa che è considerato essenziale per raggiungere una comprensione più profonda delle verità spirituali. Durante i rituali, i fedeli riflettono su come i loro pensieri plasmano le loro azioni, cercando l'influenza di Vohu Manah per mantenere una mentalità compassionevole, riflessiva e vera. In questo modo, la buona mente non è solo un ideale astratto ma una pratica quotidiana, che guida gli zoroastriani ad agire con empatia verso tutti gli esseri viventi.

Nei templi zoroastriani, Asha Vahishta (la migliore verità) è spesso simboleggiata dal fuoco sacro sempre acceso, noto come Atar. Il fuoco rappresenta la presenza di Asha Vahishta, ricordando ai fedeli la purezza e l'integrità che questa Amesha Spenta incarna. La fiamma costante serve come meditazione visiva sulla natura eterna della verità che, come il fuoco, deve essere curata e preservata. Gli zoroastriani offrono al fuoco legno di sandalo e altre offerte, invocando Asha Vahishta affinché benedica le loro preghiere e mantenga la purezza spirituale delle loro intenzioni. Questo legame tra fuoco e verità sottolinea la convinzione che vivere una vita in armonia con Asha sia simile a mantenere viva una fiamma dentro di sé, allontanando le tenebre dell'inganno e della falsità. Asha Vahishta ispira i fedeli a impegnarsi per l'onestà in tutti gli aspetti della loro vita, considerando ogni atto di veridicità come un contributo all'ordine divino che sostiene l'universo.

Lo Spenta Armaiti (devozione sacra) occupa un posto speciale nel rapporto zoroastriano con la terra e i rituali che onorano questo Amesha Spenta spesso includono preghiere di gratitudine per la generosità della natura. Nelle comunità agricole, i contadini possono ringraziare lo Spenta Armaiti prima di piantare o raccogliere, riconoscendo il ruolo dello Spenta Amesha nel nutrire il suolo e sostenere la vita. Durante la celebrazione di feste come Mehregan e Gahambar, gli zoroastriani ringraziano per i frutti della terra, chiedendo la benedizione di Spenta Armaiti per garantire che la terra rimanga fertile e produttiva. Queste pratiche riflettono un impegno etico più ampio nei confronti della cura della terra, considerando la natura come un bene sacro che deve essere protetto. Allineando le loro azioni allo spirito di Spenta Armaiti, gli zoroastriani sottolineano l'importanza dell'umiltà, della pazienza e del rispetto per il mondo naturale, riconoscendo che la devozione al divino si esprime attraverso la gestione del creato.

Khshathra Vairya (Dominio desiderabile) viene invocato nei momenti in cui sono necessarie forza e giustizia. Gli zoroastriani guardano a questo Amesha Spenta per avere una guida nei ruoli di leadership, sia all'interno della famiglia, della comunità o di una società più ampia. L'associazione di Khshathra Vairya con i metalli, simbolo di durata e resistenza, serve a ricordare che il vero potere non consiste nel dominare, ma nel fornire stabilità e protezione a coloro che sono sotto la propria tutela. Nelle preghiere tradizionali, gli zoroastriani chiedono la forza di Khshathra Vairya per sostenere la giustizia, difendere dall'oppressione ed essere una fonte di influenza positiva. Questa attenzione al giusto dominio rafforza l'idea che ogni zoroastriano ha un ruolo nel mantenere l'armonia sociale, assicurando che le sue azioni contribuiscano a un mondo in cui prevalgano equità e integrità. Khshathra Vairya sfida i fedeli a riflettere su come usano la loro autorità, esortandoli a esercitare il potere con senso di responsabilità e a essere protettori dei vulnerabili.

Haurvatat (interezza) e Ameretat (immortalità) offrono insieme una visione del benessere spirituale e fisico che è centrale nella vita zoroastriana. Il concetto di Haurvatat è spesso invocato durante i rituali di purificazione, come quelli che coinvolgono lo Zam (acqua) per purificare sia il corpo che lo spirito. Questi rituali, che includono il Padyab (lavaggio rituale) e altre abluzioni, vengono eseguiti non solo per la pulizia fisica, ma anche come atti di allineamento spirituale con le qualità di completezza e armonia di Haurvatat. Cercando la benedizione di Haurvatat, gli zoroastriani mirano a raggiungere una vita equilibrata, in cui salute, benessere e consapevolezza spirituale si fondono. Ameretat, invece, viene invocata nelle preghiere per il viaggio eterno dell'anima. Questa Amesha Spenta è strettamente associata alla speranza di sopravvivenza dell'anima oltre la morte, offrendo la promessa di una vita che trascende il regno materiale. La dualità di Haurvatat e Ameretat serve a ricordare che la completezza e l'immortalità sono interconnesse: la cura del proprio sé spirituale e fisico porta a un'esistenza che dura nel tempo.

Nella vita quotidiana, gli zoroastriani incorporano i principi di queste Amesha Spenta attraverso la pratica del rituale Kusti. Questo atto di preghiera, eseguito più volte al giorno, consiste nello srotolare e riannodare il Kusti (un cordone sacro indossato intorno alla vita) mentre si recitano preghiere che invocano le virtù degli Amesha Spenta. Ogni volta che il Kusti viene legato, il devoto riafferma il proprio impegno a vivere in accordo con Asha, allineando la propria mente, il proprio corpo e il proprio spirito con l'ordine cosmico che gli Amesha Spenta incarnano. Questo rituale, sebbene semplice nella pratica, serve a ricordare la presenza di queste entità divine in ogni aspetto della vita, incoraggiando i fedeli a mantenere una costante consapevolezza delle proprie responsabilità spirituali.

La connessione tra gli Amesha Spenta e il mondo naturale si estende ai paesaggi sacri della pratica zoroastriana. I templi del fuoco, i fiumi, le montagne e persino alcune piante sono visti come manifestazioni dell'ordine divino che gli Amesha Spenta sostengono. I pellegrinaggi ai siti sacri, come gli Atash Behram (i templi del fuoco di grado più elevato) o le sorgenti e i fiumi associati a Haurvatat, offrono agli zoroastriani la possibilità di approfondire il loro legame con queste entità spirituali. In questi siti, vengono fatte preghiere e offerte per onorare gli Amesha Spenta, cercando la loro guida e la loro forza. Questi pellegrinaggi, sebbene di natura fisica, sono anche viaggi dello spirito, in cui i fedeli cercano di riallinearsi con le forze che danno forma all'universo.

Nella diaspora zoroastriana, dove le comunità sono spesso separate dai paesaggi fisici dell'antica Persia, l'invocazione dell'Amesha Spentas assume nuove forme. Gli zoroastriani moderni trovano il modo di adattare i loro rituali e le loro preghiere agli ambienti contemporanei, assicurando che la presenza di questi esseri divini rimanga una parte vitale della loro vita spirituale. Che si tratti di templi urbani o di altari domestici, le qualità degli Amesha Spenta sono evocate attraverso preghiere che cercano saggezza, verità, forza, devozione, completezza e la promessa di un viaggio spirituale che trascende i limiti del tempo. Gli Amesha Spenta rimangono guide senza tempo, offrendo agli zoroastriani un percorso di realizzazione spirituale che è rilevante oggi come nell'antichità.

Gli Amesha Spenta, nel loro ruolo di manifestazioni divine della volontà di Ahura Mazda, forniscono un ponte tra il materiale e lo spirituale, aiutando gli zoroastriani ad affrontare le sfide della vita con un senso di scopo e di direzione. Ricordano ai fedeli che ogni aspetto dell'esistenza, dai pensieri della mente alla cura della terra, fa parte di un ordine cosmico più grande che richiede attenzione e rispetto costanti. Attraverso le preghiere e i rituali, gli zoroastriani cercano la presenza di questi esseri divini nella loro vita, traendo forza dalle loro qualità senza tempo. Gli Amesha Spenta rappresentano l'ideale verso cui i fedeli tendono, fungendo da simboli duraturi dei valori che hanno definito lo zoroastrismo per millenni: saggezza, verità, devozione, giustizia, equilibrio, immortalità e il sacro spirito della creazione.

Capitolo 15
Luce e tenebre

L'interazione tra luce e tenebre è un tema centrale dello zoroastrismo e rappresenta l'eterna lotta tra il bene e il male, la verità e la falsità, Asha (ordine) e Druj (caos). Questo quadro dualistico è alla base non solo della comprensione zoroastriana dell'universo, ma anche delle prospettive spirituali ed etiche dei suoi seguaci. La luce, associata ad Ahura Mazda, simboleggia la verità, la conoscenza e l'essenza divina che illumina il cammino della rettitudine. Le tenebre, invece, sono legate ad Angra Mainyu, che rappresenta l'inganno, l'ignoranza e le forze che cercano di sconvolgere l'ordine divino.

Negli insegnamenti di Zarathustra, la luce è più di un semplice fenomeno fisico: è una manifestazione di purezza spirituale. Ahura Mazda è spesso descritto come la Luce delle Luci, il cui splendore sostiene il cosmo. L'immagine della luce nei testi zoroastriani serve come metafora della saggezza divina e della chiarezza morale che guida i fedeli. È attraverso l'illuminazione della luce di Ahura Mazda che i seguaci possono discernere la strada giusta, facendo scelte in linea con Asha. Questa associazione con la luce è vividamente presente nella pratica zoroastriana di mantenere i fuochi sacri accesi nei templi, a simboleggiare l'eterna presenza del divino.

Il concetto di luce nello zoroastrismo non si limita ai templi, ma si estende alle pratiche quotidiane dei fedeli. Le preghiere mattutine, note come Havan Gah, vengono offerte all'alba, quando i primi raggi di sole squarciano l'oscurità. Questo atto rituale riconosce la vittoria della luce sulle tenebre, rispecchiando la battaglia cosmica tra Ahura Mazda e Angra Mainyu. I fedeli recitano invocazioni che lodano il sole come creazione di Ahura Mazda, riflettendo sul potere della luce di dissipare l'ignoranza e portare calore e vita al mondo. Questa riverenza per la luce ricorda che ogni giorno porta con sé una nuova opportunità di scegliere la rettitudine, di volgersi verso la luce della verità e di agire in accordo con i valori che sostengono l'ordine cosmico.

L'associazione tra luce e bene si estende al quadro etico dello zoroastrismo. Come la luce è considerata pura e vivificante, così lo sono i pensieri, le parole e le azioni che riflettono i principi di Asha. Gli zoroastriani credono che ogni atto virtuoso contribuisca alla diffusione della luce nel mondo, aiutando a combattere le ombre proiettate da Druj. Questa visione dualistica del mondo sottolinea che l'oscurità e il male, pur esistendo, non sono pari al potere della luce. Al contrario, l'oscurità è vista come un'assenza di luce, un vuoto che può essere riempito attraverso atti di bontà e l'illuminazione della saggezza divina. Questa prospettiva modella il modo in cui gli zoroastriani affrontano le loro responsabilità morali, incoraggiandoli a diventare fari di luce nelle loro comunità e nella loro vita quotidiana.

Le tenebre, al contrario, rappresentano gli impulsi distruttivi incarnati da Angra Mainyu. Questa entità non è solo una figura del male, ma simboleggia le forze caotiche che minacciano di disfare l'armonia della creazione. L'influenza di Angra Mainyu si manifesta in atti di inganno, violenza e tutto ciò che cerca di sconvolgere l'ordine stabilito da Ahura Mazda. Nella cosmologia zoroastriana, la lotta tra luce e tenebre non è solo una battaglia astratta, ma una tensione dinamica che si manifesta in ogni aspetto della vita. La presenza delle tenebre sfida i fedeli a rimanere vigili, a resistere alle tentazioni della falsità e ad allineare le proprie azioni alla luce di Asha.

Questa visione dualistica è particolarmente evidente nella concezione zoroastriana del viaggio dell'anima umana. Si ritiene che alla morte l'anima attraversi il ponte di Chinvat, un passaggio in cui le forze della luce e delle tenebre si contendono il destino finale dell'anima. Coloro che hanno vissuto in allineamento con Asha, incarnando i principi di verità e bontà, trovano il ponte ampio e facile da attraversare, che li conduce verso la luce di

Garōdmān. Per coloro la cui vita è stata dominata dall'inganno e dal caos, il ponte diventa stretto e li conduce verso l'oscurità di Duzakh. Questa immagine vivida rafforza l'importanza di scegliere la luce rispetto alle tenebre nel corso della vita, poiché ogni azione contribuisce al percorso dell'anima nell'aldilà.

Tuttavia, nonostante i netti contrasti tra luce e tenebre, lo zoroastrismo insegna che la lotta tra queste forze ha una risoluzione di speranza. La visione di Frashokereti, il rinnovamento finale del mondo, prevede un momento in cui il potere della luce supererà completamente le tenebre. In questa epoca futura, l'influenza di Angra Mainyu sarà annullata e tutta la creazione sarà immersa nella radiosità divina di Ahura Mazda. Questa promessa escatologica ispira gli zoroastriani a impegnarsi attivamente nella lotta contro la falsità, nella convinzione che i loro sforzi contribuiscano al trionfo finale di Asha. Si tratta di un messaggio di speranza, che suggerisce che le tenebre, per quanto formidabili, sono in definitiva transitorie, destinate a lasciare il posto alla luce eterna.

Il simbolismo della luce e dell'oscurità permea anche l'arte e la letteratura zoroastriana, dove le metafore dell'illuminazione e dell'ombra sono utilizzate per esplorare le dimensioni morali e spirituali della vita. Nei versi poetici, la lotta dell'anima umana è spesso paragonata a una battaglia tra pensieri pieni di luce e tentazioni oscure, il cui esito è determinato dalle scelte che si fanno. Testi antichi come gli Yasht e gli Yasna contengono inni che celebrano la brillantezza della creazione di Ahura Mazda, esortando i fedeli a cercare la chiarezza della mente e dello spirito che deriva dall'abbracciare la luce. Queste tradizioni letterarie continuano a ispirare il pensiero zoroastriano, ricordando che il viaggio verso l'illuminazione spirituale è un'impresa che dura tutta la vita.

La pratica di accendere lampade a olio durante le cerimonie religiose è un altro modo in cui gli zoroastriani esprimono la loro riverenza per la luce. Queste lampade, poste davanti alle immagini di Ahura Mazda o del fuoco sacro, simboleggiano il desiderio che l'anima sia illuminata dalla saggezza divina. Il tenue bagliore delle lampade crea uno spazio in cui i fedeli possono riflettere sulla presenza del divino nella loro vita, permettendo alla luce di guidare le loro preghiere e meditazioni. Questo atto di accendere la luce è visto come un modo piccolo ma significativo di partecipare alla lotta cosmica, un'affermazione di fede nel potere della luce di trasformare ed elevare.

Anche le feste zoroastriane come il Nowruz, il capodanno persiano, incorporano i temi della luce e del rinnovamento. Celebrato durante l'equinozio di primavera, Nowruz segna il trionfo della primavera sull'inverno, della luce sull'oscurità e della nuova vita sulla dormienza. Durante questo periodo, gli zoroastriani decorano le loro case con candele e lampade, che simboleggiano la luce della speranza che accompagna il nuovo anno. È un momento in cui le famiglie si riuniscono, riflettono sul passato e accolgono le benedizioni di Ahura Mazda per l'anno a venire. La luce del Nowruz è una metafora del rinnovamento del mondo e dell'anima, che incoraggia i fedeli a ricominciare con un impegno verso i valori di Asha.

La visione zoroastriana della luce e dell'oscurità non è solo un'antica cosmologia, ma una lente attraverso la quale i seguaci percepiscono il loro posto nel mondo. Incoraggia una vita vissuta con intenzione, dove ogni scelta è un'opportunità per diffondere la luce o per soccombere all'ombra. Abbracciando gli insegnamenti di Zarathustra, gli zoroastriani trovano una guida nella luce che risplende da Ahura Mazda, usandola per navigare nella complessità dell'esistenza e per trovare uno scopo nella lotta senza tempo per la verità e l'ordine. Attraverso la loro venerazione per la luce e la loro vigilanza contro le tenebre, onorano una tradizione che ha insegnato loro a vedere il mondo non solo come è, ma come potrebbe essere: un luogo in cui la luce di Asha arde luminosa, guidando tutti verso un futuro di pace e armonia.

Nello Zoroastrismo, i temi dualistici della luce e dell'oscurità vanno oltre le semplici metafore, influenzando profondamente i rituali, i simboli e la filosofia che modellano la vita quotidiana dei fedeli. L'interazione tra queste forze opposte non è solo una narrazione cosmica, ma anche un viaggio personale, in cui ogni credente naviga nella propria lotta interna tra virtù e vizio, verità e falsità. Questo capitolo approfondisce le espressioni pratiche di questo dualismo nei rituali zoroastriani, l'interpretazione più profonda della luce e dell'oscurità nei testi sacri e il loro significato nella formazione del quadro etico zoroastriano.

Una delle espressioni più profonde della luce nei rituali zoroastriani è la venerazione per il fuoco, un elemento che incarna la presenza della luce divina di Ahura Mazda sulla Terra. L'altare di fuoco, presente sia nei templi che nelle case, serve come punto focale per la preghiera, la meditazione e le riunioni comunitarie. Questa fiamma sacra, mantenuta perennemente accesa nei templi Atash Behram (Fuoco della Vittoria), rappresenta l'eterna battaglia contro l'incombente oscurità dell'ignoranza e del male. La purezza della fiamma è mantenuta meticolosamente dai Mobed (sacerdoti zoroastriani), che assicurano che il fuoco sacro rimanga incontaminato, simboleggiando la connessione ininterrotta tra il mondo divino e quello materiale. Attraverso rituali come lo Yasna e la recita di inni avestani davanti al fuoco, i fedeli cercano di rafforzare la loro luce interiore, permettendo al calore e alla chiarezza della fiamma di ispirare le loro azioni e i loro pensieri.

Nella preghiera zoroastriana, l'invocazione della luce è più di un gesto fisico: è una richiesta di illuminazione spirituale. Preghiere come Ashem Vohu e Yatha Ahu Vairyo sottolineano il desiderio che l'anima sia allineata con Asha, la verità divina che guida tutta la creazione. Queste preghiere vengono tradizionalmente recitate in momenti specifici della giornata, corrispondenti ai cicli del sole - alba, mezzogiorno e tramonto - quando la presenza della luce è più percepibile. Ogni volta, l'atto di volgersi verso una fonte di luce, che sia il sole nascente o la fiamma del tempio, simboleggia un rinnovo dell'impegno verso Asha. I fedeli cercano di riempire la loro vita interiore con la radiosità della verità, usando la metafora della luce come guida per combattere gli impulsi più oscuri del dubbio, della rabbia e della disperazione.

I rituali zoroastriani enfatizzano anche il ruolo del Kusti, un cordone sacro che rappresenta il legame del sé con la luce di Ahura Mazda. Durante le preghiere quotidiane, gli zoroastriani sciolgono e riavvolgono il Kusti di fronte a una fonte di luce, sia essa il sole o un fuoco sacro. Questo atto simboleggia la purificazione dell'anima e la riaffermazione della dedizione dell'individuo a camminare nella luce. Il Kusti serve a ricordare che la lotta tra luce e tenebre non è solo una battaglia esterna, ma una continua disciplina interiore. Ogni volta che viene legato, significa un momento di riflessione sulla natura dei propri pensieri, parole e azioni, esortando il praticante a scacciare le ombre della falsità e ad abbracciare la chiarezza e la verità.

La presenza della luce come tema centrale è anche profondamente radicata nella mitologia e nella cosmologia zoroastriana. Il Bundahishn, un testo zoroastriano sulla creazione, descrive le origini dell'universo come una manifestazione di luce e purezza portata avanti da Ahura Mazda. Questa luce divina affrontò l'immediata opposizione di Angra Mainyu, che emerse dalle tenebre con l'intento di distruggere e corrompere la creazione. Secondo questa narrazione, lo scontro iniziale tra luce e tenebre ha posto le basi per una lotta cosmica duratura, con il mondo materiale che funge da campo di battaglia. Il ruolo degli esseri umani, come descritto nel Bundahishn, è quello di scegliere la parte della luce, diventando alleati di Ahura Mazda aderendo ai principi di Asha. Questa prospettiva cosmica rafforza l'importanza delle azioni di ogni individuo, poiché ogni scelta contribuisce all'equilibrio tra ordine e caos, tra illuminazione e ombra.

Anche la visione zoroastriana dell'aldilà è modellata sulla dicotomia tra luce e oscurità. Il ponte Chinvat, che l'anima attraversa dopo la morte, è illuminato dalla luce delle proprie buone azioni e oscurato dal peso delle proprie malefatte. Coloro che hanno vissuto in accordo con la luce di Asha trovano il ponte accogliente, il loro cammino guidato dalla luce della loro vita virtuosa. Al contrario, coloro che si sono allineati con l'inganno e il caos incontrano il ponte come un passaggio insidioso, avvolto dalle tenebre. Questa immagine vivida funge da bussola morale per i vivi, ricordando loro che le loro azioni influenzano direttamente il loro viaggio spirituale e il loro destino finale. La visione di un'anima che viaggia verso la luce o che cade nelle tenebre sottolinea la fede zoroastriana nella responsabilità personale e nel potere trasformativo dell'allineamento spirituale.

Al di là degli aspetti rituali ed escatologici, il simbolismo della luce e delle tenebre plasma profondamente l'approccio zoroastriano alla comunità e all'etica sociale. Il concetto di Hamazor, che significa unità e forza attraverso uno scopo condiviso, è visto come uno sforzo collettivo per promuovere la luce nel mondo. Gli zoroastriani credono che, unendosi in atti di carità, gentilezza e culto comunitario, possano amplificare la luce di Asha e respingere le tenebre che cercano di isolare e dividere. Questa ricerca comunitaria della luce è evidente in tradizioni come le cerimonie Jashan, in cui la comunità si riunisce per offrire preghiere per il benessere del mondo e per rafforzare i legami reciproci. Durante questi incontri, il fuoco al centro simboleggia l'impegno condiviso a mantenere la luce spirituale all'interno delle case, delle comunità e del mondo in generale.

Nelle espressioni artistiche, i temi della luce e dell'oscurità si manifestano spesso nell'iconografia, nell'architettura e persino nella letteratura zoroastriana. Il Faravahar, un importante simbolo zoroastriano, rappresenta l'aspirazione dell'anima umana verso la luce e le verità superiori. Le sue ali, spesso raffigurate con raggi o piume che ricordano la luce del sole, indicano il viaggio spirituale verso l'illuminazione e il rifiuto delle ombre dell'ignoranza. Allo stesso modo, i templi del fuoco sono progettati per catturare la luce naturale, con spazi aperti che permettono alla luce del sole di entrare, fondendo le fiamme sacre all'interno con la luce del cielo. Questa scelta architettonica serve a ricordare la luce divina sempre presente che gli zoroastriani si sforzano di emulare.

La letteratura zoroastriana, dai versi poetici dei Gatha alle interpretazioni moderne, continua a esplorare i temi della luce e dell'oscurità, offrendo riflessioni senza tempo sulla condizione umana. Gli scrittori spesso tracciano paralleli tra il mondo naturale e le verità spirituali, utilizzando il ciclo del giorno e della notte come metafora della ricerca della saggezza da parte dell'anima. Ad esempio, l'alba è vista come simbolo del risveglio spirituale, un momento in cui l'anima si eleva dall'oscurità dell'ignoranza alla chiarezza della comprensione. La notte, pur essendo associata al riposo e alla riflessione, ricorda anche il pericolo sempre presente di allontanarsi dal sentiero della luce. Attraverso queste opere letterarie, la tradizione zoroastriana mantiene un ricco dialogo tra il fisico e lo spirituale, ricordando ai fedeli la continua scelta tra abbracciare la luce o arrendersi alle ombre.

Nei tempi moderni, l'attualità di questi temi antichi continua a guidare gli zoroastriani nella loro navigazione tra le complessità di un mondo in continuo cambiamento. La metafora della luce e dell'oscurità offre un quadro di riferimento per affrontare i dilemmi etici, dalle questioni di giustizia e onestà alle sfide della conservazione culturale nella diaspora. L'enfasi sulla luce come fonte di speranza e di rinnovamento risuona con le preoccupazioni contemporanee sul futuro, incoraggiando gli zoroastriani a rimanere saldi nel loro impegno per la verità e il bene, anche di fronte alle avversità. Ispira anche un senso di responsabilità verso l'ambiente, poiché la conservazione della luce e della purezza della natura è vista come parte del mantenimento dell'equilibrio cosmico.

La lotta tra luce e tenebre, sebbene antica, non è mai statica. Si evolve a ogni generazione, trovando nuove espressioni nelle preghiere, nei rituali e nelle scelte morali dei fedeli. Quando gli zoroastriani accendono il fuoco sacro o recitano antichi inni, partecipano a una tradizione che da tempo vede il mondo come uno spazio in cui la luce deve essere accesa, protetta e condivisa. Questo capitolo, quindi, non è solo un racconto di simboli e rituali, ma un invito a comprendere come la fede zoroastriana offra una visione della vita come un viaggio verso la luce, un percorso in cui ogni passo compiuto nella verità, ogni momento di chiarezza e ogni atto di gentilezza si aggiunge alla luminosità che trattiene le tenebre. Attraverso questa visione, gli zoroastriani continuano a trovare significato e scopo, traendo forza dalla convinzione che, alla fine, la luce prevarrà.

Capitolo 16
Influenza sulle altre religioni

Lo zoroastrismo, una delle più antiche religioni monoteiste del mondo, ha avuto un'influenza profonda e duratura sullo sviluppo delle tradizioni religiose successive, in particolare su quelle emerse nelle più ampie tradizioni del Vicino Oriente e dell'Occidente. Questo capitolo esplora i modi intricati in cui i concetti e le credenze zoroastriane hanno interagito con i quadri teologici dell'ebraismo, del cristianesimo e dell'islam e li hanno modellati. Lo scambio di idee tra queste religioni ha creato dei fili che hanno intrecciato i temi zoroastriani nel più ampio arazzo del pensiero monoteista.

Nell'antica Persia, l'ascesa dello zoroastrismo coincise con l'espansione dell'Impero achemenide che, al suo apice, si estendeva su un vasto territorio, comprese le regioni abitate dal popolo ebraico. Quando gli achemenidi, sotto la guida di Ciro il Grande, conquistarono Babilonia nel 539 a.C., posero fine alla cattività babilonese degli ebrei, permettendo loro di tornare a Gerusalemme e di ricostruire il loro tempio. Questo momento storico è più di un evento politico: segna l'inizio di un importante scambio culturale e religioso tra gli zoroastriani e gli esuli ebrei. Lo stesso Ciro è persino raffigurato positivamente nella Bibbia ebraica, celebrato come liberatore e servitore di Dio.

L'influenza dello zoroastrismo sull'ebraismo è spesso discussa nel contesto delle idee escatologiche, come i concetti di aldilà, resurrezione e giudizio finale delle anime. Prima dell'influenza persiana, le scritture ebraiche contenevano riferimenti limitati a queste idee, concentrandosi maggiormente sull'identità collettiva e sulle promesse fatte al popolo di Israele. Tuttavia, durante il periodo della dominazione persiana, il pensiero ebraico iniziò a incorporare idee che ricordavano le credenze zoroastriane, come la resurrezione dei morti e il concetto di un giudizio finale in cui il bene sarebbe stato premiato e il male punito. Queste idee hanno una notevole somiglianza con gli insegnamenti zoroastriani sul Frashokereti (il rinnovamento del mondo) e sul giudizio delle anime sul ponte Chinvat. Ciò suggerisce che lo zoroastrismo abbia contribuito a plasmare la visione apocalittica ebraica che ha poi influenzato l'escatologia cristiana.

Gli elementi dualistici dello zoroastrismo, in particolare la lotta cosmica tra Ahura Mazda e Angra Mainyu, hanno lasciato il segno anche nel pensiero ebraico delle origini, che ha iniziato a confrontarsi più esplicitamente con la presenza del male nel mondo. L'evoluzione della figura di Satana nella letteratura ebraica, in particolare durante il periodo del Secondo Tempio, rispecchia alcuni aspetti di Angra Mainyu, rappresentando una forza avversaria più definita contro l'ordine divino. Sebbene il giudaismo abbia infine sviluppato un quadro monoteistico che si discosta dalla cosmologia dualistica zoroastriana, la nozione di una battaglia spirituale tra le forze del bene e del male divenne più pronunciata durante e dopo l'influenza persiana.

Il cristianesimo, emergendo da un contesto ebraico, ereditò molte di queste idee, amplificando ulteriormente i temi escatologici e dualistici che erano stati influenzati dal pensiero zoroastriano. Il concetto di salvatore messianico, presente nello zoroastrismo attraverso la figura del Saoshyant, trova un parallelo nell'idea cristiana di Cristo come redentore che tornerà per sconfiggere il male e ristabilire l'ordine divino. La visione zoroastriana di un rinnovamento finale del mondo, in cui tutte le anime sono purificate e riconciliate con Ahura Mazda, condivide lo spazio concettuale con la promessa cristiana di un nuovo cielo e una nuova terra dopo il Giudizio Universale.

Inoltre, l'immaginario della luce e delle tenebre, centrale negli insegnamenti zoroastriani, risuona in tutto il Nuovo Testamento. Ad esempio, il Vangelo di Giovanni presenta Gesù come "la luce del mondo", una frase che richeggia l'associazione zoroastriana di Ahura Mazda con la luce divina che dissipa le tenebre. I primi testi cristiani attingono spesso alle metafore della luce che vince le tenebre, un tema profondamente radicato nella visione del mondo zoroastriana della lotta cosmica. Questi parallelismi suggeriscono che l'enfasi dello zoroastrismo sulla battaglia metafisica tra luce e tenebre ha contribuito a plasmare il linguaggio simbolico della teologia cristiana.

Anche l'Islam ha assorbito alcuni elementi zoroastriani durante il suo primo sviluppo nel contesto dell'Impero sasanide, dove lo zoroastrismo era la religione dominante. Il concetto islamico del Giorno del Giudizio, in cui ogni anima è chiamata a rispondere delle proprie azioni, presenta analogie con le credenze escatologiche zoroastriane. In entrambe le religioni, c'è un ponte che le anime devono attraversare - Sirat nell'Islam e Chinvat nello Zoroastrismo - che simboleggia il percorso verso l'aldilà, con i giusti che procedono verso il paradiso e i malvagi che cadono nel tormento. Sebbene questi concetti si siano sviluppati in modo indipendente all'interno della tradizione islamica, lo scambio culturale e teologico tra zoroastriani e primi musulmani può aver contribuito a formare queste idee parallele.

Inoltre, la pratica zoroastriana dei rituali di preghiera quotidiana, il significato della purezza e l'attenzione etica al benessere della comunità hanno risonanze nelle pratiche islamiche. L'enfasi sulla pulizia, la purezza rituale e i tempi strutturati per la preghiera nell'Islam possono essere visti come il riflesso di alcune delle discipline rituali dello zoroastrismo. Questa continuità di pratiche spirituali tra le culture evidenzia come le religioni si evolvano integrando aspetti delle tradizioni vicine, pur conservando le loro credenze fondamentali.

Al di là dei parallelismi teologici, lo zoroastrismo ha contribuito anche alle correnti filosofiche che hanno influenzato il pensiero monoteista successivo. Nell'ambiente cosmopolita dell'Impero sasanide, dove si scambiavano idee studiosi provenienti da diversi contesti religiosi e culturali, le discussioni teologiche zoroastriane interagirono con le tradizioni filosofiche greche, ebraiche e cristiane. Concetti come la natura dell'anima, l'importanza del libero arbitrio e la lotta cosmica tra ordine e caos divennero parte di un discorso condiviso che arricchì il patrimonio intellettuale del Vicino Oriente. Queste discussioni gettarono le basi della filosofia islamica medievale, che cercò di armonizzare la ragione con il credo religioso, spesso attingendo alla metafisica e al ragionamento etico zoroastriani.

L'influenza dello zoroastrismo sulle altre religioni non è una semplice questione di prestiti diretti, ma piuttosto un complesso processo di interazione culturale e di influenza reciproca. Quando lo zoroastrismo si è confrontato con il variegato panorama religioso del mondo antico, le sue idee si sono diffuse attraverso il commercio, le migrazioni e l'espansione degli imperi, trovando nuove espressioni nelle credenze in evoluzione di altre tradizioni. Questa mescolanza di pensiero religioso riflette il dinamismo delle tradizioni spirituali che si adattano a nuovi contesti, arricchendo le loro narrazioni e preservando al contempo le loro identità distinte.

Tuttavia, lo zoroastrismo ha conservato la sua identità unica in mezzo a queste interazioni, mantenendo una chiara visione del proprio dramma cosmico e degli imperativi etici. L'enfasi zoroastriana sulla responsabilità personale, l'imperativo morale di scegliere il sentiero di Asha e la convinzione di una vittoria finale del bene sul male continuano a distinguerlo, anche se ha contribuito al patrimonio spirituale di altre fedi. Il suo ruolo nel plasmare il pensiero religioso in tutto il mondo antico dimostra il potere duraturo dei suoi insegnamenti e la loro capacità di ispirare la riflessione sulla natura del divino e sul cammino umano.

I contributi dello zoroastrismo allo sviluppo del pensiero religioso sottolineano il suo ruolo di pilastro fondamentale nella storia della spiritualità. La sua influenza sull'ebraismo, sul cristianesimo e sull'islam evidenzia come i temi condivisi - come la lotta tra il bene e il male, la speranza di un salvatore e la ricerca della verità divina - trascendano le dottrine specifiche, collegando l'umanità nella sua ricerca di significato e di scopo. Esplorando queste connessioni, si comprende meglio il modo in cui lo zoroastrismo ha contribuito a plasmare i contorni spirituali del mondo, lasciando un segno indelebile nel panorama religioso che continua a risuonare nei secoli.

L'influenza dello zoroastrismo sulle altre tradizioni religiose è oggetto di un ricco dibattito accademico, con gli studiosi che esaminano l'intricata rete di idee che scorre tra le culture e le religioni nel corso della storia. Questo capitolo approfondisce le discussioni degli studiosi su come le credenze zoroastriane possano essere state adattate o reinterpretate nei testi religiosi dell'ebraismo, del cristianesimo e dell'islam, esplorando le sfumature di queste interazioni e il profondo impatto che hanno avuto sul pensiero teologico e filosofico.

Uno dei punti centrali dell'attenzione degli studiosi è il concetto di messia, una figura di salvatore che svolge un ruolo cruciale nella visione escatologica dello zoroastrismo e che trova un parallelo nelle tradizioni ebraica e cristiana. La nozione zoroastriana di Saoshyant, un futuro salvatore che verrà alla fine dei tempi per sconfiggere il male e restaurare il mondo, presenta analogie con il concetto ebraico di Mashiach e con la visione cristiana della seconda venuta di Cristo. Sebbene la natura esatta di queste figure differisca da una religione all'altra, il tema di fondo di un redentore divinamente ordinato che porta a un rinnovamento cosmico finale suggerisce una linea di pensiero comune.

Nei testi apocalittici ebraici del periodo del Secondo Tempio, l'aspettativa di un messia che ristabilisca la giustizia e la pace rieccheggia il ruolo del Saoshyant nello zoroastrismo. La trasformazione delle aspettative messianiche nel giudaismo durante e dopo l'influenza persiana segna un cambiamento significativo rispetto alle credenze precedenti, che si concentravano maggiormente sulla regalità terrena e sulla restaurazione di Israele. Gli studiosi hanno notato che il quadro dualistico della lotta tra il bene e il male, centrale nell'escatologia zoroastriana, può aver contribuito a plasmare la letteratura apocalittica ebraica, come il Libro di Daniele e i Rotoli del Mar Morto. Questi testi enfatizzano l'avvento di un'era messianica e il giudizio finale, riflettendo una visione del mondo che vede la storia come un campo di battaglia tra forze divine e malevole.

Nel cristianesimo, l'influenza dell'escatologia zoroastriana è visibile nella rappresentazione dei tempi finali del Nuovo Testamento, in particolare nel Libro dell'Apocalisse. L'immaginario di una battaglia finale tra le forze della luce e delle tenebre, e il trionfo finale del bene sul male, risuona con i concetti zoroastriani di conflitto e rinnovamento cosmico. La promessa di un nuovo cielo e di una nuova terra, un mondo ripulito dalla sofferenza e dalla corruzione, si allinea alla visione zoroastriana di Frashokereti, in cui il mondo viene riportato alla sua purezza e armonia originarie. Questo parallelo non è un prestito diretto, ma suggerisce che i primi scrittori cristiani erano impegnati in un discorso religioso più ampio che includeva le idee zoroastriane sulla fine del mondo.

Inoltre, la figura di Satana nel pensiero cristiano, come incarnazione del male e dell'opposizione a Dio, è stata paragonata ad Angra Mainyu, lo spirito distruttore dello zoroastrismo. Sebbene il Satana cristiano non sia equivalente ad Angra Mainyu, entrambi rappresentano una profonda sfida all'ordine divino, che porta a una lotta che comprende sia il regno spirituale che la storia umana. Lo sviluppo della demonologia cristiana, con la sua enfasi sulla caduta degli angeli ribelli e sulla sconfitta finale delle forze demoniache, potrebbe essere stato influenzato dal dualismo zoroastriano, che enfatizza la lotta cosmica tra il bene e il male come aspetto centrale dell'esistenza.

Nella tradizione islamica, l'influenza dello zoroastrismo è più sottile, ma si può scorgere nelle discussioni sulla natura dell'aldilà e sul processo di giudizio. Gli insegnamenti islamici sul Giorno del Giudizio, in cui ogni anima viene valutata per le sue azioni e mandata in paradiso o all'inferno, condividono somiglianze concettuali con le credenze zoroastriane sul Ponte Chinvat. In entrambe le religioni, questo momento di resa dei conti non è solo una valutazione morale, ma un evento cosmico fondamentale che rafforza il trionfo della giustizia divina. Le descrizioni dell'aldilà del Corano, con immagini vivide di giardini per i giusti e fosse infuocate per i malvagi, riflettono una visione dualistica del cosmo che ricorda le idee escatologiche zoroastriane.

Inoltre, il concetto islamico di un salvatore finale, noto come Mahdi, che emergerà nei tempi finali per ristabilire la giustizia, è stato discusso in relazione al Saoshyant zoroastriano. Sebbene le origini del concetto di Mahdi siano radicate nel pensiero islamico delle origini, il più ampio contesto culturale dell'Impero sasanide, dove lo zoroastrismo era la religione di Stato, può aver fornito un quadro di riferimento per tali aspettative messianiche. Il Mahdi e il Saoshyant simboleggiano entrambi la speranza di un intervento divino che ponga fine all'era della sofferenza e inauguri una nuova era di ordine divino.

Al di là dei parallelismi teologici, lo zoroastrismo ha influenzato anche le discussioni filosofiche nel mondo islamico, soprattutto durante i primi secoli dei califfati islamici, quando studiosi di diversa estrazione si riunivano in città come Baghdad e Gondeshapur. La Casa della Sapienza di Baghdad divenne un crogiolo di idee greche, persiane, indiane e zoroastriane, dove gli studiosi discutevano di metafisica, etica e cosmologia. L'enfasi zoroastriana sul libero arbitrio e sulla responsabilità morale degli individui di scegliere tra il bene e il male trovò risonanza nel pensiero filosofico islamico. Figure come Avicenna (Ibn Sina) e Al-Farabi si confrontarono con queste idee, fondendole con la filosofia greca e gli insegnamenti islamici per creare una ricca tradizione intellettuale che considerava la natura dell'anima, l'esistenza del male e il ruolo della provvidenza divina.

Inoltre, i temi della luce e dell'oscurità, così importanti nel simbolismo zoroastriano, continuarono a influenzare le tradizioni mistiche islamiche. Gli scritti sufi, che spesso utilizzano metafore di luce per descrivere la conoscenza divina e il risveglio spirituale, riflettono una continuità di pensiero che risale ai concetti zoroastriani di illuminazione divina. La poesia di Rumi, ad esempio, utilizza spesso l'immagine della luce come simbolo della presenza divina e della chiarezza spirituale, riecheggiando l'antica venerazione zoroastriana per la luce come manifestazione della verità di Ahura Mazda. Pur essendosi sviluppato nell'ambito del monoteismo islamico, il misticismo sufi ha assorbito e trasformato elementi provenienti dalle più ampie tradizioni spirituali precedenti all'Islam, tra cui lo zoroastrismo.

L'interazione tra lo zoroastrismo e le altre tradizioni religiose rappresenta quindi un complesso arazzo di influenze, adattamenti e reinterpretazioni. Non si tratta di una semplice trasmissione di idee a senso unico, ma di un processo dinamico in cui i concetti zoroastriani sono stati integrati nei quadri teologici dell'ebraismo, del cristianesimo e dell'islam, anche se queste religioni hanno sviluppato le proprie identità uniche. Questa fusione di idee attraverso i confini culturali e religiosi evidenzia la fluidità del pensiero antico e le preoccupazioni condivise che hanno plasmato la spiritualità umana: le domande sulla natura del bene e del male, sul destino dell'anima e sul destino ultimo del mondo.

L'influenza dello zoroastrismo su queste religioni sottolinea anche l'interconnessione del mondo antico, dove le rotte commerciali, le migrazioni e le conquiste imperiali facilitavano lo scambio non solo di beni ma anche di idee. L'Impero persiano fungeva da ponte tra Oriente e Occidente, un luogo in cui le tradizioni religiose potevano incontrarsi, interagire e trasformarsi. L'impatto del pensiero zoroastriano sulle tradizioni monoteistiche rimane una testimonianza del modo in cui la saggezza antica può lasciare un'eredità duratura, plasmando il paesaggio spirituale ed etico dell'umanità per i secoli a venire.

Questa esplorazione più approfondita delle prospettive accademiche sull'influenza zoroastriana ci aiuta ad apprezzare la perdurante rilevanza di questa antica religione, non come una reliquia del passato ma come un vivace partecipante alla formazione del pensiero religioso. Ci invita a riflettere su come la visione zoroastriana dell'ordine cosmico, della responsabilità morale e del trionfo finale del bene continui a riecheggiare nelle storie, nelle credenze e nelle speranze che definiscono gran parte del patrimonio spirituale del mondo. Attraverso queste connessioni, lo zoroastrismo rimane una forza silenziosa ma sempre presente nel dialogo in corso tra le più grandi tradizioni spirituali dell'umanità.

Capitolo 17
Templi del fuoco

I templi del fuoco, o Atashkadeh, occupano un posto centrale nella pratica e nella spiritualità dello zoroastrismo. Più che semplici luoghi di culto, servono come spazi sacri dove la presenza divina di Ahura Mazda si manifesta attraverso la fiamma eterna. Questi templi sono diventati simboli dell'identità e della continuità zoroastriana, conservando rituali e tradizioni che risalgono a migliaia di anni fa. In questo capitolo esploriamo il significato architettonico, spirituale e culturale di questi templi, nonché il loro ruolo nel promuovere un senso di comunità tra gli zoroastriani nel corso della storia.

L'architettura di un tempio del fuoco zoroastriano è semplice ma profonda, progettata per concentrare l'attenzione sul fuoco sacro, che rappresenta la luce, la purezza e l'essenza divina di Ahura Mazda. La struttura è tipicamente orientata in modo da permettere alla luce naturale di illuminare il sancta sanctorum dove arde il fuoco, creando una miscela armoniosa di illuminazione naturale e divina. Molti templi del fuoco sono costruiti con cupole o lucernari sopra l'Atashgah (altare del fuoco), che permettono alla luce del sole di entrare durante il giorno, simboleggiando l'unità tra la luce celeste e quella terrestre.

Al centro di ogni tempio si trova il fuoco sacro, classificato in tre tipi principali in base al loro livello di santità. Il più alto è l'Atash Behram (Fuoco della Vittoria), che richiede la consacrazione di fuoco proveniente da sedici fonti diverse, compresi fulmini e fuochi domestici, ed è quindi il più venerato. Seguono l'Atash Adaran e l'Atash Dadgah, ognuno dei quali serve a diversi livelli di culto comunitario e personale. L'Atash Behram rappresenta l'apice della purezza rituale ed è ospitato in templi di grande importanza, dove viene curato continuamente dai sacerdoti per garantire che rimanga puro e inestinguibile.

La manutenzione rituale del fuoco sacro prevede procedure rigorose, che sottolineano l'attenzione zoroastriana per la purezza e la disciplina spirituale. Solo i sacerdoti ordinati, noti come Mobed, possono avvicinarsi direttamente al fuoco, e lo fanno solo dopo aver eseguito le abluzioni e indossato gli abiti rituali, come il padan bianco (panno che copre la bocca) per evitare che il loro respiro contamini le fiamme. Questa cura meticolosa sottolinea la convinzione che il fuoco sia una connessione vivente con il divino, incarnando l'energia spirituale che sostiene la creazione. Grazie alle offerte quotidiane di legno di sandalo e incenso, il fuoco non è solo sostenuto ma anche nutrito spiritualmente, simboleggiando l'impegno zoroastriano a promuovere la luce e la vita.

Per gli zoroastriani, il tempio del fuoco è più di un luogo di culto: è uno spazio in cui si coltiva e si mantiene l'identità comunitaria. Il tempio serve come punto di ritrovo per le feste religiose, i riti di passaggio e le preghiere comunitarie, come durante le cerimonie Jashan, che celebrano la creazione e ringraziano Ahura Mazda per le benedizioni della vita. Questi incontri rafforzano i legami tra i membri della comunità, fornendo un senso di continuità con gli antenati e un impegno condiviso a preservare le antiche tradizioni. Attraverso l'esperienza collettiva della preghiera davanti alla fiamma sacra, gli zoroastriani riaffermano la loro dedizione ai principi di Asha e alla lotta contro il Druj.

L'importanza spirituale dei templi del fuoco si estende anche alla vita personale degli zoroastriani. Molti visitano regolarmente i templi per pregare e cercare una guida, stando davanti alle fiamme e recitando gli inni avestani che sono stati tramandati per generazioni. Per gli individui, il fuoco rappresenta una fonte costante di ispirazione e un promemoria della luce interiore che guida i pensieri, le parole e le azioni. Si ritiene che la presenza del fuoco sacro aiuti a purificare la mente e lo spirito, allineando maggiormente i fedeli all'ordine divino che Ahura Mazda ha stabilito nell'universo.

Storicamente, i templi del fuoco hanno svolto un ruolo cruciale nel mantenere l'identità zoroastriana durante i periodi di sconvolgimenti politici e cambiamenti culturali. Durante l'Impero sasanide, lo zoroastrismo era la religione di Stato e la costruzione di templi del fuoco simboleggiava l'unità dell'impero sotto la guida divina di Ahura Mazda. I templi di Atash Behram, in particolare, non erano solo centri di attività religiosa, ma anche simboli dell'autorità reale e della continuità culturale; le loro fiamme rappresentavano la luce di Ahura Mazda che guidava il regno. Tuttavia, con l'avvento della conquista islamica, molti templi zoroastriani furono distrutti o riadattati e i fedeli furono costretti a proteggere i loro fuochi sacri in segreto o a trasferirli in regioni più sicure.

Un esempio è l'Atash Behram di Yazd, in Iran, che è sopravvissuto per secoli come faro della fede zoroastriana in una regione in cui la religione è diventata minoritaria. In luoghi come Yazd, gli zoroastriani hanno preservato le loro pratiche in condizioni difficili, mantenendo i loro templi come tranquilli santuari di luce in un paesaggio culturale e religioso in continua evoluzione. Questi templi divennero rifugi sicuri per i rituali, l'istruzione e la trasmissione della conoscenza sacra, assicurando che la tradizione zoroastriana rimanesse intatta anche in tempi di persecuzione.

Anche nella diaspora i templi del fuoco si sono adattati a nuovi ambienti, portando con sé l'essenza della vita spirituale zoroastriana e rispondendo alle realtà pratiche della migrazione. Le comunità in India, in particolare i Parsi, hanno fondato templi del fuoco che continuano a essere centri vibranti di vita religiosa. In India, città come Mumbai e Surat sono diventate centri di accoglienza per i rifugiati zoroastriani dopo la conquista islamica della Persia, dove hanno costruito nuovi Atash Behram e Adaran. Questi templi non servivano solo come luoghi di culto, ma anche come centri sociali che aiutavano la comunità a mantenere la propria identità unica in un paesaggio culturale molto diverso.

Negli ultimi anni, con la diffusione della diaspora zoroastriana in tutto il mondo, dal Nord America all'Australia, i templi del fuoco sono emersi in nuovi contesti, adattandosi alla modernità e preservando al contempo le loro tradizioni fondamentali. Questi nuovi templi spesso fondono elementi architettonici tradizionali persiani e indiani con un design moderno, creando spazi accessibili agli zoroastriani che vivono in ambienti urbani lontani dalle terre dei loro antenati. Nonostante questi cambiamenti, il ruolo essenziale del fuoco - la sua cura rituale, il suo simbolismo e la sua presenza spirituale - rimane invariato, fornendo continuità alla fede zoroastriana nel mondo moderno.

I templi del fuoco hanno anche un'importante dimensione culturale per gli zoroastriani, in quanto fungono da punto focale per educare le giovani generazioni alla loro eredità. Tra le mura di questi templi si tengono spesso lezioni sui Gatha, sulla storia zoroastriana e sul significato dei rituali, dove i membri più giovani della comunità imparano il significato delle loro antiche usanze e i valori che sono alla base della loro fede. Questo ruolo educativo assicura che la fiamma della conoscenza, come il fuoco sacro, venga tramandata ininterrottamente, permettendo a ogni nuova generazione di trovare il proprio posto all'interno del continuum della tradizione zoroastriana.

Il significato dei templi del fuoco, quindi, va oltre le loro strutture fisiche; essi incarnano il cuore spirituale dello zoroastrismo, un simbolo vivente di una fede che vede il mondo come una lotta cosmica tra luce e tenebre. Le fiamme che ardono all'interno di questi templi non sono solo fenomeni materiali: sono considerate riflessi dell'essenza divina di Ahura Mazda, che guidano i fedeli verso la rettitudine e illuminano il sentiero di Asha. In ogni preghiera offerta davanti al fuoco, in ogni atto rituale di cura della fiamma, gli zoroastriani si ricollegano a una tradizione che dura da millenni, una tradizione che mantiene salda la convinzione che la luce, in tutte le sue forme, sia l'espressione più vera del divino.

Attraverso la resilienza dei templi del fuoco e la loro presenza duratura nella vita zoroastriana, l'antica saggezza di Zarathustra continua a bruciare luminosa, offrendo un messaggio senza tempo di speranza, purezza e potere eterno della luce. Il prossimo capitolo esplorerà ulteriormente le pratiche e le cerimonie all'interno di questi spazi sacri, approfondendo i rituali che sono stati conservati e adattati nel corso dei secoli, rivelando la profonda connessione tra il fuoco sacro e l'esperienza vissuta della fede zoroastriana.

Nel tenue bagliore della fiamma eterna, i rituali e le cerimonie condotte all'interno dei templi del fuoco zoroastriani si dispiegano, formando un ponte tra l'antico passato e il presente. Questi rituali non sono solo un mezzo per connettersi con Ahura Mazda, ma anche un modo per rafforzare l'ordine cosmico di Asha, rinnovando il legame tra il divino e il mondo materiale. Questo capitolo approfondisce le pratiche e le cerimonie specifiche che si svolgono all'interno dei templi del fuoco, rivelando gli strati di significato racchiusi in ogni gesto, preghiera e offerta, nonché la loro importanza nel preservare l'essenza spirituale dello zoroastrismo.

Al centro della vita spirituale di un tempio del fuoco c'è la cerimonia dello Yasna, un complesso rituale liturgico che incarna i principi fondamentali del culto zoroastriano. Lo Yasna, che significa "adorazione" o "sacrificio", viene eseguito dai Mobed (sacerdoti) e prevede la recitazione di versi dell'Avesta, i testi sacri zoroastriani. Questo rituale si svolge davanti al fuoco sacro, dove vengono offerte libagioni di haoma, una bevanda sacra ricavata dalla pianta di efedra. Lo Yasna non è solo un atto di venerazione, ma una rievocazione dell'ordine cosmico, che riflette la lotta tra Asha e Druj. Ogni recitazione e offerta fatta durante lo Yasna ha lo scopo di allineare il mondo fisico con i regni spirituali, rafforzando il potere di Asha sul caos.

Una componente fondamentale dello Yasna è la preparazione e l'offerta dell'haoma, che ha un profondo significato simbolico. Si ritiene che l'haoma possieda proprietà divine, in grado di purificare sia il corpo che lo spirito. I sacerdoti cantano antichi inni mentre pestano la pianta, mescolandola con acqua e latte, prima di presentarla al fuoco sacro. Questo atto rappresenta l'eterno ciclo di vita, morte e rinascita, nonché il nutrimento della fiamma divina che sostiene la creazione. La preparazione rituale dell'haoma sottolinea la fede zoroastriana nell'interconnessione di tutte le cose, in cui gli elementi della terra, dell'acqua e del fuoco si uniscono per onorare il divino.

Oltre allo Yasna, un altro rituale significativo è l'Afrinagan, una preghiera di benedizione che viene eseguita in varie occasioni, come nascite, matrimoni e il ricordo dei defunti. L'Afrinagan prevede l'accensione di candele e l'offerta di frutti e fiori davanti al fuoco sacro, accompagnata dal canto di preghiere che invocano benedizioni sugli individui e sulla comunità. Questa cerimonia enfatizza i valori zoroastriani di generosità e gratitudine, cercando il favore di Ahura Mazda per ottenere prosperità, felicità e protezione dalle influenze del male. È un momento in cui la comunità si riunisce per rafforzare i legami reciproci e per celebrare l'armonia tra l'umano e il divino.

La manutenzione quotidiana del fuoco sacro è una pratica profondamente rituale, che richiede la massima cura e riverenza. I Mobed puliscono l'altare e lo spazio circostante, assicurandosi che il fuoco rimanga incontaminato dalle impurità del mondo materiale. Aggiungono alle fiamme legno di sandalo e incenso, che non solo nutrono il fuoco ma portano anche le preghiere dei fedeli verso l'alto, verso il regno di Ahura Mazda. Questo processo è visto come un atto di devozione, un mezzo per mantenere la purezza che sta al centro dell'etica zoroastriana. Simboleggia l'eterna lotta per mantenere la luce interiore dell'anima accesa, non contaminata dalle tenebre della falsità e del disordine.

I matrimoni nella tradizione zoroastriana, noti come Navjote per le iniziazioni o semplicemente Nikah per i matrimoni, spesso includono cerimonie speciali condotte all'interno dei templi del fuoco, dove la coppia viene benedetta davanti al fuoco sacro. Durante questi rituali, la coppia si siede davanti alle fiamme, che rappresentano la presenza di Ahura Mazda come testimone della loro unione. I sacerdoti cantano preghiere che sottolineano l'importanza di vivere secondo Asha, guidando la coppia verso una vita di rispetto reciproco, amore e crescita spirituale. Questo atto di impegno davanti al fuoco significa la promessa di sostenere la verità e di contribuire all'ordine cosmico attraverso la loro unione.

La cerimonia del Jashan è un'altra parte integrante della vita all'interno del tempio del fuoco, che celebra eventi significativi della vita o segna occasioni comunitarie come il Capodanno zoroastriano, Nowruz. Durante il Jashan, i Mobed eseguono rituali di ringraziamento e invocano benedizioni sui partecipanti e sulla comunità. La cerimonia prevede la disposizione di offerte di pane, latte, frutta e fiori davanti al fuoco sacro. Queste offerte rappresentano le ricchezze della creazione, un riconoscimento della generosità di Ahura Mazda e un promemoria del ruolo dell'umanità come custode della terra. La recita collettiva delle preghiere durante il Jashan favorisce un senso di unità, ricordando ai fedeli il loro scopo comune nel sostenere i valori della loro antica fede.

Al di là di questi rituali formali, i templi del fuoco servono anche come spazi per la meditazione e la preghiera personale, dove gli individui vengono a riflettere sulla loro vita interiore e a cercare una guida. Il fuoco sacro, con il suo calore e la sua luce costanti, offre uno spazio per la contemplazione, dove le fiamme tremolanti diventano un simbolo della scintilla divina all'interno di ogni anima. È in questi momenti di quiete che gli zoroastriani trovano conforto, traendo forza dalla presenza di Ahura Mazda e rinnovando la loro determinazione a vivere secondo i principi di Asha.

L'adattabilità dei rituali dei templi del fuoco ha permesso loro di rimanere rilevanti anche nella diaspora zoroastriana, dove sono sorti templi in luoghi lontani dalle loro origini in Persia. Le comunità in India, in particolare tra i Parsi, hanno mantenuto queste tradizioni con grande fedeltà, pur adattando alcune pratiche ai loro nuovi ambienti. A Mumbai, per esempio, gli Atash Behram e gli Agiyaris (templi minori del fuoco) fungono da centri di vita spirituale e di conservazione culturale, assicurando che la fiamma dell'identità zoroastriana continui ad ardere anche in terra straniera.

Negli anni più recenti, quando le comunità zoroastriane si sono insediate in luoghi come il Nord America, l'Europa e l'Australia, sono stati fondati nuovi templi del fuoco, che offrono spazi dove gli antichi rituali possono essere eseguiti anche in un contesto moderno. Questi templi sono spesso costruiti con una miscela di architettura tradizionale e contemporanea, che riflette l'impegno della comunità a preservare il proprio patrimonio e ad abbracciare le realtà delle loro nuove case. I rituali, pur eseguiti in un nuovo contesto, conservano la loro essenza senza tempo, mantenendo il legame con Ahura Mazda e gli insegnamenti di Zarathustra.

Il ruolo dei templi del fuoco nella vita zoroastriana moderna si estende anche alla conservazione dell'educazione religiosa. Tra le loro mura, i Mobed insegnano alle nuove generazioni i Gatha, gli insegnamenti morali dello zoroastrismo e la corretta condotta dei rituali. Questo ruolo educativo è fondamentale in un momento in cui la comunità zoroastriana si trova ad affrontare le sfide di una popolazione in calo e le pressioni dell'assimilazione. Attraverso l'istruzione nei templi del fuoco, i giovani zoroastriani imparano l'importanza della fiamma sacra non solo come simbolo, ma come pratica viva che li collega ai loro antenati e alla loro fede.

I templi del fuoco, con le loro fiamme durature, rimangono un simbolo potente della visione del mondo zoroastriana, un promemoria dell'eterna lotta per mantenere la purezza, la verità e la luce in un mondo che spesso si confronta con l'oscurità. I rituali eseguiti all'interno di questi spazi sacri rafforzano i legami comunitari e gli impegni individuali che sostengono la tradizione zoroastriana, assicurando che la fiamma della fede venga trasmessa di generazione in generazione, ininterrotta e non intaccata. Quando i fedeli si riuniscono davanti al fuoco, si ricordano del loro ruolo nel dramma cosmico, come guardiani della luce e come amministratori dell'ordine divino proclamato da Zarathustra.

Questi rituali, antichi ma vivi, continuano a plasmare la vita quotidiana e l'esperienza spirituale degli zoroastriani in tutto il mondo. Sono la testimonianza di una religione che ha attraversato le tempeste della storia rimanendo fedele ai simboli e alle pratiche che ne definiscono l'essenza. Nel tranquillo bagliore del tempio del fuoco, tra le preghiere e le offerte, gli zoroastriani trovano uno spazio in cui il tempo si ferma e l'antica saggezza della loro fede continua a parlare, guidandoli verso un futuro in cui la luce di Asha possa brillare sempre di più.

Capitolo 18
I sacerdoti

Nel cuore della tradizione zoroastriana, dove il fuoco arde di luce eterna, il ruolo dei Mobed, i sacerdoti zoroastriani, è un faro di continuità spirituale e di guida. Nel corso della storia, queste figure religiose sono state i custodi della fiamma sacra, assicurando che gli insegnamenti di Zarathustra fossero non solo preservati ma anche praticati con riverenza. Le loro responsabilità vanno oltre la semplice esecuzione dei rituali: sono gli amministratori della vita spirituale e morale della comunità zoroastriana, sostenendo i principi fondamentali dell'Asha e la saggezza incorporata nell'Avesta.

Il percorso per diventare un Mobed è un percorso di dedizione, che inizia con l'istruzione precoce dei ragazzi nati in famiglie sacerdotali. Questo percorso non è semplicemente accademico: è un'immersione nell'essenza spirituale dello zoroastrismo. Ai giovani iniziati, che spesso iniziano la loro formazione all'età di sette o otto anni, viene insegnata la recitazione dei Gatha, gli inni che si ritiene siano stati composti da Zarathustra stesso. La memorizzazione di questi versi è considerata un modo per interiorizzare la saggezza divina di cui sono portatori. Oltre a questi insegnamenti, imparano i rituali, i movimenti intricati e le recitazioni necessarie per cerimonie come lo Yasna e la Vendidad.

La formazione di un Mobed comprende anche una profonda comprensione dei significati simbolici dei rituali, come la preparazione dell'haoma e la manutenzione dell'Atash Behram, il più alto grado di fuoco sacro. Questa formazione fa sì che ogni azione compiuta dal Mobed durante i rituali sia infusa di una consapevolezza cosciente del suo significato. Il rapporto tra un

Mobed e il fuoco sacro è profondo; egli funge da custode, assicurandosi che le fiamme rimangano pure e non si spengano, una responsabilità che simboleggia l'eterna lotta per mantenere Asha vivo nel mondo.

La gerarchia tra i sacerdoti zoroastriani riflette la profondità della loro conoscenza ed esperienza. Al livello fondamentale ci sono gli Ervad, che conducono i rituali di base e offrono le preghiere quotidiane. Con il tempo e un ulteriore addestramento, un Ervad può avanzare fino a diventare un Mobed, un ruolo che gli consente di svolgere cerimonie più complesse, come matrimoni e iniziazioni. Al vertice di questa struttura si trova il Dastur, un alto sacerdote responsabile di guidare la direzione spirituale della comunità e di offrire interpretazioni dei testi sacri. I Dastur hanno l'autorità di presiedere importanti rituali comunitari e fungono da intermediari tra la volontà divina di Ahura Mazda e la vita quotidiana dei fedeli.

Questa struttura gerarchica non riguarda solo l'autorità, ma anche la trasmissione della saggezza da una generazione all'altra. I Mobed più anziani fanno da mentori ai più giovani, trasmettendo non solo i metodi precisi del rituale, ma anche le sfumature della comprensione degli insegnamenti dell'Avesta. Questo rapporto tra mentore e apprendista è un aspetto vitale per preservare la profondità della pratica spirituale zoroastriana, assicurando che la continuità della tradizione rimanga intatta anche quando il mondo cambia intorno a loro.

La vita di un Mobed è profondamente intrecciata con i cicli della natura e i ritmi della vita comunitaria. Essi sono presenti nei momenti più cruciali della vita di uno zoroastriano, dalla nascita all'iniziazione, dal matrimonio alla morte. In ognuna di queste fasi della vita, il Mobed esegue rituali che hanno lo scopo di santificare gli eventi e allinearli con l'ordine cosmico. Per esempio, la Navjote, o cerimonia di iniziazione, segna l'ingresso di un giovane zoroastriano nella fede. Qui il Mobed guida l'iniziato a indossare il Sudreh (una camicia sacra) e il Kusti (una cintura sacra), simboli dell'impegno a sostenere Asha.

Attraverso questo rituale, il Mobed svolge un ruolo centrale nel legare l'individuo al lignaggio spirituale dello zoroastrismo.

Al di là dei loro doveri rituali, i Mobed sono spesso ricercati per i loro consigli, offrendo una guida sui dilemmi morali ed etici affrontati dalle loro comunità. Il loro ruolo di consiglieri riflette la loro profonda comprensione della visione cosmologica zoroastriana, dove ogni azione ha una conseguenza spirituale. Questo ruolo di consulenza diventa particolarmente significativo quando si affrontano questioni contemporanee che potrebbero non avere precedenti diretti nei testi antichi. I Mobed interpretano i principi di Asha e Druj, aiutando i fedeli a destreggiarsi tra le complessità della vita moderna pur rimanendo fedeli alla loro eredità spirituale.

Nell'era contemporanea, il ruolo dei Mobed si è evoluto in risposta alle sfide che la comunità zoroastriana si trova ad affrontare, come la diminuzione del numero di aderenti e le pressioni dell'assimilazione in culture diverse. Nelle comunità della diaspora, in particolare tra i Parsi dell'India e gli zoroastriani dei Paesi occidentali, i Mobed hanno assunto ulteriori ruoli di ambasciatori culturali, lavorando per preservare l'identità zoroastriana tra le diverse influenze della società globale. Ciò richiede un equilibrio: mantenere l'integrità degli antichi rituali e renderli accessibili a una generazione più giovane che potrebbe non parlare le lingue tradizionali dell'Avesta.

I Mobed della diaspora si trovano spesso a colmare il divario tra le antiche tradizioni e le aspettative moderne. Ciò può comportare la traduzione delle preghiere nelle lingue locali o l'adattamento delle cerimonie agli orari e agli stili di vita di chi vive lontano dal cuore della Persia. Per esempio, mentre i rituali quotidiani del fuoco possono essere condensati in alcune comunità a causa della praticità della vita moderna, l'essenza spirituale di queste pratiche viene mantenuta. Questa adattabilità è una testimonianza della resilienza della fede zoroastriana e della creatività dei suoi leader spirituali nel mantenere la fiamma.

Oltre ai loro compiti spirituali e culturali, i Mobed hanno il compito di gestire i luoghi di culto zoroastriani, assicurando che i templi del fuoco rimangano centri della vita comunitaria. Essi supervisionano non solo la manutenzione del fuoco sacro, ma anche la cura dei terreni del tempio, assicurando che questi spazi rimangano luoghi di purezza e riflessione. I templi del fuoco diventano sedi di incontri comunitari, feste religiose e programmi educativi, dove i Mobed svolgono un ruolo centrale nel promuovere un senso di unità e continuità tra i fedeli.

Il cammino di un Mobed non è fatto di ricompense materiali; è una vocazione che richiede umiltà e un profondo senso del dovere verso il divino. Molti Mobed, soprattutto quelli che prestano servizio nelle comunità più piccole della diaspora, bilanciano le loro responsabilità religiose con occupazioni secolari, trovando il modo di sostenere le loro famiglie pur rimanendo dediti alla loro vocazione spirituale. Questa doppia vita richiede un delicato gioco di equilibri, in cui le esigenze del mondo materiale devono essere soddisfatte senza perdere di vista gli ideali spirituali che guidano le loro vite.

In quanto custodi di una delle più antiche tradizioni religiose ininterrotte del mondo, i Mobed portano con sé un'eredità che risale agli insegnamenti di Zarathustra stesso. Non sono solo esecutori di rituali; sono i custodi di una fiamma spirituale che arde da millenni, una fiamma che è sopravvissuta agli sconvolgimenti degli imperi e alle mutevoli maree delle credenze. Il loro ruolo ci ricorda che l'essenza dello zoroastrismo non risiede solo nei suoi antichi testi o nei suoi grandiosi templi, ma negli atti quotidiani di devozione e servizio che mantengono vivo lo spirito di Asha nel mondo.

In un mondo in cui la continuità delle piccole comunità religiose deve affrontare molte sfide, la dedizione dei Mobed al loro sacro dovere è una testimonianza del potere duraturo della fede. Essi incarnano gli ideali dello zoroastrismo, sforzandosi di vivere secondo i principi di Humata (buoni pensieri), Hukhta (buone parole) e Hvarshta (buone azioni), dando l'esempio alla comunità che servono. Con il loro impegno incrollabile, i Mobed assicurano che l'antico appello a vivere in armonia con l'ordine divino continui a riecheggiare attraverso i corridoi del tempo, guidando i fedeli zoroastriani nella ricerca di una vita illuminata dalla luce di Asha.

Il ruolo dei Mobed nello zoroastrismo è profondamente intrecciato con la dimensione spirituale e culturale della fede, plasmando non solo le pratiche religiose ma anche l'identità della comunità zoroastriana. Guidando i rituali e sostenendo gli insegnamenti di Zarathustra, i Mobed diventano figure centrali nella continuità di tradizioni millenarie. Al di là dei loro compiti fondamentali, la complessità e l'ampiezza delle loro responsabilità si estendono ai regni della purezza rituale, del legame con la comunità e della conservazione della conoscenza sacra.

Al centro dei compiti di un Mobed ci sono i rituali che definiscono i momenti chiave della vita dei fedeli. Dalla solennità dei riti funebri all'essenza celebrativa dei matrimoni, queste cerimonie non sono semplici marcatori culturali ma momenti di transizione spirituale. I riti funebri, ad esempio, sono altamente strutturati e mirano ad aiutare l'anima ad attraversare il ponte di Chinvat. Questi rituali includono preghiere e azioni specifiche volte a proteggere l'anima dalle influenze maligne durante il suo passaggio. Attraverso queste pratiche, i Mobed assicurano che l'ordine sacro di Asha rimanga intatto, anche di fronte alla morte.

Uno dei rituali centrali eseguiti dai Mobed è lo Yasna, un'elaborata liturgia che include la preparazione dell'haoma, una pianta sacra il cui succo viene utilizzato nel rituale. Lo Yasna è più di una preghiera; è un'invocazione che fa appello ad Ahura Mazda e agli Amesha Spenta, tessendo una connessione tra il mondo fisico e quello spirituale. Durante lo Yasna, il Mobed recita brani dell'Avesta che, se pronunciati nella loro antica lingua, si ritiene abbiano un potere trasformativo. Questo rituale serve a riaffermare l'allineamento della comunità con la verità cosmica e ricorda l'eterna lotta tra Asha (ordine) e Druj (caos).

Oltre allo Yasna, i Mobed conducono la cerimonia della Vendidad, un rito di purificazione che protegge la comunità dalle impurità fisiche e spirituali. Questo rituale è particolarmente significativo per rafforzare l'importanza della purezza, un tema molto sentito nello zoroastrismo. Durante la Vendidad, vengono recitati passaggi specifici per purificare gli spazi e gli individui dalle impurità, simboleggiando l'enfasi zoroastriana sul mantenimento di un ambiente puro come riflesso della purezza spirituale interiore. La cerimonia sottolinea anche il ruolo del Mobed come mediatore, colui che fa da ponte tra il mondo materiale e quello spirituale, assicurando che l'ordine cosmico rimanga indisturbato.

La conservazione della conoscenza rituale è un altro aspetto critico del ruolo di un Mobed. Gran parte del contenuto sacro dell'Avesta è stato trasmesso oralmente attraverso le generazioni e i Mobed svolgono un ruolo fondamentale in questa tradizione. Sono addestrati alle intonazioni e ai ritmi precisi dei canti dell'Avesta, una pratica che richiede anni di dedizione. Questa trasmissione orale assicura che il potere delle recitazioni originali, che si ritiene siano state rivelate da Zarathustra, rimanga potente. Anche se il testo scritto dell'Avesta serve come riferimento, è la parola parlata, passata da maestro a studente, a preservare l'essenza mistica degli insegnamenti.

Il ruolo dei Mobed si estende oltre i rituali religiosi, nella vita comunitaria ed educativa degli zoroastriani. Nelle regioni in cui lo zoroastrismo è una religione minoritaria, i Mobed diventano spesso educatori, insegnando ai giovani la loro eredità, il significato dei rituali e il quadro etico della fede. In questa veste, fungono da mentori, aiutando a instillare un senso di identità e continuità nelle giovani generazioni. Spiegano il significato delle preghiere quotidiane, il simbolismo dell'indossare il Sudreh e il Kusti e l'importanza di vivere in armonia con Asha.

Questa attività di tutoraggio è particolarmente importante nel contesto della diaspora zoroastriana, dove i giovani zoroastriani possono trovarsi ad affrontare sfide per mantenere la propria identità religiosa in un ambiente multiculturale. La capacità del Mobed di collegare gli antichi insegnamenti alla vita contemporanea aiuta a colmare il divario generazionale, assicurando che i membri più giovani della comunità vedano la rilevanza della loro eredità. Adattando la saggezza di Zarathustra ai dilemmi moderni - siano essi sfide etiche o domande sulla condotta personale - i Mobed mantengono vivi e risonanti gli insegnamenti dell'Avesta.

I Mobed svolgono un ruolo fondamentale anche durante le feste zoroastriane, come il Nowruz (Capodanno persiano) e i Gahanbar, feste stagionali che celebrano diversi aspetti della creazione. Durante questi raduni, i Mobed guidano la comunità in preghiere e rituali che onorano i cicli della natura e riaffermano il legame tra l'umanità e il divino. L'accensione del fuoco sacro durante queste feste simboleggia il trionfo della luce sulle tenebre, un tema centrale nella cosmologia zoroastriana. Attraverso la loro guida in queste cerimonie, i Mobed contribuiscono a sostenere lo spirito comunitario e a garantire il mantenimento dei ritmi sacri della vita zoroastriana.

Un'altra dimensione del lavoro del Mobed riguarda la cura pastorale, in particolare nel guidare gli individui attraverso le lotte spirituali e le decisioni morali. Lo zoroastrismo attribuisce un grande valore al libero arbitrio: ogni individuo è responsabile della scelta tra Asha e Druj. I Mobed agiscono come guide spirituali, aiutando i loro seguaci a orientarsi in queste scelte. Offrono consigli nei momenti di difficoltà, aiutando gli zoroastriani a capire come le loro azioni si allineino o divergano dai principi di Asha. Questo ruolo di consulenza spesso implica l'interpretazione dei testi antichi in modo da fornire chiarezza nel contesto di questioni moderne, come le pratiche commerciali etiche o le domande sulla gestione dell'ambiente.

Nonostante il ruolo vitale che svolgono, la vita di un Mobed non è priva di sfide. Nelle regioni in cui la popolazione zoroastriana è esigua, ci sono pochi nuovi iniziati che entrano nel sacerdozio. Questo ha portato a un invecchiamento della popolazione dei Mobed e la questione della successione è diventata sempre più urgente. In risposta, alcune comunità hanno avviato iniziative per incoraggiare i giovani zoroastriani a prendere in considerazione il percorso del Mobed, sottolineando l'importanza di mantenere viva la loro eredità spirituale. Sono nati programmi che fondono la formazione tradizionale con metodi educativi moderni, con l'obiettivo di rendere la vita di un Mobed accessibile e attraente per una nuova generazione.

Inoltre, le responsabilità dei Mobed nelle comunità della diaspora spesso includono sforzi per educare il pubblico più ampio sullo zoroastrismo. Partecipano a dialoghi interreligiosi, offrendo approfondimenti sulle credenze e sulle pratiche zoroastriane a chi non ha familiarità con questa antica fede. Attraverso conferenze, visite ai templi e discussioni pubbliche, i Mobed diventano ambasciatori della saggezza zoroastriana, sfatando idee sbagliate e sottolineando i valori duraturi della loro tradizione. Questo ruolo è particolarmente importante per promuovere una più profonda comprensione dello zoroastrismo tra i non zoroastriani, contribuendo a una visione più inclusiva del panorama religioso mondiale.

I Mobed devono anche affrontare la sfida di mantenere la purezza dei rituali adattandosi alla realtà della vita contemporanea. Ad esempio, le rigide regole sull'uso di elementi naturali nei rituali, come la necessità di acqua fresca e corrente, possono essere difficili da rispettare negli ambienti urbani. Alcuni Mobed hanno adattato queste pratiche trovando alternative simboliche che rimangono fedeli allo spirito delle tradizioni, dimostrando che l'essenza dei rituali può essere preservata anche quando i dettagli vengono modificati. Questa adattabilità fa sì che lo zoroastrismo rimanga una fede viva, capace di prosperare in contesti diversi senza perdere i suoi valori fondamentali.

Tuttavia, anche con le pressioni della modernità, la missione centrale del Mobed rimane invariata: essere un guardiano della fiamma sacra, un trasmettitore dell'antica saggezza e una guida per coloro che cercano di vivere in allineamento con Asha. Il ruolo del Mobed come custode spirituale è una testimonianza della resilienza dello zoroastrismo, che ha resistito a secoli di cambiamenti e sfide. Con la loro dedizione, i Mobed mantengono vivo il messaggio senza tempo di Zarathustra, ricordando alla comunità il proprio posto all'interno della lotta cosmica tra ordine e caos.

Mentre lo zoroastrismo affronta le sfide del presente e guarda al futuro, la ferma devozione dei Mobed ai loro doveri sacri offre una fonte di continuità e speranza. I loro rituali legano la comunità al passato, mentre la loro guida la aiuta a navigare nelle incertezze del mondo moderno. In ogni preghiera che recitano, in ogni fiamma che accudiscono, i Mobed incarnano lo spirito duraturo di una fede che, contro ogni previsione, ha continuato a illuminare il cammino della rettitudine per oltre tremila anni.

Capitolo 19
Zarathustra nelle tradizioni orali e nelle leggende

La figura di Zarathustra, avvolta sia da fatti storici che da miti, è stata per secoli un personaggio centrale nella coscienza spirituale delle comunità zoroastriane. Oltre ai testi fondamentali dell'Avesta, le storie sulla vita di Zarathustra sono state tramandate di generazione in generazione, diventando ricche tradizioni orali che mescolano elementi mistici e narrazioni culturali. Questi racconti non servono solo a preservare il passato, ma anche come fonte di ispirazione e identità per gli zoroastriani che devono affrontare le sfide della modernità.

Uno degli aspetti più intriganti della storia di Zarathustra è la sua nascita, circondata da segni miracolosi che indicano la sua missione divina. Secondo le tradizioni orali, il momento della sua nascita fu segnato da un bagliore soprannaturale che illuminò la stanza, segnalando che un profeta unico era arrivato nel mondo. Si dice che le forze del male, consapevoli della minaccia che rappresentava per il loro dominio, cercassero di eliminare Zarathustra già da bambino. Tuttavia, ogni tentativo di fargli del male fallì, poiché la protezione divina avvolse il futuro profeta. Queste storie non solo sottolineano il suo status speciale, ma si allineano anche al tema zoroastriano dell'eterna lotta tra il bene e il male, ancor prima che potesse pronunciare le sue prime parole.

Quando Zarathustra crebbe, le leggende descrivono la sua prima vita come segnata da saggezza e curiosità, distinguendolo dai suoi coetanei. Spesso viene raffigurato come un bambino con una profonda connessione con il mondo naturale, in grado di percepire la presenza divina negli elementi del fuoco, dell'acqua, della terra e dell'aria. Queste storie lo ritraggono come un ricercatore della verità molto prima della sua rivelazione divina, suggerendo che il suo percorso di profeta fosse intessuto nel tessuto del suo essere fin dalla più tenera età. Questa narrazione, profondamente radicata nella tradizione orale, serve a ricordare che il viaggio spirituale di un profeta non è solo un momento di illuminazione, ma una vita di preparazione e introspezione.

Uno dei momenti cruciali di questi racconti è l'incontro di Zarathustra con Ahura Mazda, la divinità suprema. Si dice che l'incontro sia avvenuto sulla riva di un fiume, dove Zarathustra entrò in uno stato di trance e ebbe la visione di Ahura Mazda, circondato dagli Amesha Spenta. Qui ricevette il mandato divino di diffondere il messaggio di Asha (verità) e di combattere le menzogne e il caos rappresentati da Angra Mainyu. Questo evento è più di un semplice momento di rivelazione; nelle tradizioni orali viene descritto come un evento cosmico, in cui il tempo sembra essersi fermato e il corso futuro dell'umanità è stato modificato. Questo incontro mistico viene spesso raccontato durante le riunioni religiose, fungendo da pietra miliare dell'identità zoroastriana e da simbolo del potere della verità divina.

La resistenza iniziale che Zarathustra dovette affrontare da parte dei governanti e dei sacerdoti del suo tempo è un altro tema che compare in modo preponderante in questi racconti orali. Secondo la tradizione, gli insegnamenti di Zarathustra furono inizialmente accolti con ostilità, poiché mettevano in discussione le pratiche religiose consolidate e le strutture di potere che ne beneficiavano. Fu imprigionato e affrontò processi volti a screditare il suo messaggio. Tuttavia, grazie all'intervento divino e al suo incrollabile impegno per la verità, Zarathustra superò questi ostacoli. Il suo trionfo è celebrato in storie in cui gli elementi naturali vengono in suo aiuto, come il racconto di un'inondazione miracolosa che lo liberò dalle catene. Queste narrazioni evidenziano la resilienza del profeta e la vittoria finale della giustizia divina, rafforzando la fede zoroastriana nel potere della rettitudine.

Una parte fondamentale delle tradizioni orali riguarda l'interazione di Zarathustra con il re Vishtaspa, che sarebbe diventato il suo più influente convertito e patrono. Secondo la leggenda, l'ingresso di Zarathustra alla corte di Vishtaspa fu accolto con scetticismo, poiché i sacerdoti rivali cercarono di indebolirlo. Per dimostrare la veridicità dei suoi insegnamenti, Zarathustra compì una serie di miracoli, tra cui la guarigione dell'amato cavallo del re, colpito da un'afflizione sconosciuta. La guarigione del cavallo fu vista come un segno del favore di Ahura Mazda e portò il re Vishtaspa ad accettare gli insegnamenti di Zarathustra e a dichiarare lo zoroastrismo religione di Stato. Questo momento è spesso raccontato con un senso di trionfo, a simboleggiare il potere della fede di superare il dubbio e l'opposizione.

Queste leggende hanno un ruolo cruciale nel preservare la memoria culturale degli zoroastriani, soprattutto in tempi di avversità. Durante i periodi di persecuzione, come la conquista islamica della Persia, queste storie divennero una fonte di resilienza, ricordando alla comunità le proprie origini e il favore divino che aveva guidato il loro profeta. Man mano che le comunità zoroastriane si disperdevano e si adattavano a nuove terre, questi racconti venivano portati con sé, evolvendosi ad ogni racconto ma conservando sempre l'essenza della missione di Zarathustra. Divennero un modo per mantenere vivo lo spirito dello zoroastrismo, anche quando praticare apertamente la fede era pieno di pericoli.

In queste storie, Zarathustra non è solo un profeta, ma anche un simbolo dell'eterna lotta contro l'ignoranza e l'inganno. I suoi insegnamenti, tramandati attraverso i testi sacri, sono resi vivi e vibranti dalle narrazioni che li circondano. I racconti dei suoi incontri con gli esseri soprannaturali, le battaglie combattute contro la stregoneria e i dibattiti con coloro che gli si opponevano servono a illustrare le sfide che devono affrontare coloro che cercano di sostenere la verità in un mondo pieno di inganni. Questi racconti ritraggono Zarathustra come una figura che incarna le qualità a cui gli zoroastriani aspirano: coraggio, saggezza e un impegno incrollabile sul sentiero di Asha.

Anche le tradizioni orali hanno contribuito a colmare i vuoti lasciati dalla perdita di molti testi zoroastriani nel corso dei secoli. Le storie che non sono mai state scritte, o che possono essere andate perdute nel tumulto degli sconvolgimenti storici, sono sopravvissute attraverso la narrazione. Le famiglie si riunivano durante le feste come il Nowruz e raccontavano la vita di Zarathustra, assicurando che, anche in assenza di documenti scritti, l'essenza del suo messaggio sarebbe rimasta. In questo modo, le tradizioni orali che circondano Zarathustra fungono da archivio vivente dei valori zoroastriani, plasmando l'identità dei fedeli attraverso le generazioni.

Queste storie rivelano anche le diverse interpretazioni dell'eredità di Zarathustra nelle varie comunità zoroastriane. In alcune versioni, Zarathustra è rappresentato come un mistico in grado di comunicare con la natura, mentre in altre è raffigurato come un saggio filosofo la cui logica e ragione erano inattaccabili. Ogni interpretazione aggiunge uno strato di ricchezza all'arazzo zoroastriano, mostrando come l'essenza degli insegnamenti di Zarathustra sia stata adattata per risuonare in diversi contesti culturali e storici. Questa adattabilità ha permesso allo zoroastrismo di mantenere il suo messaggio fondamentale, abbracciando al contempo le espressioni di fede uniche dei suoi diversi seguaci.

La venerazione per Zarathustra in queste tradizioni è profonda, ma è accompagnata dal riconoscimento della sua umanità. Le storie spesso descrivono momenti di dubbio o di solitudine durante la sua missione, momenti in cui si chiedeva se i suoi sforzi avrebbero avuto successo. In queste narrazioni, Zarathustra è confortato da visioni di Ahura Mazda o da segni che riaffermano la rettitudine del suo cammino. Questa duplice rappresentazione, sia come profeta guidato dalla divinità sia come uomo che ha affrontato le difficoltà della vita, rende la storia di Zarathustra profondamente comprensibile. Ricorda ai fedeli che anche i più grandi leader spirituali devono affrontare il dubbio e che la perseveranza di fronte alle avversità è essa stessa un percorso verso la verità divina.

Le tradizioni orali e le leggende di Zarathustra, tramandate per secoli, sono parte integrante del patrimonio spirituale degli zoroastriani. Intrecciano il mistico e lo storico, offrendo una narrazione che trascende il tempo. Attraverso queste storie, la memoria di Zarathustra non è confinata nelle pagine delle antiche scritture, ma vive nella parola, nelle esperienze condivise delle comunità e nei cuori di coloro che continuano a cercare la luce di Asha nelle loro vite. Queste narrazioni fungono da ponte tra l'antico e il presente, assicurando che gli insegnamenti di Zarathustra rimangano una stella guida nel cielo notturno in continua evoluzione dell'esperienza umana.

I racconti di Zarathustra, passando di generazione in generazione, si sono evoluti ad ogni narrazione, adattandosi alle esigenze culturali e spirituali delle comunità zoroastriane. Queste storie, pur affondando le radici nell'antichità, hanno una fluidità che ha permesso loro di integrare influenze e interpretazioni locali, fornendo un ricco arazzo di leggende che rivelano i diversi modi in cui gli zoroastriani si sono collegati al loro profeta. In questa evoluzione, la figura di Zarathustra è diventata più di un lontano leader spirituale: è diventata un simbolo di resilienza e speranza, incarnando qualità che risuonano con i fedeli in epoche e paesaggi diversi.

Un tema centrale di queste storie è la trasformazione di Zarathustra da solitario cercatore di verità a venerato profeta, i cui insegnamenti rimodellano un'intera cultura. Nelle tradizioni più mistiche, Zarathustra è considerato in possesso di una profonda comprensione delle forze cosmiche che governano l'universo, in grado di percepire la sottile interazione tra luce e oscurità. Si dice che potesse comunicare con la natura e che gli elementi stessi - fuoco, acqua, terra e aria - rispondessero alla sua presenza. In questi racconti, il legame di Zarathustra con Ahura Mazda gli permetteva di vedere al di là del mondo materiale, nei regni in cui la battaglia divina tra Asha (verità) e Druj (menzogna) si svolgeva su una scala più grande.

Questi racconti mistici spesso enfatizzano la natura straordinaria della vita di Zarathustra, dipingendo il ritratto di un profeta che non fu semplicemente scelto dal divino, ma che plasmò attivamente il proprio destino attraverso atti di coraggio e intuizione. Una narrazione popolare racconta del suo incontro con esseri demoniaci inviati da Angra Mainyu, lo spirito del caos, per dissuaderlo dalla sua missione. Secondo la tradizione, Zarathustra affrontò queste entità con incrollabile convinzione, usando canti sacri e preghiere per scacciarle. L'immagine di questa lotta, della luce che affronta l'oscurità nella sua forma più tangibile, risuona profondamente con i seguaci zoroastriani. Serve come metafora per le battaglie quotidiane che affrontano contro le falsità e le tentazioni, affermando che il cammino della rettitudine richiede forza e fermezza.

Man mano che queste leggende si diffondevano, assorbivano anche i contesti culturali delle regioni in cui gli zoroastriani si insediavano, soprattutto durante i periodi di migrazione. Per esempio, tra le comunità Parsi in India, i racconti di Zarathustra assunsero nuove dimensioni, fondendosi con il folklore locale e acquisendo un sapore regionale distintivo. In queste versioni, la saggezza di Zarathustra è spesso paragonata agli insegnamenti di altri antichi saggi, creando un dialogo tra lo zoroastrismo e le tradizioni spirituali del subcontinente indiano. Questo sincretismo è evidente nel modo in cui la storia di Zarathustra viene raccontata durante feste come il Nowruz, dove elementi della cosmologia zoroastriana vengono celebrati insieme all'alternarsi delle stagioni, sottolineando il rinnovamento e l'eterno ciclo della vita.

L'adattamento di queste leggende non si limita a contesti religiosi o spirituali. Esse hanno trovato spazio anche nella letteratura e nella poesia persiana, dove la figura di Zarathustra è spesso invocata come simbolo di purezza spirituale e profondità filosofica. Le opere di poeti come Ferdowsi nello Shahnameh e gli scritti dei mistici medievali intrecciano la storia di Zarathustra nella più ampia narrazione culturale della Persia, fondendo storia e mito. In questa tradizione letteraria, Zarathustra diventa un simbolo dello spirito iraniano: lotta eterna contro le avversità, ricerca della conoscenza e conservazione dell'antica saggezza della terra. Tali rappresentazioni hanno contribuito a mantenere un senso di continuità con la cultura persiana pre-islamica, fornendo una pietra di paragone per l'identità in tempi di sconvolgimenti culturali.

Tuttavia, anche se queste storie sono cresciute e si sono trasformate, hanno mantenuto un messaggio centrale: L'incrollabile dedizione di Zarathustra alla verità e la sua visione di un mondo in cui Asha prevale su Druj. In alcune narrazioni, le sue lotte sono viste come un precursore delle sfide che le comunità zoroastriane avrebbero affrontato nei secoli successivi, quando si trovarono ad affrontare l'ascesa di nuovi imperi e religioni che rimodellarono il Medio Oriente. La resistenza di queste storie in tempi di persecuzione e di sfollamento illustra il potere della tradizione orale di sostenere lo spirito di una comunità, anche quando la sua presenza fisica in una terra diventa tenue. I racconti delle prove di Zarathustra rispecchiano quindi le esperienze dei suoi seguaci, creando un potente senso di condivisione della storia e del destino.

Questi racconti contengono anche un profondo aspetto pedagogico, in quanto servono a trasmettere lezioni etiche e filosofiche alle generazioni più giovani. I genitori raccontavano ai figli le storie della saggezza di Zarathustra e dei suoi incontri con le sfide celesti e terrestri, sottolineando le virtù dell'onestà, dell'umiltà e del coraggio. Attraverso queste narrazioni, si rendevano accessibili concetti teologici complessi, insegnando i valori dei buoni pensieri, delle buone parole e delle buone azioni in un modo che risultava comprensibile e coinvolgente. Anche se le storie hanno assunto le caratteristiche del mito, hanno mantenuto uno scopo didattico, assicurando che i principi dello zoroastrismo rimanessero rilevanti per ogni nuova generazione.

La flessibilità di queste leggende ha permesso loro di adattarsi alle sfide della modernità. Man mano che le comunità zoroastriane si sono diffuse in tutto il mondo, stabilendosi in luoghi diversi come il Nord America, l'Europa e l'Australia, le storie di Zarathustra sono state raccontate in nuove forme. Gli zoroastriani contemporanei continuano a riunirsi durante gli eventi comunitari e a raccontare le storie del loro profeta, usandole come un modo per connettersi con la loro eredità e adattando i temi alle lotte moderne, come la ricerca dell'identità in un mondo multiculturale o la sfida di sostenere le antiche tradizioni in una società in rapido cambiamento.

Negli ultimi anni, alcuni zoroastriani si sono rivolti a media come il cinema, il teatro e la narrazione digitale per mantenere vivo lo spirito di queste leggende. Queste nuove interpretazioni spesso esplorano la rilevanza di Zarathustra per le questioni contemporanee, come la gestione dell'ambiente e l'uso etico della tecnologia, riflettendo le preoccupazioni in evoluzione della comunità. Tuttavia, anche in queste rivisitazioni moderne, l'essenza delle storie originali rimane: la visione di un mondo in cui la verità trionfa sulla menzogna, in cui le scelte di ogni individuo contribuiscono all'equilibrio cosmico tra bene e male. Questi adattamenti dimostrano il potere duraturo della storia di Zarathustra di ispirare e guidare, trascendendo i confini del tempo e del luogo.

Nonostante i cambiamenti nella forma e nel contesto, le storie di Zarathustra continuano a occupare un posto speciale nella memoria collettiva degli zoroastriani. Servono a ricordare che la loro fede non è solo una questione di dottrina e di rituale, ma anche una narrazione viva, intessuta nel tessuto stesso della loro identità. Attraverso il racconto e la riproposizione di queste storie, la comunità zoroastriana trova un senso di continuità con il proprio passato, pur guardando al futuro. La storia di Zarathustra non è quindi solo una reliquia della storia, ma una tradizione vibrante e in evoluzione che rimane una fonte di forza e di ispirazione.

L'eredità di queste tradizioni orali offre anche una visione più ampia del potere della narrazione nelle culture umane. Attraverso il mito e la leggenda, le comunità sono in grado di preservare l'essenza delle loro credenze, di adattarsi a nuove realtà e di trovare un significato alle loro lotte. Le leggende di

Zarathustra hanno raggiunto questo obiettivo nel corso dei millenni, contribuendo a mantenere viva la fede zoroastriana in periodi di prosperità e persecuzione. Le storie iniziate nelle pianure spazzate dal vento dell'antica Persia hanno viaggiato attraverso i continenti, portate nei cuori di coloro che si rifiutano di lasciare che la loro luce si spenga.

Alla fine, le leggende di Zarathustra sono una testimonianza della resilienza dello spirito zoroastriano. Riflettono una profonda comprensione del fatto che la ricerca della verità è un viaggio senza fine e che ogni generazione deve trovare il proprio modo di portare avanti la fiamma. Attraverso queste storie, Zarathustra rimane un compagno per i fedeli, guidandoli attraverso l'oscurità con la promessa di un'alba più luminosa, dove Asha risplende sempre più chiaramente e il mondo si avvicina all'ordine divino immaginato tanto tempo fa da un profeta sulle rive di un fiume sacro.

Capitolo 20
I tempi della fine

Tra gli aspetti più profondi ed enigmatici dello zoroastrismo c'è la sua visione dei tempi finali, una narrazione che intreccia battaglie cosmiche, rinnovamento divino e la promessa di un mondo trasformato. Al centro dell'escatologia zoroastriana si trova la profezia di una grande restaurazione, nota come Frashokereti, in cui l'universo viene purificato, il male viene sconfitto e l'ordine viene ristabilito secondo la volontà divina di Ahura Mazda. È una visione che racchiude in sé speranza e solennità, poiché promette non solo un nuovo mondo glorioso, ma anche le prove e le tribolazioni che lo precedono.

Al centro di questa credenza c'è l'arrivo del Saoshyant, una figura di salvatore profetizzata per guidare l'umanità nella lotta finale contro le forze di Angra Mainyu. Secondo la tradizione zoroastriana, il Saoshyant emergerà in un periodo di grande agitazione, un periodo in cui il caos e la falsità sembrano dominare la terra. Questa figura non è un semplice guerriero, ma una guida spirituale, incaricata di unire i giusti e di risvegliare l'umanità ai principi di Asha, verità e ordine. Per molti versi, il Saoshyant è visto come il compimento degli insegnamenti di Zarathustra, incarnando la stessa missione divina di combattere il male e portare l'illuminazione.

L'immaginario dei tempi finali nello zoroastrismo è vivido e raffigura uno sconvolgimento cosmico in cui i regni materiali e spirituali convergono in una battaglia finale. Gli antichi testi descrivono questo periodo come un periodo in cui la terra stessa sembra tremare, dove disastri naturali e segni celesti annunciano l'avvicinarsi del conflitto finale. Si dice che i fiumi si ingrosseranno, il sole e la luna si oscureranno e il tessuto stesso della realtà sarà messo alla prova quando le forze opposte di Asha e Druj si scontreranno nella loro ultima, disperata lotta. Tuttavia, in mezzo a questo caos, i fedeli sono chiamati a rimanere saldi, perché è la loro adesione alla verità e alla rettitudine che aiuterà a far pendere la bilancia a favore del divino.

Il ruolo di Ahura Mazda in questo periodo escatologico è rappresentato come quello di un giudice cosmico e di un orchestratore del giudizio finale. Attraverso le rivelazioni impartite a Zarathustra e conservate nell'Avesta, i fedeli zoroastriani comprendono che la giustizia di Ahura Mazda non è arbitraria, ma si basa sulle azioni accumulate da ogni anima. Con l'avvicinarsi della fine, tutte le azioni, i pensieri e le intenzioni umane vengono soppesate e il destino di ogni anima è in bilico. Questo giudizio avviene al ponte di Chinvat, un passaggio che ogni anima deve attraversare dopo la morte: per i giusti è un percorso ampio e facile, mentre per i malvagi è un passaggio pericoloso, che li conduce in regni di sofferenza.

È attraverso questa lente che si comprende il concetto zoroastriano di salvezza, non come una questione di fede cieca, ma come una conseguenza delle proprie scelte morali nel corso della vita. L'arrivo del Saoshyant e lo svolgersi dei tempi finali servono a ricordare che la lotta cosmica tra il bene e il male si rispecchia nelle azioni quotidiane degli individui. Ogni scelta di abbracciare Asha contribuisce al trionfo finale su Angra Mainyu, rafforzando l'enfasi zoroastriana sulla responsabilità personale e sul potere del libero arbitrio.

Il ruolo del Saoshyant è quello di catalizzare questo risveglio globale, chiamando i resti dispersi dei fedeli a unirsi alla lotta contro l'oscurità. Le leggende descrivono questa figura che compie atti miracolosi, come resuscitare i morti e guarire la terra dalle cicatrici della distruzione causata dai seguaci di Angra Mainyu. Si ritiene che la resurrezione, un momento cruciale dell'escatologia zoroastriana, restituisca a tutte le anime il loro corpo fisico, permettendo loro di partecipare al rinnovamento finale. Questa visione offre un profondo senso di speranza, suggerendo che nessuna anima è al di là della redenzione e che tutti avranno l'opportunità di allinearsi all'ordine divino di Ahura Mazda.

La purificazione del mondo, nota come Frashokereti, è rappresentata come un evento trasformativo in cui il regno materiale e quello spirituale si fondono in perfetta armonia. In questo mondo rinnovato, la sofferenza e la falsità non hanno posto, poiché gli elementi stessi - fuoco, acqua, terra e aria - sono purificati dalla macchia di Druj. È la visione di un mondo in cui ogni essere, dalla più piccola creatura alla più grande montagna, canta all'unisono le lodi di Ahura Mazda. I fedeli sono rassicurati dal fatto che le loro lotte e i loro sacrifici in questa vita non sono vani, perché contribuiscono alla creazione di questo stato ideale.

Il passaggio a questo mondo perfetto, tuttavia, non è privo di prove. I testi parlano di un fiume di metallo fuso che scorrerà sulla terra, una prova che tutte le anime devono superare. Per i giusti, questo fiume è descritto come un bagno caldo e purificante, mentre per i malvagi è una punizione bruciante, una resa dei conti finale per il loro allineamento con la falsità e il caos. Questa immagine serve a sottolineare la fede zoroastriana nella giustizia cosmica, dove le conseguenze delle proprie scelte di vita vengono sperimentate direttamente nel passaggio al nuovo mondo.

Quando la battaglia finale si conclude, Angra Mainyu e le sue forze demoniache vengono legate e gettate nelle profondità della non-esistenza, dove non possono più turbare l'armonia della creazione. In alcune interpretazioni, questo atto è visto come un ritorno allo stato primordiale dell'ordine, un ripristino del mondo nel modo in cui Ahura Mazda l'aveva concepito prima della corruzione del male. La nuova era che segue è caratterizzata da pace, prosperità e una connessione ininterrotta tra il regno divino e quello terreno. L'umanità, unita sotto gli insegnamenti di Zarathustra e la guida del Saoshyant, entra in un'epoca in cui la sofferenza, l'inganno e la morte sono solo ricordi lontani.

La visione zoroastriana dei tempi finali non è una semplice profezia, ma un quadro di riferimento che modella la vita etica e spirituale dei fedeli. Essa insegna che ogni azione nel presente ha un significato cosmico, che ogni momento di scelta morale è un passo verso o lontano dalla realizzazione di una realtà divina. La narrazione del Saoshyant e dell'imminente rinnovamento ispira i credenti a impegnarsi per la purezza dei pensieri e delle azioni, sapendo che i loro sforzi contribuiscono a una più grande vittoria cosmica. Serve come richiamo alla vigilanza, ricordando ai fedeli che, sebbene la battaglia tra Asha e Druj sia antica, la sua conclusione rimane incompiuta e ogni anima ha un ruolo da svolgere per portarla a una giusta fine.

La speranza incorporata nell'escatologia zoroastriana risuona in particolare in tempi di difficoltà, offrendo una visione della giustizia finale quando la giustizia terrena sembra sfuggente. Per coloro che hanno affrontato persecuzioni o sfollamenti, la storia dei tempi finali fornisce una potente rassicurazione che la loro fedeltà non è dimenticata e che un'era più luminosa attende oltre le prove di questo mondo. È questa promessa di rinnovamento che ha permesso allo zoroastrismo di resistere attraverso secoli di avversità, come un faro che guida i suoi seguaci attraverso i tempi più bui.

Mentre le comunità zoroastriane contemplano il loro posto nel mondo moderno, gli antichi insegnamenti sui tempi finali continuano ad avere rilevanza. Essi sfidano i credenti a considerare cosa significhi vivere in allineamento con Asha in un'epoca di rapidi cambiamenti e incertezze. Il messaggio del Saoshyant - che un mondo migliore è possibile se l'umanità sceglie di impegnarsi per ottenerlo - rimane una fonte di ispirazione, anche quando i fedeli sono alle prese con le complessità della vita contemporanea.

Nel dramma in divenire della creazione e del rinnovamento, la visione zoroastriana dei tempi finali serve a ricordare che la lotta per la verità e la rettitudine è senza tempo, dall'alba della creazione agli ultimi giorni dell'esistenza. La promessa di Frashokereti, di un mondo riportato all'ordine divino, continua a risuonare nei cuori di coloro che cercano la luce di Ahura Mazda, offrendo la certezza senza tempo che, per quanto lunga sia la notte, l'alba arriverà, portando con sé il compimento di tutto ciò che è buono.

La visione zoroastriana dei tempi finali prosegue con un'esplorazione più approfondita del giudizio finale e della trasformazione che attende sia i vivi che i morti. In questa narrazione cosmica, il destino di ogni anima si intreccia con il grande destino dell'universo stesso, rivelando l'intimo legame tra le azioni individuali e la lotta globale tra il bene e il male. Il giudizio finale, o l'attraversamento del ponte di Chinvat, è il momento della resa dei conti definitiva, in cui il peso delle proprie azioni e scelte viene misurato con precisione infallibile. Ahura Mazda, insieme a entità divine come Mithra, presiede a questo momento, guidando le anime verso i risultati meritati.

Il ponte di Chinvat funge da soglia metafisica tra il mondo materiale e i regni spirituali. Per coloro la cui vita è allineata con Asha - verità, rettitudine e ordine divino - si dice che l'attraversamento sia agevole e che li conduca in regni di luce e gioia. L'Avesta descrive questa esperienza con immagini poetiche, in cui l'anima viene accolta dalla sua Daena, una controparte spirituale che assume la forma di una bella fanciulla, incarnando le virtù coltivate durante la vita dell'individuo. Questo viaggio conduce a Garōdmān, la Casa del Canto, dove i giusti dimorano in eterna comunione con Ahura Mazda.

Al contrario, coloro che si sono allontanati dal sentiero di Asha e hanno abbracciato Druj - falsità, inganno e caos - trovano la traversata pericolosa. Quando tentano di attraversare il ponte Chinvat, questo si restringe sotto i loro piedi, trasformandosi in un passaggio simile a una lama che li fa precipitare in un abisso di oscurità. Per queste anime, il Daena appare come una figura spaventosa e sfigurata, manifestazione delle azioni negative accumulate durante la loro esistenza terrena. Esse vengono trascinate in un regno di sofferenza, noto come Duzakh o inferno zoroastriano, dove sperimentano le conseguenze delle loro azioni in uno stato purgatoriale. Tuttavia, anche questo stato non è eterno, poiché lo zoroastrismo crede nella possibilità di una purificazione finale attraverso il Frashokereti.

Il concetto di Frashokereti, o "fare meraviglioso", è centrale per la speranza escatologica dello zoroastrismo. Questo evento cosmico significa il ripristino della creazione al suo stato originale e incorrotto. Il Saoshyant, insieme ad altri leader spirituali, svolge un ruolo cruciale in questo processo di rinnovamento, conducendo una battaglia finale contro i resti dell'influenza di Angra Mainyu. Non si tratta di un semplice scontro fisico, ma di una lotta spirituale in cui le forze della luce e della verità si sforzano di ripulire l'universo dal male persistente. È un processo che trascende il tempo e che culmina nella vittoria finale del bene e nella dissoluzione di ogni forma di sofferenza.

Durante il Frashokereti, il fuoco del giudizio viene acceso sulla terra, simbolo della purificazione divina. Il fiume fuso, che scorre sulla terra, brucia le impurità, raffinando sia il mondo fisico che l'essenza spirituale di tutti gli esseri. Per i giusti, questo fuoco è una carezza, un caldo abbraccio che consolida il loro legame con Asha. Per i malvagi, invece, è una prova bruciante che li costringe a confrontarsi con le conseguenze delle loro scelte. Tuttavia, nel pensiero zoroastriano, anche questa sofferenza ha uno scopo redentivo, poiché prepara tutte le anime all'unità finale con l'ordine divino.

Nel mezzo di questa purificazione, si dice che il Saoshyant compia la resurrezione dei morti, riportando tutte le anime nei loro corpi per sperimentare in prima persona il rinnovamento del mondo. Questo momento è rappresentato come una riunione dei vivi e dei defunti, in cui le famiglie e le comunità si riuniscono ancora una volta, condividendo la gioia di un mondo rinato. La terra viene descritta come rimodellata in un luogo di perfetto equilibrio, dove gli elementi - terra, acqua, fuoco e aria - esistono nelle loro forme più pure, liberi dalla corruzione dell'influenza di Angra Mainyu.

Con la sconfitta di Angra Mainyu, il tempo stesso si trasforma. Il concetto di tempo come ciclo infinito di creazione e distruzione lascia il posto a una nuova era di beatitudine immutabile. Questo periodo, spesso definito "Nuovo Tempo", è caratterizzato dalla cessazione di ogni forma di decadimento e di morte. In quest'epoca, il mondo non soffre più del passare del tempo, ma esiste in uno stato di eterna primavera, dove la natura fiorisce e tutti gli esseri vivono in armonia. La presenza di Ahura Mazda si realizza pienamente, permeando ogni aspetto dell'esistenza, e la distinzione tra il regno materiale e quello spirituale si dissolve in unità.

Questa visione di un mondo eterno e armonioso non è solo un concetto teologico, ma anche una profonda guida etica per gli zoroastriani. Essa rafforza l'importanza di contribuire a questo rinnovamento finale attraverso le azioni quotidiane, allineandosi con Asha e resistendo alle tentazioni di Druj. La promessa di Frashokereti serve a ricordare che ogni piccolo atto di bontà, ogni scelta verso la verità, è un passo verso la trasformazione finale del mondo. Ispira i credenti a vivere come agenti del cambiamento cosmico, sapendo che i loro sforzi sono parte di una narrazione divina che si estende oltre la loro vita.

Gli insegnamenti zoroastriani sui tempi finali sottolineano anche la natura comunitaria di questa speranza escatologica. Il rinnovamento del mondo non è un'esperienza solitaria, ma un viaggio collettivo. Quando le comunità si riuniscono in attesa di Frashokereti, riflettono sulle storie di antichi eroi e martiri che hanno resistito all'invasione delle tenebre. Questa memoria condivisa rafforza la loro determinazione, collegando le loro lotte attuali alla più ampia saga del cosmo. Feste come il Nowruz, che segna il Capodanno persiano, diventano momenti per celebrare non solo il rinnovamento della natura, ma anche la promessa di un futuro in cui tutta la creazione sarà restaurata.

Tuttavia, all'interno di questa visione cosmica si nasconde una dimensione profondamente personale. Il viaggio verso i tempi finali è in definitiva un cammino che ogni individuo deve percorrere. Gli insegnamenti sul Saoshyant e sul Frashokereti sfidano ogni credente a confrontarsi con le proprie lotte interiori, a discernere la propria posizione tra Asha e Druj. L'idea che il Saoshyant possa nascere da qualsiasi persona di vera convinzione funge da richiamo all'azione, esortando ogni seguace a sforzarsi di raggiungere l'eccellenza morale e l'intuizione spirituale. È un messaggio che trascende i confini del tempo, risuonando con coloro che cercano un significato in un mondo in continua evoluzione.

In un contesto moderno, la visione zoroastriana dei tempi finali offre una contro-narrazione alla disperazione e al nichilismo. Propone che le sfide del presente, per quanto schiaccianti, siano solo il preludio di una trasformazione più profonda. È un invito a perseverare nelle avversità, a vedere oltre la superficie degli eventi e a riconoscere l'operato nascosto della giustizia divina. Per molti zoroastriani di oggi, questi insegnamenti costituiscono un'ancora spirituale tra le incertezze della diaspora e le mutevoli maree del cambiamento globale.

Il potere duraturo di questa visione risiede nella sua capacità di bilanciare la gravità della lotta cosmica con un messaggio di speranza. Non rifugge dal riconoscere la realtà della sofferenza, ma insiste sul fatto che questa sofferenza non è senza scopo. Attraverso la lente di Frashokereti, il dolore e la perdita diventano parte di un processo di perfezionamento, che porta a un futuro in cui tutte le cose trovano il loro giusto posto nell'ordine di Asha. Questa fede in una riconciliazione finale tra bene e male, in cui anche le forze più ostinate del caos vengono alla fine sottomesse, offre un senso di chiusura al lungo e arduo viaggio dell'esistenza.

Gli insegnamenti sui tempi finali continuano a plasmare la pratica zoroastriana, ricordando ai credenti che la storia della creazione si sta ancora svolgendo. I capitoli finali devono ancora essere scritti e ogni individuo ha un ruolo da svolgere nel determinare il modo in cui la narrazione raggiunge la sua conclusione. La promessa di un mondo rinnovato da Frashokereti non è una fantasia lontana, ma una tradizione viva, tramandata nei secoli, che attende di essere realizzata attraverso le azioni dei fedeli. È un invito a rimanere vigili, ad alimentare la sacra fiamma della saggezza di Ahura Mazda e a prepararsi per l'alba di una nuova era in cui le tenebre non ci saranno più.

In questo modo, la visione zoroastriana dei tempi finali rimane una profonda testimonianza della resilienza dello spirito umano, una dichiarazione che, nonostante le prove della storia, la speranza resiste. Invita tutti coloro che ascoltano il suo messaggio a guardare oltre il momento presente, a vedere i modelli divini intessuti nel tessuto della realtà e a confidare che, alla fine, la luce trionferà.

Capitolo 21
Canti rituali

Nello zoroastrismo, i canti sacri e gli inni che fanno parte delle pratiche rituali sono più che semplici parole; sono ponti che collegano il regno terreno con il divino. Ogni suono, ogni intonazione, porta con sé una potenza spirituale, che si ritiene risuoni con l'ordine cosmico stabilito da Ahura Mazda. Al centro di questi suoni c'è lo Yasna, un canto liturgico che funge da pietra miliare del culto zoroastriano. È una preghiera profonda che invoca gli elementi, gli spiriti e gli esseri divini che sovrintendono all'ordine del mondo. Lo Yasna non è una semplice recita, ma una performance rituale, in cui la parola parlata diventa uno strumento per invocare energie spirituali e favorire l'armonia tra il mondo materiale e quello spirituale.

I canti dello Zoroastrismo, tradizionalmente intonati in Avestan, l'antica lingua liturgica, sono ritenuti portatori di un potere intrinseco. In queste invocazioni, ogni sillaba è considerata una forza vibrazionale che interagisce con i regni invisibili, guidando la mente del praticante verso l'allineamento con Asha. Questa tradizione si è conservata nei secoli attraverso la precisa trasmissione da maestro a discepolo, sottolineando l'importanza dell'accuratezza della pronuncia e della melodia. Gli antichi Mobed, o sacerdoti, dedicano anni a padroneggiare queste recitazioni, comprendendo che il loro ruolo di custodi di questi canti è cruciale per mantenere il legame tra l'umanità e il divino.

La cerimonia dello Yasna è un rituale intricato che richiede concentrazione e disciplina. Condotta attorno a un fuoco centrale, la cerimonia prevede la preparazione dell'haoma, una pianta sacra considerata dotata di proprietà spirituali. Mentre il sacerdote canta i versi sacri, l'haoma viene consacrato e offerto al fuoco, simboleggiando un ponte tra gli elementi fisici e la luce spirituale di Ahura Mazda. Attraverso questo processo, i canti rituali purificano lo spazio, creando un rifugio spirituale dove la presenza divina può essere percepita. Questo atto di canto non solo consacra le offerte, ma purifica anche i cuori di coloro che vi partecipano, rinnovando il loro legame con Asha.

Oltre allo Yasna, altri canti come i Gatha occupano un posto speciale nel culto zoroastriano. Si ritiene che i Gatha siano le parole stesse di Zarathustra e la loro recitazione è considerata una forma di comunione con gli insegnamenti del profeta. Questi inni riflettono la visione di Zarathustra di un mondo governato dai principi di verità, rettitudine e giustizia e si dice che la loro melodia porti con sé l'essenza delle sue rivelazioni spirituali. I Gatha non vengono semplicemente recitati, ma vengono vissuti: ogni strofa offre strati di significato che si dispiegano attraverso la cadenza ritmica del canto. Per i fedeli zoroastriani, l'atto di cantare i Gatha è un modo per interiorizzare la saggezza del profeta, permettendogli di guidare le loro azioni quotidiane.

Il canto, nello zoroastrismo, viene spesso eseguito collettivamente, trasformando la devozione individuale in un atto di culto comune. Nei templi del fuoco, le voci della comunità si alzano insieme, tessendo un arazzo di suoni che si ritiene purifichi l'ambiente dalle energie negative. Questo aspetto comunitario rafforza i legami tra i membri della comunità zoroastriana, creando uno spazio condiviso di rifugio spirituale. I canti servono a ricordare la responsabilità collettiva di sostenere Asha e di resistere alle influenze di Druj, promuovendo un senso di unità che trascende l'individuo.

Il potere del suono nei rituali zoroastriani è profondamente legato al concetto di Manthra, un termine che si riferisce a un'espressione sacra o a una preghiera che incarna il potere spirituale. Il Manthra non riguarda solo le parole in sé, ma anche l'intenzione che vi sta dietro, lo stato interiore del praticante mentre parla. Si dice che un Manthra pronunciato correttamente possa invocare le benedizioni divine, offrendo protezione contro il caos di Angra Mainyu. In questo senso, l'atto di cantare diventa un atto di creazione, plasmando la realtà attraverso la parola pronunciata e allineando lo spirito del praticante con l'ordine cosmico.

Anche la connessione tra il canto e la natura è enfatizzata nella pratica zoroastriana. Molti degli inni onorano gli elementi naturali - acqua, terra, aria e fuoco - riconoscendoli come manifestazioni sacre della creazione di Ahura Mazda. Si ritiene che questi canti mantengano l'armonia tra gli esseri umani e il mondo naturale, assicurando che ogni elemento rimanga in equilibrio. La riverenza mostrata a questi elementi attraverso i canti sacri evidenzia l'impegno degli zoroastriani a preservare il mondo naturale, parte integrante del loro dovere spirituale.

Nel corso dei secoli, i canti zoroastriani si sono adattati ai contesti culturali e geografici della diaspora. In India, tra la comunità Parsi, la tradizione dei canti è stata preservata con una devozione meticolosa, assicurando che le antiche melodie continuino a risuonare nei templi di fuoco lontani dalle loro origini persiane. Questo adattamento non è solo una questione di conservazione, ma anche di resilienza, un modo per la comunità zoroastriana di mantenere la propria identità in un mondo che è cambiato drasticamente dai tempi di Zarathustra. I canti diventano un legame vivo con il passato, un mezzo per portare avanti l'essenza della spiritualità zoroastriana nel presente.

I canti svolgono anche un ruolo nei riti di passaggio, segnando momenti significativi nella vita di uno zoroastriano. Dalla cerimonia di iniziazione del Navjote, in cui un bambino viene accolto nella fede, alle recitazioni solenni che accompagnano il viaggio di un'anima oltre il ponte di Chinvat, questi canti forniscono conforto, guida e un senso di continuità. Ricordano alla comunità che ogni vita individuale è parte di un viaggio spirituale più grande, interconnesso con la lotta cosmica tra Asha e Druj.

Mentre lo zoroastrismo naviga nelle complessità del mondo moderno, il ruolo del canto rituale continua ad evolversi. La conservazione di queste antiche melodie in un'epoca di rapidi cambiamenti è vista come un dovere sacro, una testimonianza della resilienza della cultura zoroastriana. Tuttavia, al di là della conservazione, si riconosce che i canti devono rimanere attuali, offrendo nutrimento spirituale alle nuove generazioni che cercano un significato in un mondo frenetico. La sfida sta nel bilanciare la necessità di mantenere intatte queste tradizioni con il desiderio di renderle accessibili a una comunità di credenti globalizzata.

In un'epoca in cui molti giovani zoroastriani crescono lontano dai templi dell'Iran e dell'India, gli sforzi per insegnare questi canti hanno abbracciato nuovi metodi. Le registrazioni dello Yasna e dei Gatha vengono condivise online, raggiungendo coloro che non possono partecipare di persona ai rituali. Workshop e incontri in tutto il mondo si concentrano sull'insegnamento della corretta pronuncia e comprensione dei Manthra, assicurando che la profondità spirituale dei canti non vada persa nella traduzione. Questi sforzi riflettono un impegno più ampio a mantenere viva la fiamma dello zoroastrismo, assicurando che i suoni sacri che un tempo riecheggiavano negli antichi templi del fuoco continuino a risuonare nei cuori dei fedeli.

Così, la tradizione dei canti rituali zoroastriani rimane un filo vitale nell'arazzo della fede, collegando il praticante moderno a un lignaggio che risale all'alba dei tempi. Ci ricorda che, in un mondo in costante cambiamento, alcune cose durano nel tempo, come il potere di una parola sacra, pronunciata con devozione, che sale come incenso verso la luce eterna di Ahura Mazda.

Il ruolo del canto rituale nello zoroastrismo è intessuto nel tessuto della vita spirituale, estendendosi oltre la semplice recitazione nel regno della profonda risonanza metafisica. Ogni canto porta con sé il peso della tradizione, un filo che lega ogni generazione alle antiche pratiche ispirate per la prima volta dagli insegnamenti di Zarathustra. Mentre lo Yasna e i Gatha sono centrali, altri canti - ognuno con la propria melodia e intonazione - svolgono ruoli specifici nel quadro spirituale dei rituali zoroastriani. Questi canti hanno il potere di consacrare, purificare e richiamare la presenza divina nei momenti di preghiera e meditazione.

Tra questi ci sono il Niyash e lo Yashts, preghiere che rendono omaggio agli spiriti divini associati agli elementi naturali e agli esseri celesti. Ogni canto è un'invocazione, un richiamo alle energie divine che governano la creazione. Il Niyash, ad esempio, viene cantato per onorare il sole, la luna e le acque, riconoscendo i loro poteri vitali e il loro posto nell'ordine cosmico. Attraverso questi canti, gli zoroastriani esprimono gratitudine e riverenza per i doni divini della natura, riaffermando il loro ruolo di amministratori della creazione di Ahura Mazda. I modelli melodici del Niyash riecheggiano i ritmi del mondo naturale, creando un senso di unità tra l'adoratore e il divino.

Gli Yasht, invece, sono inni più intricati dedicati a singole divinità, come Mithra, il guardiano delle alleanze, o Anahita, la dea delle acque. Ogni Yasht è un arazzo di antiche narrazioni mitologiche, lodi e invocazioni, che fondono il poetico con il mistico. Quando vengono cantati durante cerimonie speciali, si ritiene che gli Yasht invochino il favore di queste entità spirituali, offrendo protezione, benedizioni e guida. Le cadenze degli Yasht, con i loro tempi e intonazioni variabili, creano un'atmosfera spirituale dinamica, elevando la mente alla contemplazione dei misteri divini.

L'arte del canto nello zoroastrismo riguarda tanto la pronuncia e il ritmo corretti quanto lo stato interiore di chi recita. La disposizione spirituale, o la purezza del cuore, è considerata essenziale per l'efficacia dei canti. In questo senso, l'antica pratica di mantenere la disciplina spirituale prima di entrare nel tempio del fuoco o di partecipare alle cerimonie è di estrema importanza. I Mobed, i custodi di queste tradizioni, si sottopongono a un rigoroso addestramento non solo per padroneggiare le complesse melodie, ma anche per coltivare un allineamento interiore con Asha, la verità e l'ordine che cercano di manifestare attraverso ogni parola pronunciata. Le loro voci hanno una risonanza che si ritiene sia in grado di collegare il temporale con l'eterno.

La trasmissione di queste tecniche di canto da maestro a discepolo è stata storicamente un processo di mentorship profonda, in cui l'attenzione non si concentra solo sull'apprendimento ma sull'incarnazione dei principi spirituali che i canti rappresentano. In questa tradizione, l'atto di ascoltare è importante quanto l'atto di recitare. È attraverso l'ascolto della voce di un Mobed esperto che si assorbono le sottigliezze di ogni canto, permettendo all'iniziato di cogliere la piena profondità del rituale. Questa tradizione orale sottolinea che la conoscenza sacra si trasmette meglio attraverso l'esperienza piuttosto che attraverso il mero studio testuale.

Nelle comunità zoroastriane di tutto il mondo, la conservazione del canto ha dovuto affrontare delle sfide, soprattutto nell'era moderna, dove molte famiglie vivono lontano dai centri di culto tradizionali. In risposta, c'è stato un crescente sforzo per documentare questi canti attraverso registrazioni, assicurando che le giovani generazioni possano accedere e imparare queste melodie sacre anche se sono lontane da un tempio del fuoco. Le piattaforme online sono diventate depositi di queste antiche pratiche, dove le registrazioni dello Yasna, dello Yashts e di altri canti vengono condivise, colmando il divario tra tradizione e modernità.

Questo adattamento degli antichi canti ai media digitali è un riflesso della natura in evoluzione del culto zoroastriano, dove tradizione e tecnologia si incontrano. Queste registrazioni, spesso accompagnate da spiegazioni sui loro significati e sul loro significato spirituale, aiutano i giovani zoroastriani a connettersi con la loro eredità in un modo che si allinea con la vita contemporanea. Nella diaspora, dove gli zoroastriani sono sparsi in tutti i continenti, questo è stato un mezzo cruciale per mantenere un senso di comunità, nonostante le distanze geografiche. Per molti, l'ascolto di questi canti diventa un modo per riconnettersi con le radici della loro fede, per sentire le stesse parole che risuonavano negli antichi templi della Persia.

Tuttavia, la digitalizzazione delle tradizioni di canto porta con sé anche questioni di autenticità e fedeltà. Il delicato equilibrio tra la conservazione delle intonazioni antiche e l'adattamento ai contesti delle nuove generazioni richiede un'attenta considerazione. I Mobed e i leader delle comunità spesso discutono su quale sia il modo migliore per mantenere l'integrità di questi canti, garantendo al contempo la loro accessibilità a coloro che non entreranno mai in un tempio del fuoco. Questa conversazione fa parte di un dialogo più ampio all'interno dello zoroastrismo sulla conservazione della tradizione in un mondo che cambia, dove il desiderio di connessione spirituale deve coesistere con le realtà della vita moderna.

Nonostante queste sfide, il cuore del canto rimane immutato: una pratica che ha lo scopo di elevare, purificare e connettere l'anima con il divino. Anche nella tranquilla solitudine di una casa, lontano dalla presenza di un Mobed, uno zoroastriano può cantare le semplici parole dell'Ashem Vohu o dello Yatha Ahu Vairyo, due dei mantra più antichi e potenti della fede. Queste brevi invocazioni distillano l'essenza della filosofia zoroastriana, concentrandosi sulla verità, la rettitudine e l'eterna lotta per allinearsi con Asha. Per molti zoroastriani, la ripetizione di questi mantra è un promemoria quotidiano del loro cammino spirituale, un momento per centrarsi tra le distrazioni della vita quotidiana.

Il potere del canto si estende ai riti di passaggio, momenti che segnano le fasi della vita degli zoroastriani. La cerimonia del Navjote, l'iniziazione di un giovane zoroastriano alla fede, è accompagnata dal canto di versi sacri, un rituale che simboleggia il passaggio della conoscenza spirituale da una generazione all'altra. Allo stesso modo, durante le cerimonie di matrimonio, i canti benedicono l'unione e invocano la protezione divina per il cammino della coppia. Nei riti finali, quando uno zoroastriano muore, i canti sacri guidano l'anima verso il ponte di Chinvat, offrendo conforto al lutto e assicurando che il defunto sia accompagnato dalle parole sacre della sua fede.

L'impatto dei canti va oltre l'aspetto spirituale e tocca gli aspetti comunitari e culturali della vita zoroastriana. In occasione di feste come il Nowruz, il Capodanno persiano, i canti riempiono l'aria di un senso di rinnovamento e di speranza. Durante questi incontri, l'atto di cantare insieme rafforza i legami tra i membri della comunità, trasformando il semplice atto di recitazione in una potente esperienza collettiva. È in questi momenti che diventa evidente tutta la profondità del rituale zoroastriano: una fede che riguarda tanto l'esperienza comunitaria del divino quanto il viaggio individuale verso l'illuminazione spirituale.

Mentre le comunità zoroastriane continuano ad adattarsi a un mondo globalizzato, la tradizione del canto serve a ricordare il loro legame duraturo con l'antica saggezza di Zarathustra. È un modo per mantenere vive le intuizioni spirituali che sono state tramandate per millenni, assicurando che non svaniscano negli echi della storia. Al contrario, questi canti continuano a risuonare, a volte negli antichi templi del fuoco dell'Iran, a volte nei piccoli raduni delle comunità della diaspora e a volte attraverso gli altoparlanti digitali di chi sta imparando di nuovo le preghiere ancestrali.

In ogni sua forma, il canto rimane una testimonianza dello spirito vivo dello zoroastrismo, una linea ininterrotta di suoni che risale agli albori della fede e si estende verso un futuro sconosciuto. Incarna la convinzione zoroastriana che la parola parlata abbia un potere, un potere che può plasmare, trasformare ed elevare sia l'individuo che il mondo. Attraverso questa tradizione duratura, i canti sacri dello zoroastrismo offrono un percorso di connessione, ricordando che all'interno di ogni voce si nasconde il potenziale per toccare la luce eterna di Ahura Mazda.

Capitolo 22
La diaspora

La storia della diaspora zoroastriana è una storia di resistenza, adattamento e conservazione culturale. Mentre la conquista araba rimodellava il paesaggio persiano, molti zoroastriani affrontarono profondi cambiamenti nel loro status sociale, religioso e politico. Tuttavia, anche di fronte alle avversità, la fede e le tradizioni culturali di questa antica comunità trovarono il modo di sopravvivere, finendo per radicarsi in nuove terre. Questo capitolo approfondisce i viaggi che portarono gli zoroastriani oltre i confini della Persia, le loro lotte per mantenere il loro credo in ambienti stranieri e la creazione di nuove comunità che garantissero la continuità del loro patrimonio spirituale.

Le prime ondate migratorie zoroastriane iniziarono poco dopo la conquista islamica della Persia, nel VII secolo. Poiché i nuovi governanti imposero restrizioni alle pratiche religiose e gli zoroastriani dovettero far fronte a crescenti pressioni per convertirsi, un numero significativo di credenti cercò rifugio in regioni in cui potevano preservare le proprie usanze. Molti fuggirono nelle zone montuose dell'Iran settentrionale, dove sacche di pratiche zoroastriane resistettero per secoli. Altri si spinsero oltre, intraprendendo le pericolose rotte marittime che li condussero sulle coste occidentali dell'India, dove alla fine costituirono una fiorente comunità nota come Parsi.

La migrazione Parsi è uno dei capitoli più significativi della storia della diaspora zoroastriana. Arrivati in Gujarat intorno all'VIII o al IX secolo, i Parsi negoziarono con i governanti locali il diritto di praticare liberamente la loro fede. Una nota leggenda narra che i sacerdoti parsi incontrarono un re locale al quale, dopo aver offerto un recipiente pieno di latte, fu detto che la loro presenza sarebbe stata come l'aggiunta di zucchero al latte, che lo avrebbe arricchito ma non sopraffatto. Questa assicurazione metaforica simboleggiava l'impegno dei Parsi a integrarsi nella loro nuova patria, pur conservando la loro distinta identità religiosa. Nel corso del tempo, i Parsi costruirono templi di fuoco, stabilirono comunità e divennero parte integrante del tessuto culturale dell'India.

Il trasferimento in India permise allo zoroastrismo di fiorire in un nuovo contesto, lontano dalle pressioni subite in Iran. Tuttavia, i Parsi dovettero anche affrontare la sfida di adattare le loro usanze per inserirsi in una società a prevalenza indù e musulmana. Questo adattamento ha richiesto un'attenta negoziazione tra il mantenimento dei principi fondamentali della loro fede e l'accettazione del nuovo ambiente culturale. Hanno conservato gli elementi essenziali dei rituali zoroastriani, dal fuoco sacro alla cerimonia del Navjote, adattando al contempo alcune pratiche per allinearsi al nuovo ambiente. Il risultato fu una vibrante cultura parsi che mantenne la sua peculiarità religiosa e contribuì al contempo alla più ampia società indiana attraverso la filantropia, l'istruzione e il commercio.

Le sfide della diaspora si sono estese oltre le pratiche religiose alla conservazione della lingua e delle tradizioni. La comunità Parsi si sforzò di mantenere l'uso dell'Avestan e del Pahlavi, le antiche lingue delle loro scritture, all'interno del loro contesto religioso, anche se il Gujarati e altre lingue regionali divennero la lingua comune della vita quotidiana. Questa dualità linguistica è diventata un segno distintivo della resilienza culturale della comunità, che simboleggia il legame con una patria lontana e l'impegno a mantenere un lignaggio spirituale che ha attraversato i millenni.

Nel frattempo, in Iran, le comunità zoroastriane continuarono ad affrontare discriminazioni e difficoltà economiche sotto le successive dinastie musulmane. Tuttavia, piccole popolazioni zoroastriane riuscirono a sopravvivere in città come Yazd e Kerman, regioni note per la loro duratura devozione all'antica fede. Qui hanno mantenuto vive le antiche usanze in segreto, proteggendo i loro templi di fuoco e riunendosi per i rituali sotto l'ombra costante delle persecuzioni. Queste comunità, anche se in diminuzione, rappresentavano un legame vivo con il passato zoroastriano della Persia, preservando tradizioni che in seguito avrebbero ispirato un senso di orgoglio e di rinascita tra gli zoroastriani di tutto il mondo.

Il XIX e il XX secolo portarono nuovi cambiamenti, quando le comunità zoroastriane sia in Iran che in India cercarono di ristabilire i legami tra loro e con il mondo intero. In questo periodo aumentarono le interazioni tra i Parsi e gli Zoroastriani dell'Iran, con i Parsi che spesso offrivano assistenza finanziaria alle loro controparti iraniane. Questi scambi erano più che atti di carità: erano sforzi per ricostruire un senso di unità tra zoroastriani separati dal tempo, dalla geografia e dalle circostanze storiche. Queste interazioni hanno contribuito a rafforzare un'identità condivisa, ricordando alle comunità la loro eredità comune e gli insegnamenti universali di Zarathustra.

L'era moderna ha portato anche nuove migrazioni, poiché le opportunità economiche e gli sconvolgimenti politici hanno portato gli zoroastriani a stabilirsi nei Paesi occidentali, tra cui Stati Uniti, Canada, Regno Unito e Australia. Queste nuove comunità della diaspora si trovarono in un'altra fase di adattamento, integrandosi nella società occidentale e cercando di trasmettere le proprie tradizioni alla generazione successiva. Per molti, il trasferimento in Occidente ha rappresentato l'occasione per sfuggire ai pregiudizi che ancora permangono in Iran o per trovare nuove opportunità di istruzione e crescita professionale.

La dispersione degli zoroastriani in varie parti del mondo ha presentato sia opportunità che sfide. In città come Los Angeles, Toronto e Londra, gli zoroastriani hanno formato nuove associazioni e costruito centri culturali per mantenere il loro spirito comunitario. Questi centri sono diventati luoghi di aggregazione, dove le famiglie potevano festeggiare insieme il Nowruz, i giovani potevano conoscere la loro eredità e gli anziani potevano tramandare le storie dei loro antenati. Allo stesso tempo, le pressioni dell'assimilazione e le dimensioni ridotte di queste comunità hanno reso sempre più difficile mantenere le giovani generazioni impegnate nella fede.

Nella diaspora occidentale, gli zoroastriani si trovano spesso ad affrontare il delicato equilibrio tra la libertà di praticare apertamente la propria religione e il rischio di perdere le generazioni più giovani a causa delle influenze secolari delle loro nuove patrie. Molte famiglie si trovano ad affrontare questioni di identità, cercando di preservare i principi fondamentali della loro fede e assicurando al contempo che i loro figli sentano un senso di appartenenza nel loro più ampio contesto sociale. Il risultato è una comprensione dinamica e in evoluzione di ciò che significa essere zoroastriani nel XXI secolo, che attinge agli insegnamenti antichi e al contempo si confronta con le realtà di un mondo globalizzato.

La storia della diaspora zoroastriana è anche una narrazione di scambio culturale. In ogni nuovo ambiente, gli zoroastriani hanno contribuito alle società in cui vivono, dalle influenti attività commerciali e filantropiche dei Parsi in India ai contributi accademici e culturali degli zoroastriani in Occidente. Queste comunità sono diventate esempi viventi dei principi zoroastriani di Asha e Vohu Manah, portando ordine, verità e buone intenzioni nelle loro interazioni con gli altri. La loro enfasi sull'istruzione, la carità e l'integrità ha fatto guadagnare agli zoroastriani la reputazione di essere membri operosi e di principio della società, indipendentemente dal luogo in cui si sono stabiliti.

Tuttavia, con ogni generazione, la sfida di mantenere l'identità zoroastriana diventa più pressante. I leader e gli anziani della comunità sono profondamente consapevoli della necessità di mantenere acceso l'antico fuoco, non solo nel senso letterale delle fiamme sacre dei loro templi, ma come simbolo della duratura luce spirituale di Ahura Mazda. Questa sfida ha ispirato molti a sviluppare nuovi approcci, dalle piattaforme online dove i giovani zoroastriani possono entrare in contatto e conoscere la loro fede, alle iniziative che promuovono la comprensione interculturale e la consapevolezza della storia e della filosofia zoroastriana.

La resilienza della diaspora zoroastriana è in definitiva una testimonianza della forza duratura di una fede che ha attraversato secoli di cambiamenti. Riflette l'adattabilità di una comunità che ha portato l'antica saggezza di Zarathustra attraverso oceani e confini, preservandola attraverso innumerevoli trasformazioni. Ogni generazione della diaspora, in Iran, in India o in angoli remoti dell'Occidente, ha affrontato la domanda su cosa signifìchi essere zoroastriani nel proprio tempo e ognuno ha trovato il modo di rispondere, mantenendo vivo lo spirito della propria antica tradizione e abbracciando al contempo le opportunità del mondo circostante.

La persistenza della diaspora zoroastriana è segnata non solo dall'adattamento, ma anche da un continuo sforzo per tessere la loro antica fede nel tessuto delle nuove patrie. Man mano che la comunità si diffondeva in India, in Occidente e oltre, le sfide per sostenere il proprio patrimonio culturale e religioso si sono evolute. Ogni nuovo contesto richiedeva un delicato equilibrio: mantenere l'essenza del proprio credo e allo stesso tempo navigare nella modernità, abbracciare nuove identità senza perdere i valori fondamentali insegnati da Zarathustra. Questo capitolo approfondisce i contributi, gli adattamenti culturali e le lotte identitarie delle comunità zoroastriane della diaspora, esplorando i loro continui sforzi per mantenere un legame con il loro passato.

In India, la comunità Parsi è diventata una parte significativa del panorama sociale ed economico, contribuendo in particolare all'industria, all'istruzione e alle arti. Pionieri come Jamsetji Tata e Dadabhai Naoroji sono stati determinanti nel plasmare l'ethos industriale e politico dell'India moderna, ma i loro contributi sono sempre stati profondamente intrecciati con i loro valori zoroastriani. La loro filantropia, guidata dal principio di "Hvarshta" (buone azioni), ha lasciato un'eredità duratura sotto forma di istituzioni educative, ospedali e fondazioni culturali che continuano a servire la società. L'enfasi dei Parsi sulla carità e sull'assistenza sociale divenne un segno distintivo della loro identità in India, riflettendo il principio zoroastriano di promuovere il benessere di tutto il creato.

Questo spirito di donazione e di servizio alla comunità, tuttavia, era accompagnato da una tensione interna: il desiderio di mantenere un'identità distinta in mezzo alla più ampia società indiana. Con l'aumento dei matrimoni e dell'assimilazione a pratiche culturali più ampie, la comunità ha dovuto affrontare dibattiti su cosa significasse essere autenticamente Parsi. Queste discussioni ruotavano spesso intorno a questioni come la conservazione dei rituali, l'uso dell'avestan nelle cerimonie religiose e l'adesione agli abiti e ai costumi tradizionali. La questione di chi possa essere considerato zoroastriano o parsi, soprattutto nei casi di eredità mista, ha scatenato dibattiti appassionati, rivelando le profonde preoccupazioni per la diluizione delle loro antiche tradizioni.

In Iran, le lotte delle comunità zoroastriane rimaste hanno assunto un carattere diverso. Sotto l'ombra di un'emarginazione secolare, si sono trovate a lottare per mantenere le loro usanze con risorse limitate. Di fronte alle pressioni culturali, gli zoroastriani di Yazd, Kerman e Teheran hanno cercato di mantenere vive le loro pratiche religiose, salvaguardando i fuochi sacri e riunendosi per i rituali comuni, anche se molti hanno dovuto affrontare l'isolamento sociale. Il periodo post-rivoluzionario in Iran, con la sua attenzione ai valori islamici, ha portato nuove sfide, ma ha anche suscitato un senso di orgoglio e solidarietà tra gli zoroastriani determinati a proteggere la loro identità. Negli ultimi decenni si è assistito a una rinascita dell'orgoglio culturale, con gli zoroastriani in Iran che hanno posto l'accento sulla conservazione dei siti storici e sull'aumento degli sforzi per educare i giovani al loro patrimonio.

Quando le comunità zoroastriane si sono stabilite in Occidente, hanno trovato nuove strade per esprimere la loro identità e condividere il loro ricco patrimonio con gli altri. In città come New York, Londra e Toronto, le associazioni e i centri culturali zoroastriani sono diventati punti focali della vita comunitaria. Qui gli zoroastriani si riuniscono per celebrare feste tradizionali come il Nowruz e il Gahambar, organizzano campi per i giovani e si impegnano in dialoghi interreligiosi che introducono gli altri alla saggezza di Zarathustra. Questi sforzi non si limitano a preservare i rituali, ma rappresentano una missione più ampia per mantenere i valori zoroastriani di verità, rettitudine e armonia in un mondo globalizzato.

L'impegno della diaspora zoroastriana con la tecnologia moderna è stato fondamentale nei loro sforzi per preservare e diffondere la loro eredità. Piattaforme di social media, incontri di preghiera online e archivi digitali hanno permesso ai membri della fede di rimanere in contatto attraverso i continenti. Questa presenza digitale ha permesso di ripensare la comunità, che trascende i confini geografici e promuove un senso di unità tra gli zoroastriani di tutto il mondo. I giovani zoroastriani, in particolare quelli nati nei Paesi occidentali, hanno utilizzato questi strumenti per esplorare la propria identità, cercando un equilibrio tra la propria eredità e il proprio posto nelle società multiculturali. Per molti, questo legame con le proprie radici si è concretizzato nell'esplorazione di testi antichi, nell'apprendimento di canti avestani e nella partecipazione a discussioni su come i valori zoroastriani possano affrontare sfide contemporanee come la sostenibilità ambientale e la giustizia sociale.

L'esperienza della diaspora zoroastriana è stata plasmata anche dal contributo di figure influenti che hanno fatto da ponte culturale. Studiosi, scrittori e leader della diaspora hanno lavorato per interpretare gli insegnamenti zoroastriani in modi che risuonano con il pubblico moderno. I loro scritti e i loro impegni pubblici hanno evidenziato la rilevanza senza tempo di concetti zoroastriani come Asha (verità e ordine) e Spenta Mainyu (spirito di creatività e crescita). Inquadrando lo zoroastrismo come una tradizione che valorizza le scelte individuali, la gestione dell'ambiente e la ricerca della conoscenza, questi leader di pensiero hanno aiutato la diaspora a vedere la propria fede non solo come un'antica eredità, ma come una filosofia con profonde implicazioni per la vita moderna.

Tuttavia, anche con questi progressi, la diaspora zoroastriana è sempre consapevole delle sfide demografiche che la sua comunità deve affrontare. La popolazione zoroastriana globale è esigua e, con il passare delle generazioni, la questione della continuità diventa sempre più pressante. I tassi di natalità all'interno della comunità sono bassi e le regole sui matrimoni misti hanno portato a un'ulteriore riduzione del numero di persone. Ciò ha stimolato una serie di iniziative volte alla costruzione della comunità e all'impegno. Programmi come i campi di leadership giovanile, le associazioni studentesche zoroastriane e i laboratori interculturali sono emersi come mezzi per promuovere un senso di appartenenza tra i membri più giovani. Questi programmi sottolineano l'idea che, sebbene i rituali e le pratiche dello zoroastrismo siano antichi, il modo in cui vengono vissuti può evolversi per soddisfare le esigenze di un mondo in continua evoluzione.

Per molti zoroastriani della diaspora, la conservazione della fede è anche una questione di salvaguardia della memoria culturale. Ciò include gli sforzi per documentare la storia della loro migrazione, le lotte affrontate nelle loro nuove patrie e i contributi che hanno dato alle varie società. Tale documentazione non serve solo come documento storico, ma anche come fonte di ispirazione, ricordando alle nuove generazioni la resilienza e l'adattabilità dei loro antenati. Progetti come le registrazioni di storia orale e gli archivi comunitari sono stati fondamentali per catturare le diverse esperienze degli zoroastriani, assicurando che la loro storia rimanga accessibile alle generazioni future.

Le sfide della diaspora, pur essendo scoraggianti, hanno anche suscitato un senso di rinnovamento all'interno della comunità. Negli ultimi anni si è assistito a un movimento di reinterpretazione dello zoroastrismo in un modo che parla ai valori contemporanei e alle sfide globali. Questo include un'attenzione all'etica ambientale, che risuona con le crisi ecologiche di oggi. L'enfasi zoroastriana sulla conservazione della natura, sul rispetto della purezza degli elementi e sulla vita in armonia con la terra ha trovato nuova rilevanza, ispirando le giovani generazioni a considerare la loro fede come una guida per l'attivismo ambientale.

Questo rinnovamento è evidente anche nel crescente interesse degli studiosi e del pubblico in generale per la storia e gli insegnamenti dello zoroastrismo. L'apertura della comunità a condividere il proprio patrimonio attraverso festival culturali, conferenze pubbliche e collaborazioni accademiche ha contribuito a elevare il profilo dello zoroastrismo sulla scena mondiale. Enfatizzando i temi universali della loro fede - come la lotta tra il bene e il male, il potere della scelta individuale e la ricerca della verità - i zoroastriani hanno posizionato la loro antica tradizione come una fonte di saggezza che parla all'esperienza umana condivisa.

Nel panorama moderno, la diaspora zoroastriana incarna un paradosso vivente: una piccola comunità che porta avanti un'antica tradizione e allo stesso tempo si confronta con le complessità della modernità globale. La loro storia non è una mera sopravvivenza, ma la creazione attiva di un futuro in cui gli insegnamenti di Zarathustra continuano a ispirare. Grazie alla loro resilienza culturale, al loro impegno per l'istruzione e la comunità e alla loro volontà di adattarsi senza perdere di vista le loro radici spirituali, gli zoroastriani di tutto il mondo hanno trovato il modo di mantenere vive le loro tradizioni, offrendo una testimonianza del potere duraturo della fede e della memoria culturale.

La diaspora rappresenta quindi la continuazione di un viaggio iniziato con le rivelazioni di Zarathustra nell'antica Persia, un viaggio che ha attraversato mari e continenti, pur rimanendo profondamente radicato nei principi senza tempo di Asha e Vohu Manah. Per la comunità zoroastriana, il futuro riserva sia incertezze che promesse, e in ogni angolo del mondo in cui arde un fuoco sacro, la storia di resilienza e speranza continua a svolgersi.

Capitolo 23
La conquista islamica della Persia

La conquista islamica della Persia nel VII secolo portò profondi cambiamenti nel paesaggio culturale e religioso della regione, segnando un punto di svolta nella storia dello zoroastrismo. Quando le forze arabe avanzarono, incontrarono una terra profondamente radicata negli antichi insegnamenti di Zarathustra, dove i templi di fuoco zoroastriani punteggiavano il paesaggio e l'Avesta fungeva da luce guida per la vita spirituale e quotidiana. Tuttavia, con l'arrivo dei nuovi governanti islamici, l'ordine sociale fu irrimediabilmente alterato e lo zoroastrismo affrontò la sua sfida più significativa.

All'inizio, la conquista fu segnata da resistenze e conflitti, poiché le forze persiane, guidate dall'Impero sasanide, lottarono per difendere i loro territori. Nonostante i loro sforzi, l'Impero sasanide finì per crollare, sopraffatto dalla potenza militare e dall'acume strategico degli eserciti arabi. La caduta di Ctesifonte, la capitale sasanide, simboleggiò la fine di un'epoca per gli zoroastriani, in quanto aprì la strada al dominio islamico sulla Persia. La sconfitta non significò solo un cambiamento politico, ma segnò l'inizio di una trasformazione nella vita religiosa della regione.

Le prime conseguenze della conquista furono caratterizzate da un periodo di tolleranza, in cui agli zoroastriani fu concesso lo status di dhimmis (non musulmani) che potevano continuare a praticare la loro religione sotto il dominio islamico in cambio del pagamento della jizya, una tassa speciale. Tuttavia, l'imposizione di questa tassa ha comportato un onere economico per le comunità zoroastriane, portando molte di esse ad affrontare la difficile scelta tra la conversione all'Islam o la sopportazione delle difficoltà economiche. Per alcuni, la conversione offriva un percorso di mobilità sociale e un sollievo dalle tasse, ma per altri rappresentava un sacrificio delle loro convinzioni più profonde.

Man mano che i nuovi governanti islamici consolidavano il loro potere, attuavano cambiamenti che incidevano sul tessuto della vita comunitaria zoroastriana. L'influenza dello zoroastrismo cominciò a scemare, mentre le moschee sostituivano i templi del fuoco e l'arabo soppiantava gradualmente il medio persiano come lingua dell'amministrazione e dell'erudizione. La perdita della corte sasanide, che era stata una convinta sostenitrice dello zoroastrismo, lasciò la comunità senza un patrono centrale che ne sostenesse le tradizioni. I sacerdoti zoroastriani, i Mobed, incontrarono crescenti difficoltà nel mantenere i loro fuochi sacri e nel trasmettere gli insegnamenti dell'Avesta alle nuove generazioni.

Tuttavia, nonostante queste pressioni, lo zoroastrismo non scomparve. Le comunità nelle aree rurali e in regioni come Yazd e Kerman divennero rifugi per i fedeli. In queste aree remote, gli zoroastriani cercavano di preservare le loro usanze in segreto, lontano dagli occhi vigili dei nuovi governanti. Le famiglie si riunivano nelle loro case per sussurrare preghiere, recitare versi dell'Avesta e condividere le storie dei loro antenati che avevano seguito il cammino di Zarathustra. I templi di fuoco rimasti divennero non solo luoghi di culto, ma anche simboli di resistenza e identità, dove le fiamme sacre rappresentavano un legame continuo con la loro eredità e la presenza divina di Ahura Mazda.

In questo nuovo contesto, le comunità zoroastriane dovettero adattare le loro pratiche per sopravvivere. I rituali un tempo celebrati apertamente nei grandiosi templi dell'Impero sasanide erano ora condotti con discrezione. Le celebrazioni del Nowruz, che per lungo tempo erano state un evento pubblico che segnava il rinnovamento della vita, divennero più tranquille, ma mantennero il loro significato di momento di riflessione sulla resilienza della loro fede. Il sacro dovere di preservare la purezza del fuoco, dell'acqua e della terra assunse un nuovo significato, poiché gli zoroastriani cercarono di mantenere l'integrità delle loro credenze anche all'ombra di una cultura dominante che cercava di rimodellare il loro mondo.

L'adattamento a questa nuova realtà portò anche dei cambiamenti nella concezione zoroastriana del proprio posto nell'universo. Gli insegnamenti di Asha (ordine cosmico) e l'eterna lotta contro Druj (caos) acquisirono una risonanza più profonda, poiché gli zoroastriani interpretarono le loro mutevoli circostanze come parte di questa battaglia cosmica. La sopravvivenza della loro comunità in mezzo alle avversità era vista come una manifestazione del loro ruolo di guardiani di Asha, un impegno a sostenere la verità e la rettitudine nonostante le sfide imposte dal nuovo ordine sociale. Questa convinzione divenne una fonte di forza, guidando gli zoroastriani attraverso periodi di incertezza e di perdita.

Le sfide per preservare lo zoroastrismo sotto la dominazione islamica si estesero oltre le pratiche religiose alla vita quotidiana. Gli zoroastriani si trovarono emarginati, limitati nelle loro opportunità di istruzione, commercio e vita pubblica. Molti hanno dovuto affrontare discriminazioni e ostracismo sociale, che hanno ulteriormente rafforzato la sensazione di essere una comunità a parte. Questo senso di isolamento portò a un legame comunitario più stretto tra gli zoroastriani, che si appoggiarono l'uno all'altro per ottenere sostegno, forgiando una forte identità collettiva che li aiutò a sopportare i secoli di cambiamenti e sconvolgimenti che seguirono.

Con il passare del tempo, man mano che un numero maggiore di persiani si convertiva all'Islam, la popolazione zoroastriana diminuiva e la conoscenza dei loro antichi testi e delle loro tradizioni diventava sempre più in pericolo. La perdita di manoscritti e tradizioni orali durante questo periodo rappresentò una grave minaccia per la conservazione del patrimonio zoroastriano. Tuttavia, grazie alla dedizione di alcuni fedeli Mobed e studiosi, furono compiuti sforzi per compilare e conservare ciò che rimaneva dei testi sacri. La letteratura Pahlavi, che registrava gran parte del pensiero teologico e filosofico zoroastriano, divenne una fonte cruciale di conoscenza, fungendo da ponte tra l'antico passato pre-islamico e il futuro della fede.

La conquista islamica della Persia non fu solo una storia di declino per lo zoroastrismo; fu una testimonianza della resilienza e dell'adattabilità di una comunità determinata a mantenere la propria identità spirituale. Nel bel mezzo delle trasformazioni politiche e sociali, gli zoroastriani mantennero il loro legame con gli antichi insegnamenti di Zarathustra, adattando le loro pratiche alle realtà del nuovo ambiente senza mai abbandonare i principi fondamentali della loro fede. Grazie alla perseveranza, sono riusciti a mantenere viva l'essenza del loro credo, assicurando che la fiamma della loro tradizione continuasse a bruciare, anche se più flebile di prima.

Questo capitolo esplora le complesse dinamiche di questo periodo, riflettendo sulle strategie di sopravvivenza e di adattamento che gli zoroastriani utilizzarono mentre navigavano in un mondo trasformato da nuovi governanti e nuove ideologie. Fa luce sulle esperienze di coloro che scelsero di rimanere fedeli al loro antico cammino nonostante le sfide, e su come la loro resilienza divenne una base per le comunità zoroastriane che avrebbero continuato a resistere, sia in Persia che oltre i suoi confini.

La conquista islamica, quindi, rappresenta un momento cruciale nella storia dello zoroastrismo, non solo come momento di perdita, ma anche come crogiolo in cui l'identità della comunità è stata rimodellata e riaffermata. Ha posto le basi per la migrazione degli zoroastriani in nuove terre, come l'India, dove sarebbero diventati noti come Parsi, e per l'emergere di una diaspora che avrebbe portato il loro credo nel futuro. È una storia di lotta, di adattamento e soprattutto di un impegno duraturo verso gli ideali di Asha e gli insegnamenti di Zarathustra, anche di fronte alla formidabile marea della storia.

Le conseguenze della conquista islamica della Persia hanno lasciato segni profondi nella comunità zoroastriana, trasformandone le pratiche religiose, l'identità culturale e i ruoli sociali. Questo capitolo approfondisce la resilienza e le strategie di sopravvivenza degli zoroastriani durante il lungo periodo di dominazione islamica, evidenziando come le loro tradizioni siano state conservate, adattate e talvolta nascoste mentre navigavano in un ambiente difficile e spesso ostile.

Man mano che l'influenza islamica si consolidava in tutta la Persia, le condizioni per gli zoroastriani diventavano sempre più difficili. Mentre la conquista iniziale consentiva una certa libertà religiosa attraverso lo status di dhimmi, i periodi successivi videro aumentare la pressione per conformarsi alle norme islamiche dei nuovi governanti. Gli zoroastriani, essendo una minoranza in una società prevalentemente musulmana, dovettero affrontare non solo oneri economici come la tassa jizya, ma anche stigma e restrizioni sociali. Le loro pratiche religiose, che un tempo fiorivano apertamente in grandiosi templi di fuoco, venivano ora condotte con discrezione per evitare persecuzioni o interferenze da parte delle autorità.

Nonostante queste sfide, la comunità zoroastriana è rimasta fedele ai principi fondamentali della propria fede, conservando l'essenza dei propri rituali e delle proprie credenze. Un aspetto chiave di questa conservazione fu il ruolo dei Mobed, o sacerdoti zoroastriani, che divennero non solo leader spirituali ma anche custodi della conoscenza. Essi memorizzavano e trasmettevano meticolosamente i versetti dell'Avesta, mantenendo la tradizione orale anche quando i testi scritti diventavano sempre più rari e spesso venivano nascosti per evitare la confisca o la distruzione da parte di chi li vedeva come reliquie di una religione superata.

In comunità isolate, lontane dai centri politici dei califfati islamici, gli zoroastriani trovarono una misura di sicurezza per continuare le loro pratiche. Città come Yazd e Kerman divennero bastioni della cultura zoroastriana, dove si potevano ancora ascoltare i rituali dello Yasna e le preghiere ad Ahura Mazda. Queste enclavi fungevano da santuari dove i templi del fuoco venivano conservati, anche se con molta meno magnificenza rispetto ai tempi dell'Impero sasanide. I fuochi sacri, simboli della presenza divina, continuarono a bruciare, diventando potenti simboli della resistenza zoroastriana.

In questi tempi di avversità, la teologia zoroastriana si evolse per riflettere le esperienze della comunità. Il concetto di Asha (ordine, verità) e la sua eterna lotta contro Druj (caos, falsità) acquisirono nuovi strati di significato, poiché gli zoroastriani interpretarono la loro emarginazione sociale e politica come parte di una lotta cosmica. Questa prospettiva ha fornito una fonte di resilienza, in quanto la comunità si vedeva come i sostenitori della verità in un mondo sempre più dominato da altre credenze. Questa visione ha anche favorito un senso di isolamento spirituale, ma ha rafforzato la determinazione della comunità a preservare la propria identità unica.

L'adattamento dei rituali alle nuove condizioni fu un elemento cruciale per la continuità dello zoroastrismo. Mentre le celebrazioni pubbliche come il Nowruz venivano ridotte, molte famiglie continuavano a celebrare queste occasioni nell'intimità delle loro case, tramandando le usanze alle nuove generazioni. I Gahambar - feste stagionali che celebravano la creazione di elementi come l'acqua, la terra e il fuoco - rimasero centrali nel calendario zoroastriano, anche se con riti più semplici. Queste celebrazioni servivano come momenti di solidarietà comunitaria, in cui venivano raccontate le storie di Zarathustra e degli antichi re di Persia, mantenendo viva la memoria della loro eredità.

La segretezza che circonda le pratiche zoroastriane si estendeva allo studio dei testi religiosi. Le scritture Pahlavi, scritte in una lingua non più molto diffusa, divennero sia un deposito di antica saggezza sia uno strumento per tenere nascosta la conoscenza religiosa ai non appartenenti alla comunità. Testi come il Denkard e il Bundahishn, che fornivano commenti teologici e approfondimenti cosmologici, venivano copiati e studiati in angoli tranquilli, assicurando che gli insegnamenti di Zarathustra non andassero persi nel tempo. L'enfasi della comunità zoroastriana sull'istruzione, anche in questo contesto ristretto, aiutava a mantenere un legame con le proprie radici spirituali.

Man mano che gli zoroastriani si adattavano alle nuove circostanze, le loro interazioni con la cultura islamica circostante portarono a sottili cambiamenti nelle loro pratiche. Alcune usanze zoroastriane assorbirono le influenze delle tradizioni islamiche persiane, mescolando gli elementi pur mantenendo un quadro teologico distinto. Questa fusione non era un segno di resa ma una strategia di sopravvivenza, che permetteva agli zoroastriani di navigare nella loro doppia identità di sudditi persiani di un califfato islamico e di seguaci di una fede antica. Tuttavia, sono rimasti vigili nel preservare gli aspetti fondamentali della loro religione, come la riverenza per il fuoco, la recita di antiche preghiere e i principi etici dei buoni pensieri, delle buone parole e delle buone azioni.

L'esistenza dello zoroastrismo in questo periodo dipendeva anche dalla sua capacità di adattarsi ai cambiamenti delle strutture sociali ed economiche. Molti zoroastriani si dedicarono ai mestieri e all'artigianato, spesso lavorando come artigiani, tessitori e mercanti, occupazioni che consentivano loro di operare in modo piuttosto indipendente dalle attività economiche principali dominate dalle corporazioni musulmane. Grazie a questi ruoli, furono in grado di mantenere un certo grado di stabilità economica, assicurando che la loro comunità potesse sostenere la manutenzione dei templi del fuoco rimasti e l'educazione delle generazioni future alla dottrina zoroastriana.

Le sfide dell'era islamica stimolarono anche la migrazione, portando alcuni zoroastriani a cercare rifugio oltre i confini della Persia. Questo movimento, soprattutto verso l'India, pose le basi per la nascita della comunità Parsi, che sarebbe diventata un centro vibrante della vita zoroastriana nei secoli successivi. Tuttavia, coloro che rimasero in Persia continuarono a sostenere le loro tradizioni, nonostante le pressioni dell'assimilazione. La storia della loro perseveranza è una testimonianza del loro profondo impegno nei confronti degli insegnamenti di Zarathustra e della loro speranza in un tempo in cui la loro fede potesse tornare a fiorire apertamente.

La sopravvivenza dello zoroastrismo di fronte alla conquista islamica illustra una complessa interazione tra adattamento e resistenza. Gli zoroastriani in Persia non accettarono passivamente il loro status ridotto, ma trovarono il modo di negoziare il loro posto all'interno di una società trasformata. Hanno mantenuto le loro tradizioni, anche se si sono adattati alle nuove realtà, assicurando che il nucleo delle loro credenze potesse durare nei secoli. La loro resilienza ha permesso allo zoroastrismo di persistere, anche in un mondo in cui i loro antichi templi e testi sacri sembravano sul punto di scomparire.

Questo capitolo evidenzia come, attraverso queste sottili forme di resistenza, la comunità zoroastriana abbia preservato la propria essenza spirituale e abbia gettato le basi per futuri sforzi di rivitalizzazione. Le strategie impiegate - che vanno dal culto clandestino alla reinterpretazione delle loro lotte come parte di una più ampia narrazione cosmica - dimostrano il potere duraturo della fede e dell'identità di fronte a un profondo sconvolgimento culturale. Sebbene la conquista islamica abbia rimodellato radicalmente il paesaggio della Persia, non ha spento la fiamma del credo zoroastriano, che ha continuato a bruciare, offrendo un faro di speranza e continuità a coloro che seguivano ancora il cammino di Zarathustra.

Capitolo 24
La filosofia del libero arbítrio

Nella visione del mondo zoroastriana, il concetto di libero arbitrio è fondamentale e dà forma al paesaggio spirituale ed etico in cui ogni individuo naviga nella propria esistenza. A differenza delle tradizioni deterministiche, lo zoroastrismo pone una profonda enfasi sul potere di scelta, considerandolo un dono divino concesso da Ahura Mazda. Questo capitolo analizza come gli insegnamenti di Zarathustra articolano questo principio e il modo in cui si intreccia con la lotta cosmica tra Asha (ordine, verità) e Druj (caos, falsità).

Fin dai primi passi delle Gatha, gli inni di Zarathustra all'interno dell'Avesta, il tema del libero arbitrio emerge come un aspetto determinante del rapporto dell'umanità con il divino. Il messaggio di Zarathustra è chiaro: ogni persona ha la capacità di scegliere tra il bene e il male e questa scelta non è solo un privilegio, ma un sacro dovere. Il mondo, secondo la visione degli insegnamenti zoroastriani, è un campo di battaglia in cui le scelte umane fanno pendere la bilancia a favore dell'ordine o del caos, allineandosi con le forze della luce o delle tenebre.

Al centro di questa filosofia c'è il ruolo degli esseri umani come agenti morali all'interno del grande ordine cosmico. Ahura Mazda, in quanto divinità suprema, ha creato un mondo in cui la lotta tra verità e falsità è sempre presente. Tuttavia, non ha dettato il risultato; piuttosto, ha affidato a ogni anima la responsabilità di scegliere. Quest'idea contrasta con altre credenze antiche che spesso ponevano il destino nelle mani di divinità capricciose o di forze cosmiche predeterminate. Nello Zoroastrismo, gli esseri umani sono visti come co-creatori del loro destino, capaci di plasmare il loro destino attraverso pensieri, parole e azioni.

Questa fede nell'agenzia morale degli individui è racchiusa nella triade "Humata, Hukhta, Hvarshta" - Buoni pensieri, buone parole, buone azioni. Questo principio guida sottolinea che ogni pensiero, ogni parola pronunciata e ogni azione intrapresa ha delle conseguenze, non solo per l'individuo ma anche per il mondo in generale. Scegliere di agire in accordo con Asha, quindi, non è solo una scelta morale personale, ma un contributo al mantenimento dell'ordine cosmico. Al contrario, soccombere a Druj è visto come un aiuto alle forze dell'oscurità, che contribuisce allo squilibrio dell'universo.

La nozione di libero arbitrio è anche strettamente legata alla concezione zoroastriana della ricompensa e della punizione dopo la morte. L'attraversamento del ponte di Chinvat, dove l'anima viene giudicata, non è una semplice prova di adesione alle leggi religiose, ma una valutazione della somma totale delle scelte fatte nel corso della vita. È qui che il peso delle proprie decisioni determina se l'anima sale alla Casa del Canto (il Paradiso) o cade nell'abisso delle tenebre. Il ponte, stretto per i malvagi e largo per i giusti, simboleggia la chiarezza o la confusione di una vita vissuta nella verità o nella falsità.

Tuttavia, la dottrina del libero arbitrio nello zoroastrismo non viene inquadrata come una fonte di ansia o di peso. Al contrario, si tratta di un messaggio di forza, che offre la speranza che anche il più piccolo atto di bontà contribuisca al trionfo della luce sulle tenebre. Gli insegnamenti di Zarathustra celebrano il potenziale di ogni individuo di produrre un cambiamento, sia nel suo mondo interiore che nella più ampia lotta cosmica. La convinzione che ogni azione sia importante rafforza il senso di scopo e di agenzia, guidando gli zoroastriani a vedersi come partecipanti attivi al piano divino piuttosto che come destinatari passivi del destino.

Questo senso di agency si estende oltre l'individuo, fino alle responsabilità collettive della comunità. Lo zoroastrismo sottolinea che i fedeli, unendosi in atti di culto, carità e manutenzione dei templi del fuoco, rafforzano Asha collettivamente. Il ruolo della comunità è quello di incoraggiare ogni membro a fare scelte che riflettano i valori di verità, purezza e armonia con il mondo naturale, che è anche considerato un'incarnazione dell'ordine divino. Questa responsabilità condivisa coltiva una cultura in cui la libertà di scegliere è bilanciata dalla consapevolezza che ogni scelta si ripercuote sul tessuto dell'universo.

Il ruolo di Ahura Mazda in questo contesto non è quello di un dio distante o punitivo, ma di un creatore compassionevole che desidera una collaborazione con la sua creazione. La saggezza divina di Mazda offre una guida, attraverso i testi sacri e gli insegnamenti dei Mobed, ma non impone nulla. Invita invece gli individui a esercitare il proprio libero arbitrio con saggezza, ad allinearsi con l'ordine divino e a diventare guerrieri della luce nella continua battaglia contro l'inganno di Angra Mainyu. Questa prospettiva posiziona Ahura Mazda come una figura che rispetta l'autonomia umana, offrendo sostegno attraverso l'intuizione spirituale e permettendo a ogni anima di tracciare il proprio cammino.

La lotta tra Asha e Druj non è solo esterna ma anche profondamente interna, una battaglia condotta nel cuore e nella mente di ogni seguace. Gli insegnamenti zoroastriani spesso paragonano questa lotta alla cura di un fuoco sacro all'interno di ogni persona. Proprio come le fiamme nei templi del fuoco richiedono cura e vigilanza per rimanere pure e luminose, allo stesso modo gli individui devono proteggere i loro pensieri e i loro desideri dall'invasione delle tenebre. Il libero arbitrio è lo strumento con cui i fedeli zoroastriani mantengono vivo il loro fuoco interiore, bruciando la falsità e accendendo la luce della verità.

Attraverso questa comprensione del libero arbitrio, lo zoroastrismo presenta una profonda filosofia morale che intreccia le scelte individuali con l'ordine cosmico. Insegna che ogni decisione, per quanto piccola, contribuisce all'equilibrio dell'universo. Questa filosofia si pone come una chiamata all'azione, esortando ogni persona a riconoscere la propria capacità di plasmare il mondo circostante, a vedere ogni momento come un'opportunità per affermare la vita, la verità e la presenza duratura della luce in mezzo alle ombre.

Come viene analizzato nel capitolo, l'enfasi sul libero arbitrio nel pensiero zoroastriano non solo ha plasmato la visione del mondo dei suoi seguaci, ma ha anche risuonato con tradizioni filosofiche più ampie che cercano di comprendere la natura della scelta e della responsabilità umana. Questo impegno con il concetto di libero arbitrio fornisce le basi per il prossimo capitolo, che approfondirà le tensioni tra libertà e destino all'interno della filosofia zoroastriana, esplorando come queste idee continuino a evolversi nelle moderne interpretazioni della fede.

L'interazione tra libero arbitrio e destino nel pensiero zoroastriano offre un ricco arazzo di contemplazione filosofica. Al centro di questa esplorazione c'è una tensione: la libertà intrinseca concessa agli esseri umani da Ahura Mazda e la grande visione di un mondo plasmato dalle forze cosmiche. Questo capitolo analizza il modo in cui lo zoroastrismo ha affrontato questa tensione, riflettendo sugli antichi insegnamenti, sui dibattiti tra gli studiosi e sulle interpretazioni moderne che mantengono queste idee attuali.

Uno dei dibattiti centrali della filosofia zoroastriana riguarda i confini della libertà umana nel contesto di un piano cosmico divinamente orchestrato. Se da un lato gli insegnamenti zoroastriani esaltano la capacità degli individui di scegliere il proprio cammino, dall'altro affermano che Ahura Mazda, il saggio creatore, ha previsto la vittoria finale della luce sulle tenebre. Questo apparente paradosso - in cui le azioni umane sono libere ma l'esito della lotta cosmica è preordinato - ha ispirato generazioni di pensatori zoroastriani a riflettere sulla natura del destino.

Nel pensiero zoroastriano, il concetto di Frashokereti, il rinnovamento del mondo, rappresenta il punto di arrivo di questo piano divino. È il momento in cui tutta la creazione viene purificata e riportata a uno stato di armonia sotto il dominio di Ahura Mazda. Tuttavia, il cammino verso questo rinnovamento non è un semplice svolgersi del destino. È concepito come un viaggio che richiede la partecipazione attiva dell'umanità. I fedeli sono chiamati ad allineare la loro volontà ai principi di Asha, a combattere le forze di Druj e a tendere verso questo futuro divino attraverso le loro scelte quotidiane.

Gli insegnamenti di Zarathustra suggeriscono che, sebbene Frashokereti sia inevitabile, non lo è il ruolo che ogni individuo svolge nel processo. Le scritture sottolineano che i tempi e la natura di questo rinnovamento dipendono dalle scelte morali cumulative fatte dagli esseri umani. La volontà divina non è quindi coercitiva; piuttosto, invita alla cooperazione, offrendo un destino che l'umanità deve scegliere di abbracciare. È attraverso questo allineamento volontario con Asha che gli zoroastriani partecipano al piano divino, accelerando il trionfo del bene.

Nel corso dei secoli, gli studiosi zoroastriani hanno cercato di articolare questo equilibrio tra predestinazione e libero arbitrio. Alcuni lo hanno paragonato a un giardiniere che cura un giardino. Ahura Mazda, in qualità di giardiniere divino, stabilisce le condizioni - sole, terreno, pioggia - che permettono alle piante di crescere, ma è la scelta di ogni seme, lo sforzo di ogni pianta, a determinare la sua crescita. Gli esseri umani, quindi, sono come semi nel giardino del mondo, che crescono in base alle loro scelte, anche se il giardiniere divino veglia sul più ampio svolgersi delle stagioni.

Questa analogia si estende anche al concetto di ponte di Chinvat, che collega il regno terreno al mondo spirituale. Il giudizio che le anime devono affrontare quando attraversano il ponte riflette la somma delle loro azioni liberamente scelte. Tuttavia, anche in questo caso, gli insegnamenti zoroastriani lasciano spazio alla misericordia divina, riconoscendo che, sebbene gli esseri umani siano vincolati dalle loro scelte, la saggezza di Ahura Mazda trascende la comprensione umana, consentendo un equilibrio tra giustizia e compassione. Questa prospettiva è stata un punto di conforto per molti zoroastriani, offrendo la speranza che, anche quando le scelte umane vacillano, la visione divina rimane quella della restaurazione finale.

Nelle interpretazioni contemporanee dello zoroastrismo, l'enfasi sul libero arbitrio continua a risuonare, soprattutto quando la fede incontra le idee moderne sull'autonomia, l'etica e la responsabilità personale. Gli zoroastriani di oggi riflettono spesso su come la loro antica tradizione affronti questioni come la gestione dell'ambiente, la giustizia sociale e i diritti individuali. Il messaggio che le scelte di ciascuno possono avere un impatto sul mondo in generale si allinea con i movimenti contemporanei che sostengono la cittadinanza attiva e la vita etica.

Per molti zoroastriani moderni, la lotta tra Asha e Druj viene interpretata non solo come una battaglia metafisica, ma anche come un invito ad affrontare questioni tangibili come il cambiamento climatico, la disuguaglianza sociale e la conservazione del patrimonio culturale. Il concetto di libero arbitrio consente ai credenti di considerarsi agenti del cambiamento, facendo eco all'antico invito di Zarathustra a scegliere la via della verità e della rettitudine. Questo impegno dinamico con il mondo permette allo zoroastrismo di mantenere una voce rilevante nelle conversazioni etiche globali, evidenziando il significato duraturo dei suoi insegnamenti sulla libertà e sulla responsabilità.

Tuttavia, questa moderna enfasi sull'autonomia solleva anche nuove domande. Come si fa a mantenere un senso di libertà individuale pur riconoscendo il peso di una tradizione che parla di destino cosmico? Come si adattano i principi dello zoroastrismo a un mondo in cui molti vedono il destino meno divino e più plasmato dalle forze socio-politiche? Queste domande rispecchiano i dialoghi interni che hanno plasmato a lungo le comunità zoroastriane, favorendo una tradizione viva che si evolve pur rimanendo radicata nei suoi valori fondamentali.

L'esperienza zoroastriana moderna riflette il desiderio di armonizzare l'autonomia personale con la ricerca comunitaria di Asha. Nelle comunità della diaspora, dove spesso è necessario adattarsi a nuovi contesti culturali, l'enfasi sul libero arbitrio diventa una fonte di forza. Permette agli zoroastriani di affrontare le sfide del mantenimento dell'identità e dell'integrazione in società diverse, incoraggiandoli a fare scelte che onorano sia la loro eredità sia le realtà delle loro nuove case.

Per le giovani generazioni di zoroastriani, le riflessioni filosofiche sul libero arbitrio diventano un ponte tra tradizione e modernità. Trovano negli insegnamenti di Zarathustra una convalida del loro desiderio di una vita significativa, in cui le loro azioni hanno un significato che va al di là dell'individuo e risuona con la più ampia narrazione cosmica. L'idea che le scelte di ciascuno contribuiscano al dispiegarsi di un piano divino fornisce un senso di scopo in un mondo che spesso appare incerto e frammentato.

L'esplorazione del libero arbitrio all'interno dello zoroastrismo, sia nelle sue radici antiche che nelle sue interpretazioni moderne, sottolinea l'interazione dinamica tra l'agenzia umana e la saggezza divina. È una filosofia che incoraggia sia l'umiltà che il potere, chiedendo ai fedeli di riconoscere i propri limiti e allo stesso tempo di abbracciare il loro potere di plasmare il mondo. Questa dualità, in cui coesistono il libero arbitrio e il destino divino, costituisce una pietra miliare dell'identità zoroastriana, invitando i credenti a percorrere un cammino che sia allo stesso tempo auto-diretto e allineato con le verità eterne di Asha.

Quando si passa da questo terreno filosofico, la narrazione si sposta verso il più ampio impatto culturale dello zoroastrismo sulla società persiana. Il prossimo capitolo inizierà a tracciare come questi principi spirituali di libero arbitrio, ordine e lotta cosmica abbiano lasciato il segno nell'arte, nell'architettura e nella letteratura della Persia, rivelando l'eredità indelebile del pensiero zoroastriano nel tessuto culturale della regione. Attraverso questo viaggio, vedremo come i valori zoroastriani abbiano superato i confini religiosi, dando forma a un patrimonio culturale che continua a ispirare il mondo di oggi.

Capitolo 25
Influenza sulla cultura persiana

I fili dello zoroastrismo sono intessuti profondamente nel ricco arazzo della cultura persiana. Dalla grandiosa architettura degli antichi palazzi all'intricata poesia che riecheggia nei secoli, l'influenza di questa antica fede ha plasmato l'identità culturale della Persia in modi profondi. Seguire questo impatto significa seguire l'ombra degli insegnamenti di Zarathustra attraverso i secoli, osservando come i valori di Asha, la lotta cosmica contro Druj e la riverenza per il divino trovino espressione nelle arti, nelle strutture sociali e persino nei valori non detti che definiscono la vita persiana.

Al centro di questa influenza culturale c'è l'enfasi zoroastriana sulla dualità, l'eterna interazione tra luce e tenebre, bene e male. Questo concetto non è solo un costrutto teologico, ma ha ispirato il simbolismo presente nelle arti visive della Persia. Negli antichi rilievi persiani e nei motivi architettonici emerge spesso il tema della lotta tra ordine e caos. L'immagine del Faravahar, con la sua forma alata che rappresenta il viaggio dell'anima umana verso la verità divina, è un motivo che si è mantenuto nell'iconografia persiana, simboleggiando la connessione tra il terreno e lo spirituale.

Nell'architettura dell'antica Persia, la venerazione zoroastriana per gli elementi naturali come il fuoco e l'acqua diventa evidente. I templi del fuoco, con le loro fiamme sacre, servivano non solo come luoghi di culto, ma anche come centri di comunità e coesione culturale. Il loro design riflette il principio zoroastriano secondo cui il fuoco, in quanto simbolo di purezza, deve essere protetto dagli elementi pur rimanendo un legame visibile con Ahura Mazda. Questa attenzione alla protezione del sacro, pur permettendo alla sua luce di brillare verso l'esterno, rispecchia i valori di equilibrio e rispetto che permeano la società persiana. Anche nell'Iran moderno, i resti di questi antichi templi e della loro influenza sono visibili nella progettazione architettonica degli spazi pubblici e privati, dove l'equilibrio tra forma e funzione porta con sé l'eco di questi antichi principi.

L'influenza dello zoroastrismo si estende oltre la pietra e la struttura; canta attraverso la poesia e la letteratura della Persia. Le opere dei poeti persiani classici, come lo Shahnameh di Ferdowsi, l'epopea dei re persiani, portano con sé i fili della cosmologia e dei valori morali zoroastriani. Ferdowsi, che scrisse molto tempo dopo che lo zoroastrismo aveva cessato di essere la religione di Stato, attinse agli antichi miti e alle storie degli eroi zoroastriani e delle battaglie tra luce e oscurità. I suoi versi, intessuti di immagini della giustizia divina e dell'eterna lotta contro l'inganno, riecheggiano gli imperativi morali predicati da Zarathustra. Attraverso queste opere, gli ideali zoroastriani di coraggio, verità e lotta per la giustizia sono stati preservati e celebrati, anche quando il paesaggio religioso della Persia si è trasformato.

Anche la celebrazione di feste come il Nowruz, il Capodanno persiano, rivela un'eredità zoroastriana che precede di millenni l'Islam. Il Nowruz, radicato nella cosmologia zoroastriana, segna la rinascita della natura e il trionfo della luce sulle tenebre con l'arrivo della primavera. Sebbene oggi sia abbracciato da molti gruppi culturali e religiosi diversi, le radici zoroastriane della festa sono evidenti nei rituali che la accompagnano, che onorano gli elementi, accendono candele e si concentrano sul rinnovamento e sulla purificazione. Questa celebrazione non è solo un momento di gioia, ma anche un riflesso dell'antica credenza nella natura ciclica dell'esistenza, dove ogni rinnovamento è un'occasione per allinearsi più strettamente con Asha.

Nel campo del governo, l'antico concetto persiano di regalità era fortemente influenzato dagli ideali zoroastriani. La nozione di Shahanshah, o "Re dei Re", era intrecciata con l'idea che un sovrano dovesse incarnare i principi di Asha. Un re giusto doveva essere il riflesso dell'ordine divino sulla terra, governando con saggezza ed equità come servitore di Ahura Mazda. Questa convinzione ha plasmato l'ideologia imperiale persiana, dall'Impero achemenide alla dinastia sasanide, dove i re spesso si ritraevano come prescelti da Ahura Mazda, in lotta contro le forze del caos. Le incisioni rupestri e le iscrizioni di queste epoche, come quelle di Persepoli, testimoniano questa dimensione spirituale del governo, in cui il potere terreno è visto come un'estensione dell'armonia cosmica.

L'influenza dello zoroastrismo si manifesta anche nelle pratiche culturali quotidiane della società persiana, in particolare nel rispetto della pulizia e nell'enfasi sulla verità, che erano i principi centrali degli insegnamenti di Zarathustra. Pratiche come l'uso dell'incenso per la purificazione delle case, l'osservanza di rituali per onorare gli elementi e l'importanza attribuita al parlare in modo veritiero riflettono una continuità di valori zoroastriani che si è mantenuta sottilmente attraverso le generazioni, anche quando il contesto religioso della Persia si è evoluto. Questi valori hanno plasmato le norme sociali, favorendo una cultura che valorizza l'onore, l'ospitalità e le responsabilità etiche dell'individuo nei confronti della comunità.

Anche il tradizionale giardino persiano, noto come paradiso o pairi-daeza, si rifà al simbolismo zoroastriano. Questi giardini erano progettati per rappresentare l'ideale di un ordine celeste sulla terra: un'oasi di armonia, dove l'acqua scorre liberamente e le piante crescono in abbondanza, riflettendo la creazione divina prevista da Ahura Mazda. Lo spazio chiuso del giardino simboleggiava la lotta per mantenere l'ordine e la bellezza contro il caos incombente del deserto, proprio come la battaglia spirituale contro Druj. Questa estetica di armonia con la natura rimane un elemento caro all'arte e all'architettura persiana, che influenza tutto, dal disegno urbano alla disposizione dei cortili familiari.

Inoltre, l'impatto culturale dello zoroastrismo è visibile nella musica persiana che, proprio come gli antichi canti rituali, cerca spesso di creare un ponte tra il mondo materiale e quello spirituale. Le melodie tradizionali portano l'eco delle invocazioni ad Ahura Mazda, celebrando i temi della natura, dell'amore e dell'eterna danza tra luce e tenebre. La musica è servita da tramite per la trasmissione dei temi zoroastriani, offrendo un ricordo sottile ma duraturo dell'antica visione del mondo che un tempo guidava il popolo persiano.

Esplorando questi strati di influenza, diventa chiaro che lo zoroastrismo ha lasciato un segno indelebile nel paesaggio culturale persiano. Ha plasmato una visione del mondo al tempo stesso mistica e pratica, in cui il cosmico e il mondano si intrecciano. Questa influenza perdura, non solo nei resti di pietra degli antichi templi o nelle parole di poeti venerati, ma nel ritmo stesso della vita nell'Iran moderno, dove gli antichi echi degli insegnamenti di Zarathustra possono ancora essere ascoltati, anche in mezzo ai cambiamenti portati dal tempo.

Il prossimo capitolo continuerà questa esplorazione, approfondendo come lo zoroastrismo abbia influenzato le correnti intellettuali e artistiche della letteratura e della filosofia persiana classica e come gli echi di questa antica fede continuino a plasmare l'identità iraniana moderna. Man mano che si procede, la narrazione rivelerà l'eredità duratura del pensiero zoroastriano, tracciando il modo in cui esso si è fatto strada nel cuore culturale e intellettuale della Persia, dando forma a un patrimonio che trascende i confini religiosi e il tempo.

Gli echi del pensiero zoroastriano si estendono oltre i monumenti fisici e le strutture storiche, risuonando profondamente nelle tradizioni intellettuali e artistiche della letteratura persiana classica. Questa influenza è più di una vestigia di antiche credenze; è una corrente che ha plasmato l'immaginazione filosofica e poetica della Persia, conferendo una profondità unica alla sua eredità letteraria. Poeti, filosofi e studiosi persiani hanno attinto ai temi zoroastriani, esplorando i misteri dell'esistenza, la natura del bene e del male e l'ordine cosmico attraverso la lente degli antichi insegnamenti di Zarathustra.

Nella poesia di Rumi, Hafez e Saadi, il dualismo che definisce la cosmologia zoroastriana - luce e tenebre, verità

(Asha) e inganno (Druj) - trova una nuova espressione, anche se questi poeti scrivono nel contesto della Persia islamica. I loro versi, pieni di metafore della luce come verità divina che illumina l'anima e delle tenebre come velo di ignoranza, portano con sé un senso di fondo dell'eterna lotta che lo zoroastrismo aveva articolato secoli prima. L'immagine del fuoco come simbolo di purezza spirituale e l'anelito dell'anima a ricongiungersi con una luce superiore riecheggiano i rituali zoroastriani in cui il fuoco è il mezzo attraverso cui si manifesta il divino. Questa sottile continuità mostra come le idee zoroastriane abbiano permeato il pensiero persiano, plasmando un paesaggio spirituale ricco di strati di significato.

Il concetto di ordine divino, centrale nello zoroastrismo, permea anche la filosofia persiana. Pensatori come Avicenna (Ibn Sina) e Suhrawardi si impegnarono a fondo con l'idea di un universo ordinato, attingendo sia dall'antica cosmologia zoroastriana sia dalle tradizioni filosofiche più recenti che si mescolavano in Persia. La filosofia dell'illuminazione di Suhrawardi, ad esempio, è intrisa della metafora della luce come simbolo della conoscenza e della verità divina. Sebbene Suhrawardi operasse all'interno di un contesto islamico, la sua enfasi sull'emanazione della luce da una fonte centrale ha una notevole somiglianza con i concetti zoroastriani di Ahura Mazda come luce della creazione, una presenza che pervade e dà ordine al cosmo.

Nella letteratura persiana classica, le narrazioni epiche come lo Shahnameh non sono semplici cronache di re ed eroi, ma testimoniano l'influenza della visione zoroastriana del mondo sull'etica della regalità e della leadership. Le figure leggendarie di Rustam e di altri eroi sono rappresentate non solo come guerrieri, ma come difensori di Asha, che si sforzano di mantenere la giustizia e l'equilibrio nel mondo. Nel tessere questi antichi racconti, Ferdowsi ha fatto in modo che il senso zoroastriano di responsabilità morale - in cui la lotta contro il caos è un dovere divino - rimanesse una parte fondamentale dell'identità persiana. Attraverso la sua epopea, le antiche storie della creazione, della lotta tra il bene e il male e gli insegnamenti di Zarathustra hanno continuato a risuonare tra i lettori persiani anche molto tempo dopo la caduta ufficiale dello zoroastrismo come religione di Stato.

Questa influenza non si limita alla letteratura e alla filosofia, ma si estende ai codici sociali e all'etica che hanno plasmato la cultura persiana nel corso dei millenni. I concetti di mehr (amore, amicizia) e dad (giustizia) che sono alla base dell'etica persiana riflettono gli ideali zoroastriani, sottolineando l'importanza dell'armonia comunitaria, della carità e della giustizia sociale. Questi valori, derivati dagli insegnamenti di Zarathustra, sono incorporati nel modo in cui la società persiana ha tradizionalmente affrontato l'ospitalità e il rispetto reciproco, creando una cultura che valorizza l'interconnessione di tutte le vite.

Man mano che la cultura persiana si è evoluta, ha continuato a fondere e reinterpretare questi elementi zoroastriani con nuove influenze, creando un'identità sincretica unica. Per esempio, le tradizioni mistiche persiane spesso descrivono il viaggio dell'anima come un percorso verso la luce, una ricerca della fiamma interiore che rispecchia le nozioni zoroastriane della scintilla divina all'interno di ogni individuo. Questo viaggio è visto come un ritorno all'unità primordiale, riecheggiando le idee zoroastriane sulla responsabilità dell'anima di allinearsi con Asha e respingere le tentazioni di Druj. Anche quando il misticismo persiano assunse forme islamiche, l'attenzione zoroastriana per la luce, il fuoco e la purificazione interiore rimase uno strato fondamentale nelle narrazioni spirituali dell'epoca.

L'influenza dello zoroastrismo nel plasmare la lingua persiana è un'altra testimonianza della sua eredità duratura. Molti termini e modi di dire della lingua persiana che si riferiscono ai concetti di verità, ordine e purezza traggono le loro origini dal vocabolario teologico zoroastriano. Parole come Asha (verità, rettitudine) si sono evolute ma mantengono la loro risonanza, guidando sottilmente il quadro morale entro cui la società persiana discute di virtù ed etica. Anche le espressioni usate nella vita quotidiana, come le benedizioni o i riferimenti agli elementi naturali, portano con sé echi della riverenza zoroastriana per le dimensioni fisiche e spirituali del mondo.

La continuità degli elementi zoroastriani nella cultura persiana ha anche giocato un ruolo nella formazione dell'identità iraniana moderna, in particolare nel modo in cui gli iraniani si considerano custodi di un'antica eredità precedente all'Islam. Nell'Iran moderno, feste zoroastriane come il Nowruz sono celebrate non solo per il loro significato culturale, ma anche come simbolo di continuità, ricordo di un passato in cui i re persiani governavano con mandato divino secondo i principi di Asha. Queste feste sono diventate un punto di orgoglio e un marcatore di identità culturale, sottolineando un profondo legame con le radici pre-islamiche del Paese. Questo senso di continuità culturale è evidente nell'orgoglio di molti iraniani per le antiche rovine di Persepoli e nella riverenza con cui considerano figure come Ciro il Grande, il cui governo fu plasmato dagli ideali zoroastriani di giustizia e rettitudine.

Anche nella diaspora, i simboli e i valori zoroastriani continuano a fungere da ponte tra passato e presente, offrendo una fonte di identità a coloro che cercano di mantenere un legame con la propria eredità. Le comunità persiane di tutto il mondo hanno attinto ai concetti zoroastriani per affrontare la vita in nuove terre, utilizzando questi antichi insegnamenti come bussola morale e legame con le proprie radici culturali. Ciò ha permesso allo zoroastrismo di mantenere la sua attualità, non come un sistema di credenze statico, ma come una tradizione viva che si adatta e si evolve.

La sintesi filosofica e culturale emersa in Persia ha creato un'eredità in cui lo zoroastrismo, pur non essendo più la fede dominante, continua a plasmare il paesaggio spirituale e intellettuale. È un'eredità in cui gli antichi insegnamenti si fondono perfettamente con le tradizioni più recenti, in cui gli echi delle parole di Zarathustra risuonano nei canti dei poeti, nei disegni dei giardini e nelle meditazioni dei filosofi. È un'eredità che persiste nel modo in cui la cultura persiana valorizza l'equilibrio tra il mondo materiale e quello spirituale, tra l'azione e la riflessione, tra la ricerca della conoscenza e il perseguimento della verità interiore.

In questo modo, lo zoroastrismo ha dimostrato di essere più di un capitolo della storia della Persia; è un filo che attraversa l'intero tessuto della cultura iraniana, una costante che resiste in mezzo ai cambiamenti. Ha lasciato un segno indelebile nelle espressioni artistiche e intellettuali della civiltà persiana, influenzando il modo in cui gli iraniani vedono se stessi e il loro posto nel mondo. Questa profonda impronta culturale rimane una testimonianza della saggezza duratura di Zarathustra, i cui insegnamenti continuano a illuminare lo spirito persiano, guidandolo verso una visione del mondo in cui la luce e la verità sono sempre perseguite.

I prossimi capitoli esploreranno la prospettiva zoroastriana sulla natura, l'etica ambientale e la profonda connessione tra il dovere spirituale e il mondo naturale, evidenziando come gli antichi principi continuino a offrire spunti per la moderna coscienza ecologica. Rivolgendo lo sguardo a questi insegnamenti, scopriremo i modi in cui il rispetto per la creazione, centrale nel pensiero zoroastriano, si allinea con gli sforzi contemporanei per onorare e proteggere l'ambiente.

Capitolo 26
Etica ambientale

Nello zoroastrismo, la natura non è solo uno sfondo per l'esistenza umana: è parte integrante dell'ordine cosmico, un riflesso della creazione divina di Ahura Mazda. Questa antica fede vede il mondo come uno spazio sacro, dove ogni elemento, dalla più piccola goccia d'acqua alle imponenti montagne, è impregnato di significato spirituale. La terra, il cielo, l'acqua, le piante e il fuoco sono tutti considerati sacri e gli zoroastriani hanno la profonda responsabilità di proteggere questi elementi, riconoscendo il loro ruolo di amministratori della creazione.

La riverenza per la natura negli insegnamenti zoroastriani deriva dalla comprensione che il mondo fisico è una manifestazione di Asha, il principio di verità, ordine e rettitudine. Asha governa non solo la moralità umana, ma anche le stesse leggi della natura, allineando i cicli delle stagioni, la crescita dei raccolti e il flusso dei fiumi con uno scopo divino. Il mondo è visto come un campo di battaglia in cui le forze dell'ordine, rappresentate da Asha, devono essere continuamente sostenute contro il caos di Druj, o falsità. In questo contesto, la cura dell'ambiente non è solo una scelta etica: è un dovere spirituale, un atto di devozione che sostiene l'equilibrio cosmico.

Al centro dell'etica ambientale zoroastriana c'è il concetto di Khvarenah, o gloria divina, che si ritiene sia presente in tutti gli aspetti della creazione. Questa energia sacra infonde il mondo naturale, rendendolo una fonte di nutrimento spirituale per l'umanità. Quando gli zoroastriani curano un giardino, proteggono una fonte d'acqua o si prendono cura degli animali, si impegnano in atti che onorano la presenza divina nel mondo che li circonda. Questa prospettiva incoraggia un rapporto armonioso tra l'uomo e l'ambiente, favorendo un senso di interconnessione in cui il benessere della natura è direttamente collegato al benessere dell'anima.

L'acqua, ad esempio, occupa un posto di particolare rilievo nella cosmologia zoroastriana. È venerata come purificatrice e simbolo di vita, rappresentando il flusso delle benedizioni di Ahura Mazda. L'antica pratica dell'Ab-Zohr, un'offerta rituale all'acqua, evidenzia il profondo rispetto degli zoroastriani per questo elemento. Nelle regioni della Persia dove la scarsità d'acqua è sempre stata una sfida, questa riverenza si è tradotta in un'attenta gestione delle risorse idriche. La costruzione di qanat - sistemi di irrigazione sotterranei - da parte delle comunità zoroastriane nell'antichità riflette il desiderio di utilizzare le risorse naturali in modo sostenibile, assicurando che questo prezioso elemento sia preservato per le generazioni future.

Allo stesso modo, la terra è vista come un'entità vivente che deve essere protetta dalla contaminazione e dalla profanazione. Le scritture zoroastriane, come la Vendidad, contengono istruzioni su come trattare la terra con rispetto, sottolineando che non deve essere inquinata da rifiuti o pratiche dannose. L'eliminazione dei corpi, ad esempio, è gestita attraverso l'uso di dakhmas o "Torri del Silenzio", dove i morti vengono esposti agli elementi piuttosto che seppelliti, per evitare di contaminare il suolo. Questa pratica, anche se fraintesa dagli estranei, è radicata nel profondo rispetto zoroastriano per la purezza della terra e per il suo ruolo di forza generatrice di vita.

Il fuoco, altro elemento cruciale della pratica zoroastriana, non è solo un simbolo di illuminazione spirituale, ma anche un richiamo all'energia che alimenta il mondo naturale. La cura riservata ai fuochi sacri nei templi zoroastriani rispecchia la cura che deve essere riservata alle fonti naturali di energia, come il calore del sole e le forze vitali che sostengono la vita. L'imperativo etico di proteggere il fuoco dall'inquinamento si estende metaforicamente al dovere più ampio di mantenere la purezza e la sostenibilità delle risorse della terra.

Anche la venerazione degli animali fa parte dell'etica ambientale zoroastriana. A creature come cani e mucche viene attribuito uno status speciale, in quanto si ritiene che abbiano un legame diretto con l'ordine divino. L'uccisione di animali benefici è considerata un grave peccato nello zoroastrismo, poiché altera l'equilibrio della creazione. Gli zoroastriani sono invece incoraggiati a prendersi cura degli animali, fornendo loro cibo e protezione, riflettendo un'etica più ampia di compassione e rispetto per tutti gli esseri viventi. Questo approccio è evidente negli antichi testi zoroastriani che raccomandano un trattamento etico del bestiame, riconoscendo il loro ruolo nel sostenere la vita umana attraverso l'agricoltura e il nutrimento.

Al di là di queste pratiche specifiche, la visione del mondo zoroastriana incoraggia uno stile di vita che riduce al minimo i danni all'ambiente. La semplicità dei rituali zoroastriani, che spesso prevedono offerte di fiori, frutta e incenso, contrasta con le pratiche che potrebbero sfruttare o degradare le risorse naturali. Questa moderazione è vista come una forma di asha in azione, uno sforzo consapevole per vivere in armonia con il mondo piuttosto che esercitare un dominio su di esso.

Gli insegnamenti zoroastriani sottolineano anche l'importanza di mantenere un ambiente pulito e puro, sia esternamente che internamente. Gli atti rituali di pulizia e purificazione si estendono agli spazi fisici che gli zoroastriani abitano, siano essi case, templi o luoghi pubblici. Questa attenzione alla pulizia non è solo una questione di igiene, ma una disciplina spirituale che rispecchia la più ampia lotta cosmica contro l'impurità e il disordine. Mantenendo pulito l'ambiente circostante, gli zoroastriani credono di contribuire alla lotta contro le forze di Druj, respingendo simbolicamente il caos e il degrado.

Nel mondo moderno, dove la crisi ecologica pone una sfida profonda alla sopravvivenza del nostro pianeta, questi antichi principi offrono una prospettiva attuale. Il rispetto dello zoroastrismo per il mondo naturale, la sua enfasi sulla gestione delle risorse e il suo riconoscimento della sacralità di tutto il creato risuonano profondamente con l'ambientalismo contemporaneo. Mentre le società sono alle prese con i cambiamenti climatici, l'inquinamento e l'esaurimento delle risorse, l'invito zoroastriano a vivere in armonia con la natura serve a ricordare la dimensione spirituale della responsabilità ecologica.

Per gli zoroastriani di oggi, adattare questi antichi insegnamenti alle realtà contemporanee significa bilanciare la tradizione con l'innovazione. Anche se le pratiche dei loro antenati possono non essere tutte applicabili nei contesti moderni, i principi di base del rispetto per la natura e della vita sostenibile continuano a guidare il loro approccio alle questioni ambientali. Nelle comunità di tutto il mondo, gli zoroastriani si impegnano nella piantumazione di alberi, nella conservazione dell'acqua e nella difesa dell'ambiente, cercando di vivere l'antico mandato di proteggere e custodire la creazione di Ahura Mazda.

Questo senso del dovere verso la terra, tramandato per millenni, sottolinea la perdurante attualità dell'etica ambientale zoroastriana. Offre una visione in cui spiritualità e sostenibilità non sono separate, ma intrecciate, in cui la cura del mondo è vista come un riflesso della cura dell'ordine divino stesso. Questa prospettiva incoraggia non solo gli zoroastriani, ma tutta l'umanità a reimmaginare il proprio rapporto con la natura, riconoscendo che, proteggendo la terra, si preserva anche una fiducia sacra.

Nel prossimo capitolo, l'esplorazione dell'etica ambientale zoroastriana ci porterà ad approfondire i modi specifici in cui questi insegnamenti sono stati praticati nel corso della storia e il loro potenziale per ispirare gli approcci moderni alla gestione dell'ambiente. Il viaggio attraverso l'antica saggezza rivela percorsi che possono guidarci nell'affrontare le urgenti sfide ambientali del nostro tempo, traendo forza dai principi duraturi di Asha e dal rispetto senza tempo per il mondo naturale.

Nel corso dei secoli, l'approccio zoroastriano alla conservazione dell'ambiente si è evoluto, riflettendo sia l'antica saggezza sia le mutevoli sfide affrontate dalle loro comunità. I principi di riverenza per la natura e di gestione responsabile sono rimasti costanti, ma l'applicazione di queste idee si è adattata ai contesti delle diverse epoche, soprattutto quando gli zoroastriani sono emigrati e hanno affrontato nuovi paesaggi e condizioni ambientali.

La diaspora zoroastriana, in particolare i Parsi in India, ha portato con sé un rispetto per la natura che era profondamente radicato nella loro fede. Nel subcontinente indiano, il paesaggio era molto diverso dal terreno arido e accidentato dell'antica Persia e gli zoroastriani dovettero trovare nuovi modi per esprimere i loro valori ambientali. L'antico principio di mantenere la purezza di elementi come l'acqua e la terra rimase fondamentale e i Parsi adottarono pratiche che avrebbero preservato la santità di questi elementi nella loro nuova patria.

Un aspetto degno di nota è l'adattamento delle dakhmas, o "torri del silenzio". In India, queste strutture erano accuratamente collocate in contesti naturali, consentendo agli elementi - luce solare, aria e uccelli - di restituire il defunto al ciclo della natura senza contaminare la terra. Sebbene la pratica delle sepolture nel cielo abbia affrontato sfide in epoca moderna, tra cui l'urbanizzazione e le preoccupazioni per la diminuzione della popolazione di uccelli spazzini, la filosofia di fondo rimane: il defunto deve essere restituito alla natura senza alterare l'equilibrio naturale. Questo approccio esemplifica il desiderio zoroastriano di allineare i rituali di morte con l'etica ambientale, minimizzando l'impatto sulla terra.

Oltre alle pratiche di sepoltura, la coltivazione di spazi sacri come i templi Atash Behram e i loro giardini circostanti evidenzia l'enfasi zoroastriana sul verde e sulla conservazione della natura. Questi giardini, spesso pieni di piante rigogliose e di sereni giochi d'acqua, servono a ricordare il legame tra la pratica spirituale e la natura. Offrono uno spazio per la contemplazione e la riunione della comunità, dove la sacralità della terra viene onorata attraverso l'atto di prendersi cura degli esseri viventi. La cura di questi giardini riflette il più ampio impegno zoroastriano a mantenere l'armonia con l'ambiente.

Negli ultimi decenni, con la crescita della consapevolezza globale del degrado ambientale, le comunità zoroastriane hanno trovato nuovi modi per integrare i principi antichi con i movimenti ecologici contemporanei. Questo adattamento è evidente in iniziative come le campagne di piantumazione di alberi organizzate dalle associazioni zoroastriane, gli sforzi per conservare l'acqua nelle regioni aride e i programmi educativi che sottolineano l'importanza di proteggere gli ecosistemi locali. Queste attività moderne sono viste come estensioni dell'antico dovere di sostenere Asha, applicando la saggezza del passato per affrontare le pressanti preoccupazioni del presente.

L'attenzione alla conservazione dell'acqua rimane particolarmente forte, richeggiando gli insegnamenti dell'Avesta, che esaltano l'acqua come forza vitale che deve essere protetta dall'inquinamento. In luoghi come l'Iran, dove la siccità e la scarsità d'acqua sono sfide importanti, gli zoroastriani sono stati coinvolti in progetti comunitari per gestire le risorse idriche in modo sostenibile. Ciò comporta non solo pratiche tradizionali come la manutenzione dei qanat, gli antichi acquedotti sotterranei, ma anche il sostegno a metodi moderni di riciclaggio dell'acqua e di irrigazione efficiente. La venerazione spirituale per l'acqua trova così una nuova espressione in soluzioni tecnologiche volte a preservare questa preziosa risorsa per le generazioni future.

I principi dell'etica ambientale dello zoroastrismo hanno trovato risonanza anche nei movimenti globali per la conservazione dell'ambiente e lo sviluppo sostenibile. Concetti come l'eco-teologia - l'idea che le credenze religiose possano ispirare l'attivismo ambientale - hanno guadagnato terreno, e gli zoroastriani offrono una prospettiva unica radicata nelle loro antiche tradizioni. Sottolineando l'interconnessione di tutte le forme di vita e la responsabilità morale di proteggere il pianeta, gli zoroastriani contribuiscono con una voce che fonde spiritualità e consapevolezza ecologica, sostenendo un mondo in cui la sacralità della natura sia riconosciuta e rispettata.

Inoltre, la credenza zoroastriana nel rinnovamento ciclico del mondo, incarnata nel concetto di Frashokereti, contiene un messaggio potente per l'ambientalismo contemporaneo. Questa visione escatologica descrive un futuro in cui il mondo viene purificato e riportato al suo stato originario di perfezione, libero dalla corruzione del male e dalla decadenza. Questa speranza di rinnovamento della creazione si allinea con le aspirazioni moderne per un futuro sostenibile, in cui le azioni umane possono portare alla guarigione dei danni ecologici e al ripristino dell'equilibrio nel mondo naturale.

Nelle regioni in cui gli zoroastriani sono emigrati, come il Nord America, l'Australia e l'Europa, la loro etica ambientale è stata ulteriormente influenzata dagli sforzi di conservazione locali e dall'enfasi sulla riduzione dell'impronta di carbonio. I giovani zoroastriani, in particolare, sono stati coinvolti nell'attivismo ambientale, creando un dialogo tra il loro patrimonio religioso e gli approcci contemporanei al cambiamento climatico basati sulla scienza. Questo impegno riflette la volontà di reinterpretare gli antichi insegnamenti alla luce delle nuove conoscenze, garantendo che i valori fondamentali del rispetto per la natura continuino a guidare le loro azioni.

Anche il ruolo delle feste ha assunto un nuovo significato nel contesto della coscienza ambientale. Feste come il Nowruz, il capodanno persiano, hanno tradizionalmente comportato rituali che onorano l'arrivo della primavera e il rinnovamento della vita. In tempi moderni, gli zoroastriani hanno utilizzato queste occasioni per promuovere la consapevolezza ambientale, organizzando eventi che sottolineano l'importanza di piantare alberi, pulire gli spazi pubblici e promuovere un più profondo apprezzamento per il mondo naturale. Queste attività fungono da ponte tra la dimensione spirituale ed ecologica dello zoroastrismo, collegando gli antichi riti stagionali con gli appelli contemporanei alla gestione dell'ambiente.

L'evoluzione di queste pratiche non è stata priva di sfide. La tensione tra il mantenimento delle usanze tradizionali e l'adattamento ai nuovi contesti ambientali ha talvolta portato a decisioni difficili all'interno della comunità. Tuttavia, la capacità di adattarsi rimanendo fedeli ai principi fondamentali è stata una caratteristica distintiva della resilienza zoroastriana. Riflette la convinzione che l'essenza di Asha rimanga immutata, anche se i modi in cui viene espressa possono cambiare con il tempo e le circostanze.

L'etica ambientale zoroastriana offre un quadro di visione del mondo che trascende la mera gestione delle risorse. È una visione in cui il mondo naturale è sia un dono che una responsabilità, una fonte di ispirazione spirituale che richiede cura e rispetto. Mentre le comunità globali si confrontano con le realtà del cambiamento climatico, dell'inquinamento e della perdita di biodiversità, l'antica saggezza dello zoroastrismo serve a ricordare che la ricerca della sostenibilità non è solo un'impresa pratica, ma profondamente spirituale.

Esplorando la profondità di questi insegnamenti, scopriamo che lo Zoroastrismo incoraggia una prospettiva in cui gli esseri umani non sono dominatori della terra, ma partecipanti alla sua storia divina, cui è affidato un ruolo umile e sacro. Questa prospettiva invita tutte le persone, indipendentemente dal loro background, a considerare la conservazione dell'ambiente come un dovere morale condiviso e a cercare modi per vivere in armonia con il mondo naturale.

Nei prossimi capitoli, la rilevanza di questi principi ambientali continuerà a manifestarsi. L'integrazione delle antiche credenze con le sfide ecologiche contemporanee offre un percorso in avanti, suggerendo che la saggezza del passato può illuminare la strada verso un futuro più sostenibile e spiritualmente in sintonia. Attraverso la lente dello Zoroastrismo, l'appello a proteggere il nostro mondo risuona non solo come una questione di sopravvivenza, ma come un atto di devozione ai principi duraturi che legano insieme tutta la vita.

Capitolo 27
Verità e onestà

La verità, nello zoroastrismo, non è un semplice concetto, ma l'essenza stessa dell'ordine cosmico, incarnata nel principio di Asha. Asha è la verità fondamentale che sta alla base di tutta la creazione, una legge universale che regola l'equilibrio tra luce e tenebra, bene e male, ordine e caos. Non si tratta di una realtà passiva, ma di una forza dinamica che plasma le azioni di ogni credente, guidandolo verso la rettitudine e l'integrità morale. La comprensione zoroastriana della verità, quindi, permea tutti gli aspetti della vita, costituendo il nucleo della pratica spirituale e dei valori sociali.

Al centro dell'etica zoroastriana si trova la triade Humata, Hukhta, Hvarshta: buoni pensieri, buone parole e buone azioni. Questa triade rappresenta l'incarnazione di Asha nella condotta umana, esortando gli individui ad allineare i loro pensieri, discorsi e azioni con l'ordine cosmico. Pensare con verità significa armonizzare il proprio mondo interiore con i principi divini di Ahura Mazda; parlare con verità significa portare chiarezza e onestà nel mondo; agire con verità significa manifestare Asha nelle interazioni quotidiane.

L'importanza della verità nello zoroastrismo si estende alle responsabilità della comunità e della leadership. Dalle antiche corti degli imperatori persiani alle moderne riunioni delle associazioni zoroastriane, l'aspettativa che i leader sostengano Asha è fondamentale. Le parole di Zarathustra, riportate nei Gatha, sottolineano il dovere dei governanti di agire come pastori del loro popolo, assicurando che il loro governo sia radicato nella giustizia e nella verità. Questa aspettativa non si limita all'autorità politica, ma si manifesta anche nel ruolo dei Mobed, i sacerdoti incaricati di interpretare i testi sacri e di guidare la comunità. Per un Mobed, la veridicità è essenziale non solo nell'esecuzione dei rituali, ma anche nella conservazione degli insegnamenti di Zarathustra, assicurando che la saggezza dell'Avesta sia trasmessa senza distorsioni.

Nella vita quotidiana, la ricerca della verità è un impegno personale per ogni zoroastriano. Questo impegno è particolarmente evidente nell'enfasi posta sull'onestà in tutti i rapporti, sia negli affari che nelle relazioni familiari o nelle interazioni sociali. Nelle comunità zoroastriane tradizionali, la reputazione di un individuo è strettamente legata alla sua adesione ai principi di Asha. Essere conosciuti come persone di verità e integrità è considerato uno degli onori più alti, che riflette una vita che rispecchia l'ordine cosmico.

Il rispetto degli zoroastriani per la verità è evidente anche nelle loro tradizioni giuridiche, dove la verità è un principio centrale. Nell'antica Persia, i procedimenti legali erano intrecciati con i valori religiosi e i testimoni dovevano giurare in presenza del fuoco, simbolo della luce di Ahura Mazda. L'atto di dire il falso era visto non solo come un crimine contro la comunità, ma anche come un tradimento della fiducia divina, un atto che alterava l'equilibrio di Asha e invocava le forze di Druj - la menzogna e l'inganno.

Gli insegnamenti di Zarathustra evidenziano la lotta cosmica tra Asha e Druj, non solo come un conflitto mitologico, ma come una battaglia che si svolge all'interno di ogni individuo. Ogni scelta di sostenere la verità, per quanto piccola, è vista come una presa di posizione contro le tenebre dell'inganno. Nella concezione zoroastriana, il sentiero di Asha è un percorso di disciplina interiore, in cui la mente deve essere vigile contro le tentazioni della falsità, dell'autoinganno e del compromesso morale. Questa vigilanza è considerata una forma di guerra spirituale, che consente di allineare la propria anima con le forze della luce e di respingere le ombre incombenti.

Anche nella sfera privata, l'influenza di Asha modella l'approccio zoroastriano alla riflessione personale e al miglioramento di sé. I seguaci sono incoraggiati a esaminare regolarmente i propri pensieri e le proprie azioni, chiedendosi se siano in linea con i principi della verità. Questa introspezione non ha lo scopo di indurre sensi di colpa, ma di promuovere uno spirito di crescita costante, un desiderio di diventare sempre più in sintonia con la volontà di Ahura Mazda. Attraverso la preghiera e la meditazione, gli zoroastriani cercano di purificare la loro mente dai pensieri che potrebbero portarli fuori strada, riaffermando il loro impegno per una vita vissuta in accordo con l'ordine divino.

Uno dei modi in cui questa attenzione alla verità si manifesta è attraverso il calendario zoroastriano, in particolare in feste come Mehregan e Nowruz, che celebrano il rinnovamento della creazione e il trionfo della luce sulle tenebre. Durante queste celebrazioni, vengono incoraggiati gli atti di riconciliazione e di racconto della verità. Le comunità si riuniscono per risolvere le controversie, ricucire i rapporti interrotti e riaffermare i legami di onestà e fiducia. Questa pratica riflette la convinzione che l'armonia collettiva sia inseparabile dall'integrità individuale; che il benessere della comunità sia direttamente legato al carattere morale dei suoi membri.

Nella diaspora zoroastriana, dove le comunità si sono trovate in contesti culturali diversi, il valore della verità ha fornito una bussola morale. Vivendo come minoranze, spesso in regioni in cui le loro tradizioni non sono familiari, gli zoroastriani si sono affidati al fascino universale della verità come modo per colmare le differenze culturali e costruire relazioni con i loro vicini. Questo impegno per la verità, l'onestà e la correttezza dei rapporti ha aiutato gli zoroastriani a guadagnarsi la reputazione di essere affidabili ed etici, sia nel commercio che nell'istruzione o nel servizio pubblico.

Con l'evoluzione del mondo, sono aumentate anche le sfide per mantenere la veridicità. Nella società contemporanea, gli zoroastriani devono affrontare le complessità della comunicazione moderna, dove la disinformazione e le mezze verità possono diffondersi facilmente. Tuttavia, gli insegnamenti di Asha rimangono una luce guida, offrendo uno standard senza tempo rispetto al quale tutte le affermazioni devono essere misurate. Per molti zoroastriani, questo significa essere consumatori critici di informazioni, applicare un occhio attento ai media che consumano e parlare contro le falsità nella sfera pubblica e privata.

La centralità della verità nello zoroastrismo si estende anche al concetto di Daena, che può essere inteso sia come "visione religiosa" che come "coscienza interiore". Daena rappresenta la luce dell'intuizione che guida la comprensione di Asha da parte di un individuo. È attraverso Daena che una persona percepisce la verità del mondo e il proprio posto all'interno di esso. Nel pensiero zoroastriano, il Daena non è statico; viene alimentato attraverso lo studio, la preghiera e la vita etica. Una Daena forte permette di percepire l'unità di fondo di Asha nell'universo, anche nel caos e nella complessità della vita quotidiana.

Pertanto, l'impegno per la verità nello zoroastrismo non consiste semplicemente nell'evitare bugie o inganni. È un modo di vivere olistico che cerca l'allineamento con le verità più profonde dell'esistenza. Vivendo in accordo con Asha, uno zoroastriano si sforza di portare armonia sia nel suo mondo interiore che in quello circostante, incarnando gli insegnamenti di Zarathustra in ogni interazione. In questo modo, la verità diventa un ponte tra il terreno e il divino, un mezzo con cui gli esseri umani possono partecipare all'eterna danza tra ordine e caos.

Approfondendo l'esplorazione dello zoroastrismo, il prossimo capitolo esaminerà il modo in cui questi principi di veridicità vengono messi in pratica in vari contesti, facendo luce sulle sfide e le ricompense di vivere secondo Asha in un mondo complesso e in continua evoluzione.

I principi zoroastriani di verità e onestà si estendono oltre il regno della moralità personale e toccano tutti gli aspetti della vita sociale e spirituale, influenzando profondamente il modo in cui i seguaci della fede navigano nelle loro interazioni con il mondo più ampio. Per gli zoroastriani, vivere in conformità con Asha, o verità cosmica, significa incarnare l'onestà non solo come virtù individuale, ma anche come ethos comunitario, plasmando il modo in cui le comunità costruiscono la fiducia e affrontano le sfide della modernità.

Negli affari e nel commercio, gli zoroastriani hanno da tempo una reputazione di integrità e sono spesso visti come partner affidabili che danno priorità alla correttezza e alla trasparenza. Questa eredità, che risale all'antica Persia, riflette un profondo valore culturale che considera l'inganno nei rapporti economici come una manifestazione di Druj, la menzogna cosmica. Ingannare nel commercio significa alterare l'equilibrio di Asha, introducendo il disordine nel tessuto delle interazioni umane. Storicamente, questo ha portato i mercanti zoroastriani a stabilire codici di condotta che enfatizzano il commercio equo, la comunicazione onesta e il rispetto dei contratti, creando una base di fiducia che attraversa le generazioni.

L'applicazione di questi principi negli affari non è semplicemente una scelta pragmatica, ma una pratica spirituale. Ogni transazione onesta è vista come un'opportunità per allinearsi alla visione di Ahura Mazda di un mondo giusto e armonioso. In questo modo, le azioni quotidiane diventano una forma di culto, un mezzo per portare l'ordine divino di Asha nel mondo materiale. L'impegno per l'onestà si riflette nelle storie e nei proverbi tramandati all'interno delle comunità zoroastriane, sottolineando che la ricchezza guadagnata con mezzi sinceri porta con sé una benedizione, mentre i guadagni acquisiti con l'inganno hanno un costo nascosto.

All'interno del nucleo familiare, l'onestà è la pietra angolare delle relazioni. Gli insegnamenti zoroastriani incoraggiano una comunicazione aperta tra genitori e figli, coniugi e membri della famiglia allargata. Questa apertura è vista come un modo per alimentare la comprensione reciproca e per promuovere un ambiente domestico che rispecchi la chiarezza e la trasparenza di Asha. I disaccordi devono essere affrontati con uno spirito di sincerità, in cui ciascuna parte cerca di capire e trasmettere la propria prospettiva in modo onesto, senza manipolazioni o programmi nascosti. La casa, in questo senso, diventa un riflesso della più grande lotta cosmica, dove la verità e la trasparenza sono gli strumenti per mantenere l'armonia contro l'invasione dell'incomprensione e della discordia.

Tuttavia, il cammino dell'onestà non è privo di complessità. Nei tempi moderni, gli zoroastriani, come altri, devono affrontare dilemmi etici in cui la verità può entrare in conflitto con la compassione o la privacy. Gli insegnamenti di Zarathustra non prescrivono risposte rigide per ogni situazione, ma sottolineano l'importanza dell'intenzione e della ricerca della rettitudine. Quando si trovano di fronte a scelte difficili, gli zoroastriani sono incoraggiati a riflettere sui principi di Asha, cercando una linea d'azione che sostenga lo spirito della verità e al contempo consideri il benessere degli altri. Questo approccio sfumato riconosce che la veridicità non è sempre diretta e che la saggezza deve guidarne la pratica.

Ne è un esempio l'approccio zoroastriano ai segreti familiari e alle verità sensibili. Nelle situazioni in cui la rivelazione di certe verità potrebbe causare un danno o un'angoscia non necessari, si può ricorrere alla discrezione, purché l'intenzione sia in linea con la compassione e con il più ampio perseguimento di Asha. Questo equilibrio tra verità e gentilezza illustra la profondità dell'etica zoroastriana, che cerca di armonizzare i principi piuttosto che applicarli rigidamente.

In ambito comunitario, il valore dell'onestà è fondamentale per mantenere l'unità e la fiducia. Le riunioni comunitarie zoroastriane, come quelle che si tengono in occasione di feste come il Nowruz o di cerimonie religiose, sono momenti in cui si rafforzano i legami di fiducia all'interno della comunità. Durante questi incontri, lo scambio di storie, insegnamenti ed esperienze personali è spesso incentrato sull'importanza di sostenere la verità di fronte alle sfide esterne, siano esse politiche, sociali o culturali. Attraverso queste narrazioni, i membri della comunità si ricordano del loro impegno comune verso Asha e della forza che deriva dall'integrità collettiva.

Nella diaspora zoroastriana, l'enfasi sull'onestà ha svolto un ruolo cruciale nel mantenere l'identità della fede in mezzo a una diversità di culture e religioni. Quando gli zoroastriani si sono stabiliti in nuove regioni, dall'India all'Occidente, hanno portato con sé la reputazione di essere persone di parola, affidabili, diligenti e corrette. Questa reputazione non solo ha contribuito a stabilire relazioni solide con altre comunità, ma è servita anche a preservare la loro distinta identità culturale e religiosa. L'onestà è diventata un ponte che ha permesso agli zoroastriani di integrarsi mantenendo i loro valori fondamentali, dimostrando che l'adesione ad Asha non è un ostacolo alla coesistenza, ma un percorso verso il rispetto reciproco.

Nell'era digitale, gli zoroastriani devono affrontare nuove sfide per sostenere la verità in un mondo in cui le informazioni sono abbondanti, ma spesso inaffidabili. Gli insegnamenti di Zarathustra, con la loro enfasi sul discernimento e sulla chiarezza, offrono una guida per navigare nella complessità dei media moderni. Gli zoroastriani sono incoraggiati a mettere in discussione le fonti, a cercare una conoscenza che sia in linea con i principi di Asha e a evitare di diffondere falsità. Questo impegno per la verità nel regno digitale è visto come un'estensione dell'antica battaglia tra Asha e Druj, dove le bugie e gli inganni della disinformazione minacciano di distorcere la realtà e creare divisione.

Allo stesso tempo, le comunità zoroastriane hanno utilizzato le piattaforme digitali per promuovere la trasparenza e il dialogo al loro interno, affrontando questioni di governance, leadership e benessere della comunità. In questo modo, la sfera digitale diventa uno spazio in cui i valori della verità e dell'onestà possono essere reimmaginati e adattati, garantendo che i principi senza tempo di Asha rimangano rilevanti in un mondo in continua evoluzione.

Le tradizioni legali dello zoroastrismo, che si sono evolute parallelamente ai suoi insegnamenti etici, continuano a sottolineare la verità come dovere fondamentale. Nei sistemi giuridici zoroastriani tradizionali, i giuramenti e i voti sono considerati sacri e comportano conseguenze spirituali e sociali. Infrangere un voto o testimoniare il falso è visto non solo come una trasgressione contro la società, ma anche come un atto che interrompe l'armonia spirituale dell'universo. Le moderne comunità zoroastriane, anche quelle integrate nei sistemi legali secolari, mantengono un profondo rispetto per il potere della parola, considerando le promesse e gli impegni come estensioni della loro alleanza con Ahura Mazda.

Il concetto di Frashokereti, il rinnovamento finale del mondo nell'escatologia zoroastriana, è profondamente legato alla pratica della verità. Si ritiene che negli ultimi giorni il potere di Asha prevarrà su tutte le forme di Druj, portando a un mondo in cui la verità è assoluta e incontrastata. Questa visione di un futuro in cui l'inganno non ha più potere ispira gli zoroastriani a lottare per la verità nella loro vita, considerando ogni atto onesto come un passo verso questa restaurazione divina. Credono che il loro impegno per la verità nel presente contribuisca a una più grande narrazione cosmica, dove la lotta tra luce e tenebre culminerà in un mondo di perfetta chiarezza.

Pertanto, la verità e l'onestà nello zoroastrismo non sono semplici raccomandazioni etiche, ma impegni profondi che plasmano l'identità e il destino di ogni seguace. Sono fili che si intrecciano attraverso le dimensioni personali, comunitarie e cosmiche della vita, creando un tessuto che collega il mondano al divino. Attraverso la loro dedizione a questi valori, gli zoroastriani continuano a onorare l'eredità di Zarathustra, mantenendo viva la fiamma di Asha in un mondo che mette costantemente alla prova la resistenza della verità.

Questa esplorazione della verità all'interno della tradizione zoroastriana rivela un approccio sfumato e in evoluzione all'onestà, che si adatta alle esigenze di ogni epoca pur rimanendo ancorato a principi senza tempo. I capitoli successivi si rivolgeranno al futuro, esaminando come lo zoroastrismo affronta le sfide di preservare le proprie tradizioni e di adattarsi alle mutevoli dinamiche del mondo moderno.

Capitolo 28
Il futuro dello zoroastrismo

Lo zoroastrismo, una delle più antiche religioni viventi del mondo, si trova ad affrontare una complessa rete di sfide nel suo cammino verso il futuro. Pur essendo radicata in antiche tradizioni e ricca di insegnamenti che hanno guidato i seguaci per millenni, la fede si trova ora a dover affrontare minacce significative alla sua continuità. Al centro di queste sfide ci sono la diminuzione del numero di aderenti, la dispersione geografica delle comunità e la necessità di adattarsi ai rapidi cambiamenti culturali e sociali dell'era moderna.

Il cuore della sfida è la diminuzione del numero di zoroastriani in tutto il mondo. Nella sua patria, l'Iran, dove un tempo lo zoroastrismo occupava una posizione di rilievo, la comunità si è ridotta drasticamente, come risultato di secoli di persecuzioni, migrazioni e pressioni di conversione dopo la conquista islamica. Oggi la popolazione zoroastriana in Iran è una piccola frazione di quella che era un tempo, confinata in poche città e villaggi dove gli echi degli antichi rituali risuonano ancora, ma con toni più pacati. Questa contrazione ha portato a temere l'estinzione, con gli anziani della comunità preoccupati per la perdita della lingua, delle pratiche culturali e dei riti religiosi che sono stati tramandati per generazioni.

Al di fuori dell'Iran, l'India è diventata un centro critico per la vita zoroastriana attraverso la comunità Parsi. I Parsi, fuggiti dalla Persia per evitare le persecuzioni religiose più di mille anni fa, hanno prosperato in India, diventando una delle più importanti comunità zoroastriane della diaspora. Tuttavia, anche tra i Parsi si teme il declino demografico. Con una popolazione ridotta e bassi tassi di natalità, la comunità ha affrontato dibattiti interni su questioni come i matrimoni tra persone e l'inclusione di nuovi membri, lotte che riflettono la tensione tra la conservazione della tradizione e l'accettazione del cambiamento. La questione di chi si qualifica come zoroastriano è diventata un argomento delicato, che divide le opinioni e plasma il futuro della fede.

La dispersione delle comunità zoroastriane, dal Nord America all'Australia, aggiunge un ulteriore livello di complessità. Se da un lato la diaspora ha fornito nuove opportunità di scambio culturale e di diffusione degli ideali zoroastriani oltre i confini tradizionali, dall'altro ha portato alla frammentazione. Le comunità che un tempo prosperavano grazie a strutture sociali affiatate si ritrovano ora sparse in tutti i continenti, ognuna adattandosi ai contesti locali e cercando di mantenere un'identità condivisa. Questa dispersione ha reso necessari nuovi approcci per mantenere la coesione della comunità, con un crescente affidamento sulla comunicazione digitale e sui servizi religiosi online per colmare il divario geografico. Le piattaforme virtuali hanno permesso agli zoroastriani di diverse parti del mondo di connettersi, ma hanno anche evidenziato la sfida di sostenere un senso di unità di fronte alle diverse influenze culturali.

In questo panorama mutevole, alcune delle preoccupazioni più pressanti riguardano l'adattamento delle pratiche antiche alla vita contemporanea. I rituali, le preghiere e le usanze che sono stati fedelmente conservati nel corso dei secoli richiedono spesso una reinterpretazione per rimanere attuali. Ad esempio, le giovani generazioni di zoroastriani, in particolare quelle cresciute nei Paesi occidentali, cercano di integrare la loro fede nella vita quotidiana in modo da adattarla ai valori e agli stili di vita moderni. Ciò ha portato a discussioni sul ruolo dell'uguaglianza di genere nello zoroastrismo, sull'interpretazione delle leggi tradizionali sulla purezza e sull'incorporazione della coscienza ambientale nella pratica religiosa. Mentre alcuni vedono questi cambiamenti come necessari per la sopravvivenza della fede, altri li considerano come potenziali compromessi per l'integrità degli insegnamenti zoroastriani.

Allo stesso tempo, la sopravvivenza dello zoroastrismo dipende non solo dall'adattamento, ma anche da un profondo senso di orgoglio culturale e dal desiderio di ricollegarsi alle proprie radici. In Iran si è assistito a una rinascita dell'interesse di alcuni giovani iraniani per il loro patrimonio pre-islamico, che comprende lo zoroastrismo. Ciò ha portato a un rinnovato apprezzamento per il ruolo della religione nel plasmare la storia e l'identità persiana, nonché a un maggiore interesse per gli antichi siti e le pratiche zoroastriane. Per molti, ciò rappresenta una forma di resistenza culturale e di recupero di un'identità che è stata messa in ombra da secoli di pressioni esterne.

Al di là dell'Iran e dell'India, sono sorte organizzazioni zoroastriane globali che lavorano per unificare le comunità disperse e garantire che gli insegnamenti zoroastriani non vadano persi nel tempo. Queste organizzazioni, come il Congresso zoroastriano mondiale, organizzano regolarmente eventi e conferenze, riunendo zoroastriani provenienti da diverse parti del mondo per condividere le loro esperienze e discutere le sfide che devono affrontare. Attraverso questi incontri, gli zoroastriani hanno cercato di trovare un terreno comune su questioni come l'istruzione, la conservazione culturale e il ruolo della religione in un mondo che spesso sembra in contrasto con le antiche credenze.

In questo contesto, l'uso della tecnologia è diventato un'arma a doppio taglio. Le piattaforme digitali hanno permesso la conservazione dei testi sacri, gli incontri di preghiera online e la condivisione degli insegnamenti, rendendo la fede più accessibile a coloro che vivono lontano dai centri di culto tradizionali. Tuttavia, il mondo digitale presenta anche delle sfide, poiché il regno virtuale può diluire il senso di comunità fisica che è stato così centrale per l'identità zoroastriana. Il passaggio dai templi del fuoco, con le loro fiamme sacre tangibili, al culto online solleva domande su come mantenere la santità dei rituali in uno spazio virtuale.

Mentre lo zoroastrismo guarda al futuro, deve anche affrontare la questione di come attrarre e mantenere le giovani generazioni. Molti giovani zoroastriani sentono un profondo legame con la loro eredità, ma faticano a trovare un posto per le loro credenze in un mondo sempre più secolare e frenetico. Le iniziative volte al coinvolgimento dei giovani hanno cercato di colmare questa lacuna, offrendo campi, programmi educativi e attività culturali che sottolineano la rilevanza dell'etica zoroastriana, come la gestione dell'ambiente e la giustizia sociale, per le questioni globali contemporanee. Questi sforzi sono progettati non solo per educare, ma anche per ispirare un senso di scopo e di connessione con la fede.

Inoltre, l'enfasi posta dallo zoroastrismo sul libero arbitrio e sulla responsabilità individuale rimane un messaggio potente per i tempi moderni. Il concetto di scegliere Asha - verità e rettitudine - rispetto a Druj - falsità e caos - risuona in chi cerca chiarezza etica nella complessità della vita moderna. Questa lotta senza tempo offre un quadro spirituale che può essere particolarmente attraente per coloro che si sentono disconnessi da altre tradizioni religiose o disillusi dal materialismo. Presenta lo zoroastrismo non come una reliquia del passato, ma come una filosofia di profonda attualità.

Tuttavia, nonostante questi sforzi, c'è un senso di urgenza di fondo all'interno della comunità. La prospettiva del declino demografico e dell'assimilazione culturale incombe, portando a domande esistenziali su come potrebbe essere lo zoroastrismo in un altro secolo. Il nucleo della fede sarà preservato attraverso l'adattamento o si trasformerà in qualcosa di irriconoscibile per i suoi antenati? Le risposte a queste domande rimangono incerte, plasmate dalle scelte di individui, comunità e leader alle prese con l'equilibrio tra tradizione e cambiamento.

Il futuro dello zoroastrismo è quindi un arazzo tessuto con fili di speranza, resilienza e il peso della storia. Mentre il mondo cambia, lo zoroastrismo si trova a un bivio, dove la saggezza duratura di Zarathustra deve rispondere alle esigenze di una nuova era. La storia che si sta svolgendo non è una storia di declino ma di trasformazione, poiché l'antica fiamma degli insegnamenti di Ahura Mazda continua a trovare il modo di bruciare brillantemente, anche in paesaggi sconosciuti.

Il viaggio verso il futuro dello zoroastrismo è segnato sia dall'incertezza sia da una tranquilla determinazione a preservarne l'essenza. Se da un lato le sfide demografiche e le pressioni della modernizzazione pongono ostacoli significativi, dall'altro vi sono iniziative e movimenti all'interno della comunità zoroastriana globale che cercano di ringiovanire e rivitalizzare la fede. Questi sforzi fondono il rispetto per la tradizione con la volontà di impegnarsi nella società contemporanea, offrendo la speranza di un futuro in cui lo zoroastrismo rimanga rilevante pur rimanendo fedele ai suoi principi fondamentali.

Uno degli aspetti centrali di questa rivitalizzazione è lo sforzo di ricollegare gli zoroastriani alla loro eredità attraverso l'istruzione. In tutto il mondo sono stati istituiti programmi educativi per insegnare alle giovani generazioni gli insegnamenti di Zarathustra, i principi di Asha e la ricca storia dell'antica Persia. Questi programmi spesso vanno oltre la semplice istruzione religiosa, integrando lezioni di storia, lingua e cultura zoroastriana per promuovere un senso di identità più profondo. Nell'era digitale, questa educazione si estende alle piattaforme online, dove webinar, discussioni virtuali e archivi digitali permettono agli zoroastriani di accedere alla conoscenza indipendentemente dalla loro posizione geografica.

Gli incontri globali, come il Congresso mondiale della gioventù zoroastriana, svolgono un ruolo fondamentale in questo processo. Questi eventi forniscono una piattaforma ai giovani zoroastriani per incontrarsi, scambiare idee e riflettere su cosa significhi essere zoroastriani nel mondo di oggi. Offrono uno spazio in cui i partecipanti possono celebrare la loro eredità e allo stesso tempo discutere le sfide del mantenimento della fede in un ambiente in rapido cambiamento. Questi congressi, spesso ricchi di workshop, conferenze e scambi culturali, mirano a promuovere un senso di unità tra gli zoroastriani provenienti da contesti diversi, sottolineando che, nonostante il loro piccolo numero, fanno parte di una famiglia globale.

Anche gli sforzi per promuovere l'inclusività e adattarsi ai valori sociali contemporanei hanno guadagnato terreno, soprattutto nelle comunità della diaspora. Per molti anni, i dibattiti sull'ammissione di individui di origine mista nell'ovile dello zoroastrismo hanno suscitato polemiche. In luoghi come l'India, dove le regole tradizionali sull'identità zoroastriana sono state più rigide, queste discussioni hanno assunto una nuova urgenza. I gruppi progressisti sostengono un'interpretazione più inclusiva, suggerendo di concentrarsi sulla conservazione degli insegnamenti e dei valori della fede piuttosto che sul mantenimento rigoroso delle linee di sangue. Questa prospettiva è guidata dal riconoscimento che l'adattamento può essere la chiave per garantire la sopravvivenza della religione nel lungo periodo.

In contrasto, ci sono anche voci all'interno della comunità che sottolineano l'importanza di preservare le antiche usanze e pratiche senza diluirle. Per questi tradizionalisti, i rituali, le leggi sulla purezza e le pratiche che circondano i templi del fuoco rappresentano un legame diretto con i loro antenati e con gli insegnamenti originali di Zarathustra. Temono che un eccessivo adattamento rischi di far perdere l'essenza dello zoroastrismo, trasformandolo in qualcosa di irriconoscibile. Il dialogo tra queste prospettive progressiste e conservatrici è una delle caratteristiche che definiscono l'evoluzione dello zoroastrismo, in quanto la comunità cerca un equilibrio che onori il passato e allo stesso tempo affronti le esigenze del presente.

La tecnologia è diventata un alleato inaspettato nella conservazione e nella promozione dello zoroastrismo. L'uso dei social media, dei siti web e delle comunità online ha permesso agli zoroastriani di rimanere in contatto, condividere risorse e promuovere un senso di comunità anche a grandi distanze. Piattaforme online come Instagram, YouTube e applicazioni zoroastriane dedicate offrono insegnamenti dei sacerdoti, discussioni sulle pratiche religiose e tour virtuali dei siti storici zoroastriani. Per molti zoroastriani più giovani, questi spazi digitali sono il luogo in cui incontrano per la prima volta gli aspetti più profondi della loro fede, rendendoli preziosi per colmare il divario generazionale.

Questa trasformazione digitale si estende anche alle pratiche religiose. Con l'avvento dei gruppi di preghiera online e dei rituali virtuali, molti zoroastriani hanno trovato nuovi modi per impegnarsi nel culto comunitario, anche se vivono lontano da un tradizionale tempio del fuoco. Questi incontri virtuali offrono un nuovo tipo di accessibilità, rendendo possibile la partecipazione alla vita spirituale della comunità anche a zoroastriani che altrimenti si sentirebbero isolati. Tuttavia, questo cambiamento non è privo di sfide, poiché solleva questioni su come mantenere la sacralità e l'energia spirituale dei rituali quando sono condotti attraverso uno schermo piuttosto che negli spazi sacri di un tempio.

Negli ultimi anni, inoltre, è stata posta una rinnovata enfasi sui principi zoroastriani che si allineano strettamente con le preoccupazioni moderne, come l'ambientalismo e la responsabilità sociale. L'enfasi su Asha - che rappresenta la verità, la rettitudine e l'ordine cosmico - risuona fortemente con i movimenti globali incentrati sulla sostenibilità e sulla conservazione dell'ambiente. Per esempio, alcuni gruppi zoroastriani hanno avviato progetti volti a proteggere le risorse naturali, sottolineando che la cura della Terra è un riflesso del loro dovere di custodi della creazione di Ahura Mazda. Inquadrando gli antichi insegnamenti in termini che affrontano le questioni contemporanee, queste iniziative offrono un modo allo zoroastrismo di impegnarsi con le preoccupazioni più ampie della società.

Il ruolo della globalizzazione non può essere sottovalutato nel plasmare il futuro dello zoroastrismo. Man mano che le comunità continuano a diffondersi e ad adattarsi, si trovano a interagire con altre culture, religioni e filosofie. Questa interazione ha il potenziale di arricchire lo zoroastrismo, introducendo nuove prospettive e modi di interpretare i testi antichi. Tuttavia, comporta anche rischi di assimilazione culturale e di diluizione di identità religiose uniche. Molti zoroastriani si trovano a camminare su una linea delicata tra l'abbracciare la cittadinanza globale e il mantenere una distinta identità spirituale e culturale.

In questo contesto globale, la conservazione delle conoscenze tradizionali diventa ancora più cruciale. La vecchia generazione possiede un tesoro di tradizioni orali, storie e interpretazioni dei testi sacri che non sempre si trovano in forma scritta. Si stanno compiendo sforzi per documentare queste storie orali, assicurando che la saggezza e le esperienze degli anziani non vadano perse nel tempo. Questa conservazione della conoscenza orale integra i testi scritti come l'Avesta, offrendo una comprensione più olistica degli insegnamenti zoroastriani, fondata sull'esperienza vissuta.

Un'altra area di interesse è stata la promozione dello zoroastrismo come fonte di guida filosofica ed etica nel mondo moderno. Studiosi e pensatori all'interno della comunità hanno cercato di evidenziare gli aspetti universali della filosofia zoroastriana, come l'enfasi sul libero arbitrio, l'importanza della scelta morale e l'eterna lotta tra il bene e il male. Questi temi, pur essendo profondamente radicati nella visione del mondo zoroastriana, offrono anche preziose intuizioni sulla condizione umana, rendendoli rilevanti per un pubblico più ampio al di là dei confini della religione stessa.

In prospettiva, il futuro dello zoroastrismo sarà probabilmente plasmato da un mosaico di sforzi: alcuni mirano a mantenere le pratiche tradizionali, altri cercano di riformulare l'antica saggezza in contesti moderni, altri ancora si concentrano sulla costruzione di connessioni attraverso la dispersa comunità globale. L'esito di questi sforzi rimane incerto, ma l'impegno a mantenere viva la fiamma dello zoroastrismo arde luminoso. È un viaggio definito sia dalla continuità che dalla trasformazione, dove le antiche preghiere incontrano gli schermi digitali e i sussurri della voce di Zarathustra trovano eco nel vivace mondo del XXI secolo.

Questo capitolo della storia dello zoroastrismo è ancora in fase di scrittura e viene plasmato da innumerevoli scelte individuali: dalle famiglie che decidono di insegnare ai propri figli le antiche preghiere, dai giovani zoroastriani che si interrogano e ridefiniscono il significato di appartenenza e dai leader delle comunità che si sforzano di mantenere un senso di unità attraverso i continenti. In mezzo alle sfide, c'è anche un senso di rinnovamento, poiché lo zoroastrismo trova il modo di adattarsi senza perdere l'essenza spirituale che ha guidato i suoi seguaci per migliaia di anni.

In questa narrazione in evoluzione, il futuro dello zoroastrismo rimane una testimonianza del potere duraturo della fede, della tradizione e della speranza incrollabile che, nonostante tutte le probabilità, gli insegnamenti di Zarathustra continueranno a guidare i cercatori verso la luce di Asha per le generazioni a venire.

Capitolo 29
Regole e pratiche quotidiane

Il ritmo della vita quotidiana di uno zoroastriano è intriso di rituali che mantengono il legame con Ahura Mazda e rafforzano il senso di disciplina spirituale. Queste pratiche costituiscono la spina dorsale del viaggio di uno zoroastriano attraverso il mondo, offrendo una struttura e un senso di scopo radicati nell'antica saggezza. Dal momento del risveglio al momento del riposo, la giornata si svolge come una serie di opportunità per esprimere gratitudine, sostenere la purezza e allinearsi con l'ordine cosmico di Asha.

Al centro delle pratiche quotidiane c'è la recitazione di preghiere, o manthra, che non sono semplici parole pronunciate ma vibrazioni sacre che si ritiene possano invocare il potere spirituale. L'Avesta fornisce una grande quantità di queste preghiere, tra cui Ashem Vohu e Yatha Ahu Vairyo sono le più recitate. Queste preghiere vengono recitate in vari momenti della giornata - al risveglio, prima dei pasti, durante l'accensione del fuoco sacro e prima di dormire - e ogni volta cercano di rinnovare il legame con Ahura Mazda e i principi di verità e rettitudine. Recitare questi manthra è un modo per allineare i propri pensieri con il divino e ricordare a se stessi l'eterna lotta contro la falsità e il disordine.

La purezza, sia fisica che spirituale, svolge un ruolo importante nella vita quotidiana degli zoroastriani. Le abluzioni, note come padyab, comportano il lavaggio delle mani, del viso e di altre parti del corpo, spesso accompagnato dalla recita di una preghiera. Questo atto simboleggia la pulizia non solo dalle impurità fisiche, ma anche la rimozione di pensieri o influenze negative. Tali atti di purificazione vengono eseguiti prima della preghiera e di altri doveri religiosi, rafforzando il concetto che la purezza del corpo e della mente sono prerequisiti per avvicinarsi al divino.

Il fuoco, in quanto simbolo della luce divina, occupa un posto di rilievo nei rituali quotidiani. A casa, molti zoroastriani mantengono una piccola fiamma o atash dadgah come punto focale per le loro preghiere, onorando l'elemento sacro che rappresenta la presenza di Ahura Mazda. La cura di questa fiamma - che si tratti di accendere una lampada o di accendere l'incenso - serve a ricordare il fuoco divino che arde all'interno e intorno a tutta la creazione. Per coloro che non possono accedere quotidianamente a un tempio del fuoco, questa pratica diventa un altare personale, uno spazio in cui convergono devozione e riflessione.

Nella struttura di una giornata tipica, si osservano tre tempi di preghiera principali, ciascuno allineato con la progressione naturale del sole: l'alba (Havan), il mezzogiorno (Rapithwin) e la sera (Uzirin). Questi orari non sono arbitrari ma profondamente legati ai cicli della natura, riflettendo la fede zoroastriana nella sacralità della creazione. Le preghiere del mattino celebrano il sorgere del sole, che simboleggia il trionfo della luce sulle tenebre. Le preghiere di mezzogiorno riconoscono il picco del potere del sole, un momento per riaffermare forza e chiarezza. Le preghiere della sera, al calar del sole, rappresentano un momento di introspezione, di gratitudine e di ricerca di protezione contro le forze dell'oscurità. Questi ritmi collegano l'individuo all'universo più ampio, trasformando ogni giorno in un microcosmo della lotta cosmica tra ordine e caos.

La pratica delle preghiere Kusti è un altro aspetto fondamentale della vita quotidiana. Il Kusti, una corda sacra intrecciata di lana, viene avvolto intorno alla vita sopra il Sudreh, un indumento interno che rappresenta il sentiero della rettitudine. Il rituale di sciogliere e riannodare il Kusti viene eseguito più volte al giorno: al risveglio, prima di mangiare e prima di dormire, ogni volta accompagnato da preghiere specifiche. L'atto di riannodare il Kusti simboleggia un ritorno alla fede zoroastriana, alla triade di buoni pensieri, buone parole e buone azioni. Per molti, questo rituale diventa un momento di pausa, un'occasione per concentrarsi sulle esigenze della vita quotidiana e per rinnovare la propria armatura spirituale contro le tentazioni del Druj.

Le usanze alimentari zoroastriane riflettono anche la filosofia religiosa più ampia, sottolineando la moderazione, il rispetto per la vita e la gratitudine. I pasti iniziano con una semplice preghiera, in cui si ringrazia per il cibo e lo si riconosce come un dono di Ahura Mazda. Questo rituale sottolinea l'interconnessione tra il mondo materiale e quello spirituale, ricordando ai fedeli che ogni atto, anche mangiare, ha una dimensione spirituale. In alcune tradizioni, gli zoroastriani evitano di consumare determinati alimenti che si ritiene possano alterare l'equilibrio spirituale, anche se le pratiche alimentari possono variare notevolmente da una comunità all'altra.

Oltre ai rituali strutturati, lo zoroastrismo incoraggia la pratica del Frashokereti nella vita quotidiana: l'idea di lavorare per il rinnovamento del mondo attraverso le azioni individuali. Questo concetto suggerisce che ogni pensiero e azione contribuisce alla lotta più ampia per realizzare un mondo libero dalla sofferenza e dalla falsità. Gli atti di gentilezza, la generosità verso i bisognosi e gli sforzi per proteggere il mondo naturale sono tutti visti come estensioni di questo dovere divino. Lo zoroastrismo integra quindi la spiritualità con la responsabilità sociale, rendendo la vita quotidiana una continua espressione di devozione e servizio.

Gli zoroastriani sono anche attenti alla cura dei defunti, che riflette l'enfasi sulla purezza. La tradizione di non seppellire i morti nella terra, per evitare di inquinare gli elementi sacri della terra e del fuoco, porta alla pratica unica dell'esposizione nella Dakhma o Torre del Silenzio. Sebbene questa pratica non faccia direttamente parte della routine quotidiana, illustra la più ampia visione del mondo in cui ogni elemento della natura deve essere trattato con riverenza. La vita quotidiana, in questo modo, è costantemente in sintonia con le leggi cosmiche e l'equilibrio tra il regno fisico e quello spirituale.

Oltre alle preghiere e ai rituali, il comportamento quotidiano di uno zoroastriano è guidato dagli insegnamenti morali della religione. La veridicità, il rispetto per gli altri, la diligenza nel lavoro e il mantenimento di una casa pacifica sono considerati manifestazioni del vivere in accordo con Asha. In questo modo, anche le attività più banali, come le interazioni con i vicini, la conduzione degli affari o la cura della famiglia, sono intrise di significato spirituale. La vita zoroastriana ideale è quella in cui ogni azione, per quanto piccola, contribuisce all'armonia del mondo e riflette i valori impartiti da Zarathustra.

L'enfasi sulla comunità gioca un ruolo cruciale anche nelle pratiche quotidiane. Gli zoroastriani sono incoraggiati a riunirsi per le preghiere comuni, le feste e gli eventi di beneficenza, rafforzando un senso di unità e di scopo condiviso. Anche nella diaspora, dove le distanze possono separare gli individui dai templi del fuoco o dalle comunità zoroastriane più grandi, molti mantengono i legami attraverso gruppi online, associazioni locali e incontri di preghiera virtuali. Questi incontri, di persona o virtuali, forniscono uno spazio per la riflessione collettiva, il sostegno e il rafforzamento dei legami comunitari. Il senso di appartenenza a una tradizione millenaria offre una potente fonte di continuità, soprattutto di fronte alle sfide moderne.

Le pratiche quotidiane dello zoroastrismo riflettono una profonda consapevolezza del proprio ruolo nell'ordine cosmico e della responsabilità che ne deriva. In queste routine, i fedeli trovano un ritmo che li collega ai loro antenati e agli insegnamenti di Zarathustra, anche mentre navigano nelle complessità della vita contemporanea. I rituali, antichi o adattati, servono a ricordare che la lotta tra Asha e Druj non è solo una grande battaglia cosmica, ma una serie di scelte fatte ogni giorno. Attraverso queste pratiche, gli zoroastriani si sforzano di vivere in armonia con la fiamma eterna, percorrendo un sentiero illuminato dalla luce di Ahura Mazda.

Mentre le pratiche fondamentali della vita quotidiana zoroastriana sono incentrate su rituali universali, preghiere e purificazione, la diversità all'interno della fede ha dato origine a variazioni che adattano queste tradizioni alle realtà culturali, sociali e geografiche di ciascuna comunità. In tutto il mondo, gli zoroastriani della diaspora hanno adattato le loro routine, bilanciando l'aderenza alle antiche tradizioni con le sfide di vivere in ambienti moderni, spesso non zoroastriani. Questo capitolo analizza le sfumature di questi adattamenti e i modi in cui le pratiche antiche continuano a risuonare, anche se si trasformano per soddisfare le esigenze contemporanee.

Una delle variazioni più profonde nelle pratiche quotidiane emerge nel modo in cui le diverse comunità zoroastriane mantengono i rituali di purificazione. La pratica del padyab - il lavaggio rituale - rimane un principio centrale, ma nei luoghi in cui l'acqua può scarseggiare, come nei centri urbani o nelle regioni aride, sono stati fatti degli adattamenti. Alcune comunità hanno introdotto versioni semplificate, utilizzando una quantità minima di acqua o concentrandosi maggiormente sulla recita simbolica delle preghiere piuttosto che sul lavaggio fisico in sé. Questa flessibilità riflette l'approccio pragmatico incorporato nello zoroastrismo, dove l'essenza del rituale - la purificazione del pensiero e dell'intenzione - può essere preservata, anche se la forma deve evolversi.

Anche il rituale del mantenimento del Kusti e del Sudreh ha assunto nuove interpretazioni tra le comunità della diaspora. Mentre l'atto fondamentale di legare il Kusti e di recitare le preghiere di accompagnamento rimane costante, la frequenza e i tempi di queste pratiche possono variare. Per gli zoroastriani che hanno orari di lavoro impegnativi o che vivono in regioni con ritmi giornalieri diversi, il rituale viene talvolta adattato al loro stile di vita. Tuttavia, anche in queste forme adattate, l'intento principale - ricordare quotidianamente l'alleanza con Ahura Mazda e i valori della verità e della rettitudine - rimane intatto. Per molti, questa adattabilità è una testimonianza della resilienza dello spirito zoroastriano.

Anche la presenza del fuoco nella pratica zoroastriana, in particolare nella casa, ha subito cambiamenti significativi in risposta alle moderne condizioni di vita. In ambienti tradizionali, le famiglie mantenevano uno spazio dedicato a una lampada o a un piccolo fuoco, che simboleggiava la presenza della luce divina. Tuttavia, nelle abitazioni urbane contemporanee o nelle regioni in cui le fiamme libere possono creare problemi di sicurezza, molti zoroastriani sono passati all'uso di luci elettriche o lampade simboliche. La fiamma, reale o simbolica, continua a essere il punto focale delle preghiere, un ricordo del fuoco eterno che significa la presenza di Ahura Mazda in ogni angolo del mondo.

Sebbene questi adattamenti permettano agli zoroastriani di continuare le loro pratiche in ambienti diversi, rimane un profondo senso di riverenza per le usanze originali. Questo rispetto per la tradizione è particolarmente visibile durante gli eventi della vita che comportano rituali specifici, come matrimoni, nascite e funerali. Le cerimonie nuziali zoroastriane, ad esempio, prevedono una combinazione di riti antichi, come lo scambio degli anelli davanti al fuoco e la recita dei manthra, accanto a elementi più moderni che riflettono la cultura della regione in cui si svolge la cerimonia. Anche se queste cerimonie si evolvono, mantengono la loro essenza: la celebrazione dell'unione divina e l'affermazione dei valori che guideranno la vita della coppia.

Allo stesso modo, le usanze relative alla morte e al lutto nello zoroastrismo hanno dovuto adattarsi. Tradizionalmente, la Dakhma o Torre del Silenzio veniva usata per le sepolture nel cielo, ma in molte parti del mondo tali pratiche non sono legalmente permesse. Di conseguenza, alcune comunità zoroastriane sono passate alla sepoltura o alla cremazione, ma sempre con una forte enfasi sulla purezza e sul rispetto degli elementi. Per esempio, i riti di sepoltura possono includere il posizionamento del corpo in una tomba rivestita di cemento per evitare il contatto con la terra, riflettendo il continuo rispetto per la sacralità del mondo naturale. Questi adattamenti mostrano come gli zoroastriani riescano a trovare il delicato equilibrio tra l'adesione alle antiche credenze e l'adattamento ai vincoli legali e ambientali contemporanei.

Anche i tempi della preghiera quotidiana devono affrontare sfide di adattamento in un mondo in cui il ritmo di vita è spesso molto diverso da quello delle antiche società agricole. Per molti zoroastriani, gli orari tradizionali di preghiera all'alba, a mezzogiorno e al tramonto possono essere difficili da rispettare rigidamente a causa degli impegni lavorativi o scolastici. In risposta, alcuni hanno trovato soluzioni creative, come la recita di versioni più brevi dei manthra durante le pause o l'utilizzo di applicazioni digitali per la preghiera che forniscono promemoria durante la giornata. Questi strumenti moderni fungono da ponte, collegando il passato con il presente e permettendo agli individui di portare il ritmo della devozione zoroastriana nel tessuto della loro routine quotidiana.

Un altro esempio di adattamento è la celebrazione delle feste zoroastriane in diverse parti del mondo. Nelle regioni in cui gli zoroastriani sono una minoranza, feste come Nowruz o Yalda sono spesso celebrate con incontri più piccoli in case private o centri comunitari piuttosto che con grandi festeggiamenti pubblici. Tuttavia, anche in questi contesti intimi, gli elementi fondamentali rimangono: l'accensione delle candele, l'offerta di preghiere, la condivisione del cibo e il racconto di storie che collegano la comunità alle proprie radici. Questa continuità fa sì che l'essenza di queste feste - la gratitudine, il rinnovamento e la celebrazione della vita - rimanga vibrante, anche se la scala delle celebrazioni si adatta alle realtà della diaspora.

La sfida di mantenere la purezza e la condotta etica in un mondo diversificato ha portato anche a riflessioni ponderate all'interno delle comunità zoroastriane. Vivere in società multiculturali significa spesso confrontarsi con usanze e pratiche che differiscono dai valori zoroastriani tradizionali. Per esempio, mantenere la purezza della dieta, in particolare evitare certi cibi o la santificazione rituale dei pasti, può essere difficile in un mondo globalizzato in cui gli alimenti di molte culture sono facilmente disponibili. In risposta, alcuni zoroastriani si concentrano maggiormente sullo spirito della pratica - esprimendo gratitudine per tutti i pasti e sforzandosi di essere moderati - piuttosto che attenersi strettamente alle antiche leggi alimentari. Questa attenzione all'intenzione piuttosto che alla forma permette ai fedeli di adattarsi senza perdere l'essenza morale delle loro pratiche.

Nel contesto della tecnologia, molti zoroastriani hanno abbracciato le piattaforme online come mezzo per rimanere in contatto con la loro fede. Templi del fuoco virtuali, incontri di preghiera online e archivi digitali di testi sacri sono emersi come risorse vitali per coloro che vivono lontano dai centri zoroastriani fisici. Per le generazioni più giovani, queste piattaforme offrono un modo per impegnarsi con la loro eredità in un modo che sembra accessibile e rilevante. Allo stesso tempo, pongono domande su come la fede potrebbe evolversi: il calore e l'intimità di una comunità che si riunisce intorno a un fuoco possono essere tradotti in uno spazio virtuale? In che modo l'esperienza di recitare preghiere da soli davanti a uno schermo è diversa da quella di farlo in uno spazio fisico condiviso?

Nonostante questi adattamenti, l'essenza della pratica zoroastriana - la sua enfasi sul mantenimento di una connessione con il divino, la promozione di legami comunitari e il mantenimento di una vita allineata con Asha - rimane immutata. La fede zoroastriana nel libero arbitrio incoraggia ogni individuo a scegliere il modo migliore per integrare le proprie tradizioni nel mondo moderno, cercando sempre di preservare i valori di base insegnati da Zarathustra. Questo approccio permette alla fede di essere dinamica, adattandosi a nuovi contesti senza sacrificare la saggezza e la guida degli antichi insegnamenti.

La continua attualità di queste pratiche evidenzia la resilienza e la flessibilità dello zoroastrismo. Che si tratti di una città vivace o di un villaggio remoto, la routine quotidiana di ogni zoroastriano è una testimonianza del potere duraturo di una fede che valorizza sia la tradizione che la capacità di rinnovamento. Mentre affrontano le complessità della vita moderna, gli zoroastriani di tutto il mondo continuano a trovare modi per mantenere viva la fiamma della loro fede, lasciando che essa illumini i loro percorsi proprio come ha fatto per i loro antenati.

Attraverso queste pratiche - sia antiche che recentemente adattate - essi rimangono profondamente legati a un'eredità spirituale che attraversa i millenni, ma che è sempre presente nelle scelte che fanno ogni giorno.

Capitolo 30
Il simbolismo

Lo zoroastrismo è ricco di un linguaggio simbolico che trascende le parole, tessendo un arazzo che collega il mondo visibile con i regni spirituali. Tra questi simboli, ognuno porta con sé strati di significato, un canale attraverso il quale i fedeli possono comprendere meglio i misteri del cosmo e il proprio posto al suo interno. Dall'immagine iconica del Faravahar alla presenza duratura del fuoco sacro, i simboli zoroastriani offrono una mappa visiva e spirituale che guida i seguaci nel loro viaggio attraverso la vita.

Il Faravahar è forse il simbolo più riconoscibile dello zoroastrismo, una figura alata che incarna l'essenza dello spirito umano e della guida divina. Il suo intricato disegno, caratterizzato da una figura umana che emerge da un cerchio con ali e una coda di piume, racchiude molteplici livelli di significato. La figura umana centrale rappresenta l'anima che si protende verso Ahura Mazda, suggerendo la natura aspirazionale del viaggio dello spirito. Il cerchio che circonda la figura ricorda l'eternità, la natura ciclica della vita, della morte e della rinascita. Le due ali, ciascuna composta da tre strati, si pensa rappresentino Humata, Hukhta e Hvarshta - buoni pensieri, buone parole e buone azioni - che guidano i fedeli verso la rettitudine.

Il Faravahar non è solo una rappresentazione astratta, ma un promemoria pratico dei doveri morali e spirituali di ogni zoroastriano. Incoraggia l'introspezione, chiedendo ai fedeli di allineare le loro azioni ai principi di Asha. Che sia scolpito nella pietra degli antichi templi o indossato come ciondolo, serve come simbolo costante della ricerca dell'elevazione spirituale, ancorando gli zoroastriani nelle loro lotte morali quotidiane. In tempi moderni, è diventato anche un emblema culturale, un legame con l'eredità persiana per molti, anche al di fuori della fede zoroastriana, simboleggiando valori di resilienza, dignità e ricerca della saggezza.

Altrettanto centrale nel simbolismo zoroastriano è il fuoco sacro, che occupa un posto di profonda riverenza all'interno della fede. Il fuoco non è solo un elemento, ma rappresenta la luce divina di Ahura Mazda, che incarna la purezza, la verità e l'energia che sostiene la vita. Nei templi, il fuoco viene tenuto continuamente acceso, rappresentando la presenza eterna di Ahura Mazda. Per gli zoroastriani, il fuoco è un'entità vivente, una manifestazione dell'energia divina in grado di purificare la mente e lo spirito. Il suo calore e il suo bagliore sono visti come l'incarnazione fisica dell'illuminazione spirituale, che guida i credenti verso la chiarezza e la comprensione in un mondo pieno di ombre.

Al di là del tempio, il fuoco svolge un ruolo importante anche nella vita quotidiana degli zoroastriani. L'accensione di una piccola lampada durante le preghiere a casa serve come collegamento a questa fiamma eterna, un riflesso personale del più grande ordine cosmico. La fiamma non è solo un oggetto di venerazione, ma partecipa al dialogo del credente con il divino. La sua luce tremolante, che risponde al soffio del vento, simboleggia l'interazione sempre presente tra il regno materiale e quello spirituale. La capacità del fuoco di trasformare il fisico - trasformando il legno in cenere, ad esempio - rispecchia il viaggio spirituale dall'ignoranza all'illuminazione, una trasformazione che ogni anima deve affrontare.

Anche l'acqua ha un profondo significato simbolico all'interno dello zoroastrismo. Rappresenta la purezza e la forza vitale del divino, a complemento del potere purificante del fuoco. Le sorgenti e i fiumi sacri sono considerati vasi di Asha, che incarnano il potere creativo di Ahura Mazda. L'acqua è al centro di molti rituali zoroastriani, dal semplice atto di lavarsi le mani prima della preghiera alle cerimonie di purificazione più elaborate. Serve come mezzo attraverso il quale i fedeli possono connettersi con il divino, lavando via non solo le impurità fisiche ma anche le sottili influenze di Druj, le forze dell'inganno e del caos.

Nella cosmologia zoroastriana, ogni elemento - fuoco, acqua, terra e aria - fa parte di un equilibrio sacro, che riflette l'interazione tra il mondo materiale e quello spirituale. Questa riverenza si estende alle montagne, agli alberi e ad altri elementi naturali, ognuno dei quali è visto come una manifestazione della presenza divina nel mondo. Le montagne dell'Iran, ad esempio, sono state a lungo considerate luoghi di ritiro spirituale, dove l'isolamento dalla società permette di connettersi più profondamente con la creazione di Ahura Mazda. Per secoli, i pellegrini zoroastriani hanno cercato questi santuari naturali per la contemplazione e la preghiera, credendo che le altezze fisiche delle montagne li avvicinassero all'illuminazione spirituale.

Un altro simbolo che risuona profondamente con i credenti zoroastriani è l'Asha Vahishta, l'incarnazione della verità e della rettitudine. A differenza del fuoco o del Faravahar, Asha non è un simbolo fisico ma un principio guida che permea la pratica e la filosofia dello zoroastrismo. Viene spesso visualizzato nell'equilibrio tra luce e tenebre, o nel sentiero rettilineo e incrollabile, ricordando ai fedeli la lotta cosmica tra ordine e caos. Nelle preghiere e nei rituali, Asha viene invocata come forza che allinea le azioni dell'individuo al piano divino, un modo per vivere in armonia con l'universo. Insegna che perseguendo la verità in ogni pensiero, parola e azione, si contribuisce al più ampio ordine cosmico e al trionfo della luce sulle tenebre.

L'importanza di Asha si riflette anche nel simbolismo dell'etica zoroastriana, dove la verità diventa un'arma potente contro l'inganno di Druj. Il concetto di Mithra - contratti o accordi - svolge qui un ruolo cruciale, simboleggiando la sacralità della veridicità e le conseguenze morali della rottura della parola data. Mithra è più di un principio legale: è un legame spirituale che tiene insieme il tessuto della società. Quando una persona mantiene le sue promesse, rafforza il tessuto di Asha; quando le infrange, invita il disordine di Druj nel mondo. Così, Mithra serve a ricordare che l'integrità non è solo una virtù personale, ma un dovere cosmico, che lega l'individuo alla comunità e al divino.

I simboli dello zoroastrismo sono anche strumenti di meditazione e contemplazione, che offrono strati di significato da esplorare nel corso della vita. Prendiamo, ad esempio, il filo sacro del Kusti, avvolto intorno alla vita sopra il Sudreh, un semplice indumento bianco. L'atto di legare il Kusti è una riaffermazione simbolica dell'impegno del credente nel percorso di Asha, legandosi all'alleanza divina. È un simbolo esteriore di un viaggio interiore, un modo per ricordare a se stessi la costante lotta tra il bene e il male che si svolge all'interno. I fili del Kusti, intrecciati con le preghiere, rappresentano l'interconnessione di pensiero, parola e azione: ogni filo contribuisce al tessuto più ampio della propria vita.

In questo capitolo iniziamo a vedere come i simboli dello zoroastrismo - siano essi fisici come il Faravahar e il fuoco sacro, o concettuali come l'Asha - creino un linguaggio attraverso il quale viene espressa la visione del mondo zoroastriana. Non sono semplici reliquie di un'antica fede, ma simboli vivi, continuamente interpretati e reinterpretati da ogni generazione di credenti. Costituiscono un ponte tra gli antichi insegnamenti di Zarathustra e le esperienze degli zoroastriani che vivono in un mondo moderno e in rapida evoluzione. In essi, l'essenza della filosofia zoroastriana prende vita, offrendo un mezzo profondo per comprendere l'universo e il proprio posto al suo interno.

Questi simboli portano con sé un messaggio senza tempo, che riecheggia attraverso le epoche: la lotta tra luce e tenebre, tra ordine e caos, non è solo una battaglia cosmica, ma una battaglia profondamente personale, combattuta nel cuore di ogni credente. Attraverso la lente di questi simboli sacri, gli zoroastriani trovano sia un legame con le loro antiche radici sia una bussola per navigare nelle complessità del mondo attuale. Servono a ricordare che, anche di fronte a profondi cambiamenti, l'essenza della fede zoroastriana - la sua riverenza per il divino, la sua ricerca della verità e il suo impegno sul sentiero di Asha - rimane duratura come la fiamma che arde nei templi zoroastriani da millenni.

Quando i simboli dello zoroastrismo dispiegano le loro stratificazioni, servono più che semplici rappresentazioni; sono strumenti che portano gli insegnamenti della fede nella vita quotidiana dei suoi seguaci. Questi simboli diventano parte dei rituali, dell'architettura e persino dell'arte che permea le comunità zoroastriane. Essi modellano il modo in cui i credenti percepiscono il loro posto nell'universo, influenzando le loro azioni, l'etica e la ricerca del divino.

Uno di questi simboli che estende la sua presenza oltre i templi e le preghiere è il Fuoco di Ahura Mazda. Non limitato agli spazi sacri, questo fuoco ispira spesso rappresentazioni artistiche, apparendo nell'arte zoroastriana come una fiamma radiosa circondata da disegni intricati. Nelle antiche incisioni e nei rilievi, il fuoco sacro viene raffigurato accanto a re e sacerdoti, sottolineando il suo ruolo di testimone divino degli eventi terreni. Queste rappresentazioni artistiche del fuoco suggeriscono la sua duplice natura, di protettore e di purificatore, che guida i governanti e i devoti. Nel bagliore di questo fuoco sacro si cela la promessa inespressa di una luce divina che guida l'umanità attraverso i periodi di oscurità.

Nei templi del fuoco, l'Atash Behram e gli altri fuochi sacri sono custoditi con cura meticolosa, e ogni fiamma rappresenta un diverso livello di purezza rituale. La presenza di questi diversi gradi di fuoco - Atash Dadgah, Atash Adaran e Atash Behram - serve a ricordare che anche all'interno della purezza del fuoco esistono gerarchie e percorsi, proprio come i viaggi spirituali degli individui. Le gradazioni del fuoco sacro simboleggiano gli stadi dell'elevazione spirituale, suggerendo che il viaggio verso Ahura Mazda è stratificato e progressivo. Questa gerarchia del fuoco non è statica; è una tradizione viva, che si evolve con le esigenze della comunità, ma sempre radicata nell'antica saggezza degli insegnamenti di Zarathustra.

Il Faravahar ha trovato il suo posto anche al di fuori dei contesti religiosi, diventando un simbolo dell'identità e della resilienza persiana, soprattutto tra la diaspora zoroastriana. Questo doppio ruolo - sia come guida spirituale che come emblema culturale - dimostra l'adattabilità dei simboli zoroastriani. Per coloro che si trovano nella diaspora, diventa un ponte che li collega alle loro radici spirituali e culturali anche quando sono lontani dalle loro terre ancestrali. Inciso sui muri o indossato come gioiello, il Faravahar trascende i confini tra il sacro e il quotidiano, offrendo un promemoria silenzioso dell'eredità duratura degli ideali zoroastriani.

Oltre al fuoco e al Faravahar, c'è il Khvarenah, un concetto che, sebbene più astratto, svolge un ruolo cruciale nel pensiero zoroastriano. Il Khvarenah rappresenta la gloria o la fortuna divina, una radiosità eterea conferita da Ahura Mazda agli individui giusti. Quest'aura di gloria, spesso raffigurata come un'aureola luminosa o un'energia radiante intorno a re ed eroi nell'antica arte persiana, significa il favore divino e la luce interiore della verità. Per gli zoroastriani, la khvarenah non è semplicemente un concetto mistico; è uno stato a cui tendere, raggiunto attraverso la devozione, la forza morale e l'allineamento con Asha. Incarna la convinzione che la luminosità spirituale si riflette nel mondo materiale e che coloro che vivono in armonia con l'ordine cosmico risplendono di una luce interiore che gli altri possono percepire.

La presenza del Khvarenah nei testi antichi e la sua rappresentazione visiva nell'arte indicano un profondo intreccio tra aspirazione spirituale e autorità mondana. I re e i leader erano visti come portatori di Khvarenah, responsabili di sostenere la legge divina nei loro regni. Questa concezione rafforzava l'idea che il potere terreno dovesse allinearsi con i principi spirituali, riflettendo l'etica zoroastriana in cui il governo è un dovere sacro. Nel contesto moderno, mentre le monarchie sono svanite, il concetto di Khvarenah continua a ispirare gli zoroastriani a perseguire la leadership in modi che servano il bene comune, guidati dagli stessi ideali di luce e rettitudine.

Passando ai rituali, il Kusti e il Sudreh formano un'altra coppia simbolica vitale, che incarna l'impegno di ogni zoroastriano nei confronti della propria fede. Il Sudreh, un indumento di cotone bianco indossato vicino al corpo, simboleggia la purezza e l'armatura spirituale contro le forze di Druj. Il Kusti, un lungo cordone di lana, viene avvolto intorno alla vita tre volte, a simboleggiare i tre principi dei buoni pensieri, delle buone parole e delle buone azioni. L'atto di sciogliere e riannodare il Kusti durante le preghiere quotidiane diventa un momento di rinnovamento, un riallineamento consapevole con il sentiero di Asha.

Questo rituale quotidiano trasforma il banale in sacro, trasformando l'atto di vestirsi in una pratica spirituale. Serve a ricordare che la battaglia tra Asha e Druj non è solo una lotta cosmica, ma anche interiore, che si svolge nelle scelte e nelle azioni di ogni individuo. Ogni volta che uno zoroastriano recita la preghiera mentre lega il Kusti, riafferma il proprio impegno a combattere contro le influenze della falsità e del caos, fondandosi sull'antica tradizione che ha guidato i suoi antenati per millenni.

Il simbolismo zoroastriano è evidente anche nell'architettura, in particolare nella progettazione dei templi del fuoco. Queste strutture sono spesso costruite all'insegna della semplicità e dell'armonia con la natura, incarnando la riverenza zoroastriana per il mondo fisico come manifestazione della creazione divina. All'interno del tempio, il fuoco sacro è ospitato in un santuario a cupola, dove il soffitto curvo rappresenta la volta celeste e l'ordine cosmico. Questo progetto architettonico non è semplicemente funzionale: crea uno spazio in cui il devoto sente l'abbraccio dell'universo, stando tra la terra e il cielo mentre offre le sue preghiere.

Nell'antica architettura persiana sono spesso scolpiti nella pietra motivi di cipressi e leoni, simboli di vita, forza e protezione divina. Il cipresso, sempreverde e duraturo, simboleggia lo spirito eterno che resiste ai cicli del tempo. Il leone, feroce e maestoso, rappresenta la tutela dell'ordine divino, proprio come il ruolo di Ahura Mazda come protettore della verità. Questi simboli, visibili nei palazzi e nelle antiche rovine, collegano gli insegnamenti zoroastriani agli spazi fisici dove un tempo si riunivano le comunità, offrendo un legame tangibile con gli ideali spirituali che hanno plasmato il loro mondo.

Mentre le manifestazioni materiali di questi simboli forniscono uno sguardo alla visione del mondo zoroastriano, il loro potere risiede nel modo in cui plasmano la vita interiore dei credenti. Non sono immagini statiche, ma espressioni dinamiche, costantemente reinterpretate al mutare del mondo. I simboli servono come linguaggio attraverso il quale vengono comunicati i misteri dell'universo, ricordando a ogni generazione i principi eterni che stanno alla base della loro fede.

L'adattabilità di questi simboli ha permesso allo zoroastrismo di sopravvivere attraverso secoli di cambiamenti e sfide, dagli antichi imperi persiani all'attuale diaspora. Sono uno specchio dell'anima, che riflette la convinzione zoroastriana che il mondo è un riflesso dell'ordine divino e che ogni azione compiuta nel regno fisico rieccheggia in quello spirituale. Quando gli zoroastriani accendono una candela, indossano il Sudreh e il Kusti o contemplano la fiamma eterna all'interno di un tempio del fuoco, partecipano a una tradizione che trascende il tempo, trovando in questi antichi simboli una fonte di forza e un percorso di comprensione dei misteri dell'esistenza.

Attraverso questa intricata rete di simboli, lo Zoroastrismo parla all'universale ricerca umana di significato, tessendo una connessione tra il temporale e l'eterno. Ogni simbolo funge da filo conduttore, attirando i fedeli più in profondità nel tessuto della loro tradizione, guidandoli attraverso le complessità della vita con la promessa della presenza e dell'ordine divini. In questi simboli brilla la luce duratura di Ahura Mazda, che proietta i suoi raggi attraverso i secoli, illuminando il cammino verso un mondo in cui Asha prevale sulle tenebre di Druj.

Capitolo 31
Connessione con la scienza e la filosofia

Gli insegnamenti dello zoroastrismo, pur essendo profondamente radicati nell'antica spiritualità, hanno una risonanza unica con il pensiero scientifico e l'indagine filosofica moderni. C'è un ordine intrinseco nella visione del mondo zoroastriana - un progetto cosmico disegnato da Ahura Mazda - che trova paralleli nella comprensione scientifica dell'universo. Questo capitolo esplora queste intersezioni, rivelando come i concetti zoroastriani si allineino e talvolta anticipino le idee contemporanee sul mondo naturale e sul posto dell'umanità al suo interno.

Al centro della cosmologia zoroastriana c'è la credenza in un universo ordinato, governato dai principi di Asha, o verità e ordine. Questa visione di un cosmo intricato condivide affinità con le esplorazioni scientifiche delle leggi che governano la realtà fisica. Proprio come Asha rappresenta l'armonia cosmica nello zoroastrismo, la scienza cerca di scoprire gli schemi sottostanti che danno coerenza all'universo, dalla danza delle particelle subatomiche alle forze gravitazionali che danno forma alle galassie. Per gli zoroastriani, l'universo non è un insieme casuale di materia, ma una creazione intrisa di finalità, in cui ogni elemento, dalla più piccola goccia d'acqua alla stella più lontana, segue un ordine divino stabilito da Ahura Mazda.

Questo senso di ordine cosmico si riflette in particolare nel campo della cosmologia. La narrazione zoroastriana della creazione parla dell'universo che emerge attraverso una serie di fasi strutturate, ognuna delle quali rappresenta aspetti dell'intento divino. La scienza, attraverso discipline come l'astrofisica e la cosmologia, offre il proprio racconto della creazione: la teoria del Big Bang e la formazione di stelle, pianeti e galassie. Sebbene queste prospettive differiscano nelle loro metodologie, una che emerge dall'intuizione mistica, l'altra dall'osservazione empirica, esse condividono una profonda curiosità sulle origini dell'esistenza. L'attenzione dello zoroastrismo per un cosmo ordinato trova un'eco nella ricerca scientifica di mappare la struttura dell'universo, suggerendo una profonda, anche se metaforica, parentela tra l'antico e il moderno.

Il concetto di Asha come forza guida si estende alla comprensione zoroastriana della natura e dei suoi cicli. Il concetto di Asha come forza guida si estende alla concezione zoroastriana della natura e dei suoi cicli, secondo la quale il mondo opera secondo un ritmo divino, evidente nell'alternarsi delle stagioni, nei cicli della vita e nell'interazione tra gli elementi. L'ecologia moderna, con la sua attenzione agli ecosistemi e all'interdipendenza delle forme di vita, risuona con questa prospettiva. Proprio come gli insegnamenti zoroastriani sottolineano la necessità di mantenere l'equilibrio e l'armonia con il mondo naturale, la scienza ecologica riconosce il delicato equilibrio necessario per sostenere la vita sulla Terra. In entrambi i casi, si riconosce che l'interruzione dell'equilibrio - sia attraverso le forze di Druj che attraverso il degrado ambientale - può portare al caos e alla sofferenza.

Inoltre, l'enfasi zoroastriana sulla responsabilità individuale nel mantenere questo equilibrio è parallela alle considerazioni etiche che oggi sono alla base della scienza ambientale. L'invito a prendersi cura di Asha proteggendo l'acqua, l'aria e il suolo può essere visto come una prima articolazione dei principi che guidano la moderna gestione ambientale. I rituali zoroastriani che onorano gli elementi naturali, come la venerazione per il fuoco, l'acqua e la terra, servono a ricordare l'interconnessione di tutta la vita, una comprensione che si allinea strettamente al principio ecologico secondo cui il benessere umano è legato alla salute del pianeta.

Dal punto di vista filosofico, l'enfasi posta dallo zoroastrismo sul libero arbitrio e sulla scelta morale si interseca con le domande esistenziali poste dalla filosofia occidentale e orientale. La lotta tra Asha e Druj, centrale nella visione del mondo zoroastriana, presenta una visione della vita come una serie di scelte morali, in cui gli esseri umani sono dotati del potere di plasmare il proprio destino. Questo rispecchia il pensiero esistenzialista, che enfatizza l'agenzia individuale e la ricerca di un significato all'interno dei vincoli della condizione umana. Gli insegnamenti zoroastriani suggeriscono che, attraverso l'esercizio del libero arbitrio, ci si può allineare all'ordine cosmico, contribuendo al trionfo finale del bene sul male. È una visione della vita che abbraccia sia la responsabilità personale sia il profondo impatto di ogni scelta sul più ampio dramma cosmico.

In dialogo con le filosofie deterministiche che talvolta dominano il pensiero scientifico, lo zoroastrismo offre una prospettiva che afferma la capacità umana di cambiare il corso degli eventi. Mentre le leggi della fisica possono governare il comportamento della materia, lo zoroastrismo suggerisce che l'universo morale è plasmato dalle azioni coscienti. Questa fede nel potere della scelta umana si contrappone all'idea di un universo governato unicamente da forze impersonali, presentando invece un mondo in cui ogni decisione increspa il tessuto della realtà, influenzando l'equilibrio tra Asha e Druj.

La natura dualistica dello zoroastrismo, con la sua chiara distinzione tra bene e male, luce e tenebre, offre anche un intrigante parallelo alle discussioni della metafisica sulla natura della realtà e sull'esistenza delle dualità. Concetti come il problema mente-corpo, l'interazione tra realtà materiale e coscienza e la ricerca della verità ultima trovano uno spirito affine nell'esplorazione zoroastriana dei regni spirituale e materiale. L'idea che forze spirituali come Asha possano manifestarsi in realtà fisiche invita a porsi una domanda filosofica più ampia: La moralità può plasmare il mondo materiale, così come le leggi fisiche plasmano il cosmo?

Questa indagine metafisica si estende al regno dell'etica, dove gli insegnamenti dello zoroastrismo offrono una base per comprendere la natura del bene e il ruolo dell'umanità nel suo perseguimento. I dibattiti filosofici che da tempo si interrogano sulla natura della virtù, della giustizia e dello scopo della vita umana trovano eco nell'invito zoroastriano a coltivare Humata, Hukhta, Hvarshta - buoni pensieri, buone parole, buone azioni. L'etica zoroastriana, con la sua attenzione alla pratica attiva della virtù, si allinea alla filosofia morale che cerca di definire un percorso verso la buona vita, suggerendo che la vera saggezza risiede nell'allineamento di pensiero, parola e azione.

L'influenza dello zoroastrismo può essere rintracciata anche nel campo dell'etica che è alla base dei moderni diritti umani. I suoi insegnamenti sulla dignità intrinseca degli individui, l'enfasi sulla verità e la necessità di lottare per la giustizia risuonano con gli ideali contemporanei di uguaglianza e dignità umana. Studiosi e filosofi hanno notato i parallelismi tra i concetti zoroastriani di ordine morale e i principi che hanno poi influenzato il pensiero illuminista. Questa antica prospettiva, radicata negli insegnamenti mistici di Zarathustra, ci ricorda che la ricerca della giustizia e della verità è un'impresa senza tempo, che trascende i confini della cultura e della storia.

Pertanto, il dialogo tra lo zoroastrismo e la scienza e la filosofia moderne non è un'opposizione, ma una ricerca condivisa per comprendere i misteri dell'esistenza. Sia attraverso la lente della rivelazione spirituale che attraverso il rigore dell'indagine scientifica, entrambi cercano di rispondere alle stesse domande fondamentali: Qual è la natura della realtà? Qual è il ruolo dell'umanità nel cosmo? E come si può vivere in armonia con la verità che sta alla base di tutta la creazione?

Esplorando queste connessioni, lo zoroastrismo dimostra la sua capacità di impegnarsi nel mondo delle idee al di là delle sue antiche origini. Offre una prospettiva in cui il mondo materiale e quello spirituale sono intrecciati e ciascuno influenza l'altro. Questa visione incoraggia una sintesi tra saggezza antica e conoscenza moderna, suggerendo che la ricerca della verità è un viaggio che attraversa i millenni, con ogni epoca che aggiunge la sua voce al coro della comprensione.

Nel corso dei capitoli, la visione zoroastriana dell'universo continua a rivelare le sue profondità, invitando a riflettere su come le antiche intuizioni spirituali rimangano rilevanti nelle discussioni contemporanee sulla natura della realtà e sul ruolo dell'uomo al suo interno. Il viaggio attraverso queste intersezioni tra il pensiero zoroastriano, la scienza e la filosofia invita a un apprezzamento più profondo dell'eterna ricerca della conoscenza e dei misteri che continuano ad affascinare lo spirito umano.

Partendo dall'esplorazione iniziale delle connessioni tra lo zoroastrismo e il pensiero scientifico e filosofico moderno, questo capitolo approfondisce i dialoghi che sono emersi tra gli antichi insegnamenti zoroastriani e le correnti più ampie dell'indagine filosofica. Qui scopriamo come gli intricati principi dello zoroastrismo abbiano trovato risonanza in varie scuole di pensiero della tradizione orientale e occidentale, offrendo nuove dimensioni di comprensione a domande senza tempo sull'esistenza, la morale e la natura del cosmo.

Uno degli aspetti più affascinanti del pensiero zoroastriano è il suo approccio sfumato al dualismo, che è diventato un argomento di ampio dibattito in filosofia. Sebbene lo Zoroastrismo sia spesso noto per le sue chiare distinzioni tra bene e male - incarnate nell'opposizione cosmica tra Asha (ordine, verità) e Druj (caos, inganno) - questo dualismo non è una divisione semplicistica. Riconosce la complessa interazione tra queste forze, riconoscendo che il mondo materiale è il palcoscenico su cui si svolge la lotta morale. Questa prospettiva ha creato dei paralleli con le filosofie dualistiche presenti nelle opere di personaggi come Platone, che si sono confrontati con la tensione tra l'ideale (il regno delle forme) e il mondo fisico.

L'influenza dello zoroastrismo sul pensiero occidentale è forse più evidente nell'incontro della Grecia antica con le idee persiane. Filosofi come Eraclito, che parlava del mondo come di uno stato di flusso governato da una sorta di ragione divina (Logos), potrebbero essere stati indirettamente influenzati dalle idee zoroastriane di un cosmo ordinato guidato da Asha. Gli scambi tra gli antichi pensatori persiani e greci evidenziano un'impollinazione storica incrociata che ha plasmato i paesaggi filosofici di entrambe le regioni, lasciando tracce nei concetti di ordine cosmico e di natura del divino.

Nelle tradizioni filosofiche orientali, in particolare nella filosofia indiana, gli echi del pensiero zoroastriano sono altrettanto profondi. Le interazioni tra i primi seguaci dello zoroastrismo e la cultura vedica hanno portato a una condivisione di idee metafisiche che hanno influenzato entrambe le tradizioni. Concetti come l'eterna lotta tra la luce e le tenebre possono essere visti riflessi nei temi dualistici presenti nella cosmologia indù e poi buddista. Questo dialogo ha contribuito a una più ampia comprensione della battaglia spirituale tra illuminazione e ignoranza, creando un ricco arazzo di idee che ha arricchito entrambi i paesaggi religiosi.

Al di là del mondo antico, il dualismo zoroastriano invita anche a fare confronti con le tradizioni manichea e gnostica, che fiorirono nei primi secoli dell'era comune. Questi movimenti, come lo zoroastrismo, enfatizzavano la lotta tra luce e tenebre e il ruolo del mondo materiale in questo conflitto cosmico. Sebbene distinti nei loro quadri teologici, le somiglianze tematiche suggeriscono che le idee zoroastriane sulla natura del bene, del male e della lotta cosmica risuonarono profondamente con le correnti spirituali dell'epoca, plasmando le prospettive mistiche che in seguito influenzarono il misticismo cristiano e islamico.

Passando all'epoca moderna, i concetti zoroastriani continuano a trovare spazio nelle discussioni filosofiche sull'etica e la morale. L'enfasi zoroastriana sul ruolo della scelta individuale nel plasmare il proprio destino rispecchia l'attenzione esistenzialista sulla responsabilità personale, articolata da pensatori come Jean-Paul Sartre e Albert Camus. Per gli zoroastriani, l'atto di scegliere Asha rispetto a Druj non è solo un dovere religioso, ma anche un'affermazione della propria capacità di agire all'interno del cosmo, un tema che risuona con le idee esistenzialiste sulla creazione di un significato attraverso l'azione in un universo indifferente. Questa enfasi condivisa sul peso della scelta individuale sottolinea una preoccupazione senza tempo per la natura della libertà e il peso della responsabilità etica.

Inoltre, le idee zoroastriane sulla natura ciclica dell'universo e il concetto di Frashokereti - il rinnovamento del mondo - trovano un parallelo nei dibattiti contemporanei della filosofia del tempo e della cosmologia. La visione zoroastriana di un cosmo che subisce periodi di decadenza seguiti da un rinnovamento finale si allinea con alcune interpretazioni del tempo come non lineare, una visione che ha guadagnato terreno sia nelle filosofie orientali sia nella fisica moderna attraverso le teorie di un universo ciclico. Invita a riflettere su come le antiche visioni del rinnovamento cosmico possano intersecarsi con le teorie scientifiche dell'entropia, del Big Crunch o della potenziale rinascita dell'universo.

Nel confrontarsi con queste correnti filosofiche, lo zoroastrismo offre anche un quadro di riferimento per comprendere il rapporto tra etica e mondo fisico. L'impegno zoroastriano nei confronti di Asha come forza attiva che plasma la realtà spirituale e materiale suggerisce un'interazione dinamica tra il pensiero e l'essere. Questa prospettiva risuona con alcuni aspetti della filosofia idealista, che ritiene che la coscienza e le idee giochino un ruolo fondamentale nel plasmare la realtà. Tuttavia, lo zoroastrismo si distingue per la sua insistenza sul fatto che l'azione etica è essenziale per realizzare il cambiamento, posizionandosi più vicino alle filosofie pragmatiste che valorizzano l'applicazione pratica delle idee nel plasmare il mondo.

La visione zoroastriana di un universo armonioso si confronta anche con il discorso scientifico contemporaneo sulla sostenibilità e sul trattamento etico dell'ambiente. Gli antichi insegnamenti sulla santità degli elementi naturali e sul dovere di mantenere l'equilibrio della Terra trovano un parallelo nella moderna etica ambientale, dove il riconoscimento dell'interconnettività tra le forme di vita ha portato a una più profonda consapevolezza della responsabilità dell'umanità nei confronti del pianeta. Questo allineamento suggerisce che l'antica venerazione zoroastriana per la natura offre spunti senza tempo per le discussioni contemporanee sulla responsabilità ecologica e sulla necessità di pratiche di vita sostenibili.

In dialogo con le prospettive scientifiche sulla natura della coscienza, gli insegnamenti dello zoroastrismo sull'anima e sul suo viaggio dopo la morte offrono una prima articolazione di domande che continuano a incuriosire neuroscienziati e filosofi. Il viaggio dell'anima attraverso il ponte di Chinvat - un passaggio che simboleggia il passaggio dal regno materiale a quello spirituale - solleva domande sulla natura della coscienza, sulla possibilità di una vita dopo la morte e sul rapporto tra mente e materia. Mentre la scienza rimane concentrata sull'evidenza empirica, le intuizioni spirituali zoroastriane forniscono un contrappunto poetico, suggerendo che i misteri della coscienza possono estendersi oltre i confini fisici del cervello.

Nell'era moderna, l'influenza dello zoroastrismo si è estesa a pensatori e ricercatori spirituali attratti dalla sua enfasi sull'ordine cosmico, sulla vita etica e sulla ricerca della verità. I suoi principi hanno ispirato una rinascita di interesse tra coloro che vedono nello zoroastrismo un percorso spirituale che colma il divario tra la saggezza antica e le sfide moderne. L'enfasi sulla verità (Asha), la lotta contro l'inganno (Druj) e il perseguimento di una vita allineata a principi più elevati si rivolge a coloro che cercano un quadro morale che rimanga attuale in mezzo alle complessità contemporanee.

In definitiva, il dialogo continuo dello zoroastrismo con la scienza e la filosofia dimostra la sua capacità di evolversi e di confrontarsi con il panorama mutevole della conoscenza umana. Offre una prospettiva che è allo stesso tempo antica e lungimirante, suggerendo che le domande poste da Zarathustra continuano a risuonare nei cuori e nelle menti di coloro che cercano di comprendere la natura dell'esistenza. Gli insegnamenti dello zoroastrismo ci ricordano che nella ricerca della verità bisogna guardare sia all'esterno, verso i vasti misteri del cosmo, sia all'interno, verso le scelte morali che plasmano l'anima umana.

In questa continua esplorazione delle dimensioni filosofiche dello zoroastrismo, il lettore è invitato a riflettere su come gli antichi insegnamenti possano illuminare le discussioni moderne, offrendo un ponte tra il misticismo del passato e la razionalità del presente. È in questa sintesi che lo zoroastrismo rivela la sua perdurante attualità, a testimonianza dell'intramontabile ricerca umana di saggezza, di significato e di una più profonda comprensione dell'universo.

Capitolo 32
Zoroastriani famosi

Il viaggio attraverso la lunga e ricca storia dello zoroastrismo ci porta a conoscere le figure che, attraverso i secoli, hanno incarnato gli insegnamenti di Zarathustra e hanno svolto un ruolo vitale nella conservazione e nella propagazione della fede. Questi individui, dagli antichi saggi ai leader contemporanei, non sono solo custodi di una tradizione spirituale, ma anche simboli di resilienza e adattamento di fronte a immensi cambiamenti culturali. Le loro storie rivelano lo spirito duraturo dello zoroastrismo, fornendo un ponte tra la saggezza antica e le moderne espressioni di fede.

Tra le prime e più significative figure c'è il leggendario Dario I, re dell'Impero achemenide, il cui governo nel VI secolo a.C. segnò un periodo in cui lo zoroastrismo si intrecciò con il governo di uno dei grandi imperi del mondo. Le iscrizioni di Dario, in particolare quelle di Behistun, parlano della sua devozione ad Ahura Mazda, sottolineando il ruolo del sostegno divino nel suo diritto di governare. Il suo patrocinio dei rituali zoroastriani e la protezione dei templi del fuoco rafforzavano il legame tra la politica statale e il dovere spirituale. Sebbene il regno di Dario sia avvenuto secoli dopo la vita di Zarathustra, il suo sostegno contribuì a istituzionalizzare la fede, permettendole di fiorire insieme alle ambizioni imperiali della Persia.

Un'altra figura fondamentale nella storia iniziale dello zoroastrismo è lo studioso sacerdotale Tansar, vissuto durante il periodo sasanide (224-651 d.C.). A Tansar viene spesso attribuito il merito di aver sistematizzato gli insegnamenti zoroastriani e di aver solidificato il canone dell'Avesta, i testi sacri che costituiscono il nucleo delle scritture zoroastriane. La sua influenza nell'organizzazione della struttura religiosa dello Stato sasanide non può essere sopravvalutata: egli lavorò per stabilire un'autorità religiosa centralizzata, che aiutò la fede a resistere alle influenze esterne e alla frammentazione interna. Gli sforzi di Tansar fecero sì che gli insegnamenti di Zarathustra rimanessero una tradizione coesa e strutturata in un periodo di grandi trasformazioni politiche e sociali in Persia.

Con l'avvento della conquista islamica della Persia nel VII secolo, lo zoroastrismo affrontò un cambiamento drammatico. La storia dei fedeli Mobedan (sacerdoti) come Adurfarnbag Farrokhzad è fondamentale in questo periodo. Adurfarnbag, un importante sacerdote zoroastriano, lavorò instancabilmente per preservare i testi spirituali e le tradizioni dello zoroastrismo in un'epoca di crescente soppressione. I suoi scritti e i suoi commenti all'Avesta costituirono un'ancora di salvezza per la continuità della conoscenza zoroastriana di fronte alle avversità. Il suo impegno nel mantenere la purezza dei rituali e la trasmissione della conoscenza in riunioni segrete esemplificò la resilienza dello spirito zoroastriano in un'epoca di grandi cambiamenti.

Passando all'epoca delle migrazioni e della diaspora, la storia della comunità Parsi in India offre una testimonianza dell'adattabilità delle tradizioni zoroastriane. Non si può parlare di questo periodo senza menzionare la figura di Dadabhai Naoroji, un leader parsi pioniere noto per il suo ruolo nella politica indiana come primo asiatico a far parte del Parlamento britannico alla fine del XIX secolo. La difesa dell'indipendenza indiana e la sua fede nelle riforme sociali furono profondamente influenzate dai suoi valori zoroastriani, in particolare l'enfasi sulla verità (Asha) e la giustizia sociale. Usò la sua piattaforma per parlare non solo dei diritti degli indiani, ma anche per assicurare che il patrimonio e i valori della comunità Parsi fossero rispettati nel più ampio tessuto della società indiana.

Nell'era moderna, un'altra figura significativa è il Dastur Dr. Firoze M. Kotwal, un Mobed di alto livello che è diventato una voce di spicco per la fede zoroastriana in epoca contemporanea. Il suo lavoro di studioso e la sua dedizione alla conservazione dei rituali tradizionali lo hanno reso un'autorità rispettata all'interno della comunità zoroastriana. I suoi sforzi nel documentare e insegnare gli antichi riti, così come la sua apertura a confrontarsi con le domande moderne sulla fede e l'identità, lo rendono una figura chiave nel dialogo in corso sul posto dello zoroastrismo nel mondo moderno. La leadership del dottor Kotwal ha contribuito a mantenere il delicato equilibrio tra onorare il passato e rispondere alle esigenze di una comunità zoroastriana globalizzata.

Oltre ai leader religiosi, lo zoroastrismo ha visto anche l'emergere di figure della letteratura e delle arti che hanno tratto ispirazione dal suo ricco simbolismo e dalla sua filosofia. Tra questi spicca Keki N. Daruwalla, un acclamato poeta indiano. La sua poesia riflette spesso i temi del fuoco, della luce e della lotta tra ordine e caos, motivi profondamente radicati nella visione del mondo zoroastriana. Con il suo lavoro, Daruwalla ha portato lo spirito della filosofia zoroastriana nel mainstream letterario, offrendo un riflesso poetico dell'ethos zoroastriano a un pubblico più ampio.

Nel campo della scienza, l'eredità di Zubin Mehta, rinomato direttore d'orchestra, fornisce un esempio di come i valori zoroastriani possano permeare diversi aspetti della vita. Sebbene il suo lavoro si svolga principalmente nel campo della musica classica, l'approccio di Mehta alla direzione di orchestre in tutto il mondo riflette la disciplina e la passione che riecheggiano i principi zoroastriani di ricerca dell'eccellenza e dell'armonia. I suoi contributi al mondo della musica gli sono valsi il plauso internazionale ed egli ha spesso parlato dell'importanza della sua eredità Parsi nel formare i suoi valori e la sua visione del mondo.

Ognuno di questi personaggi, in epoche e ambiti diversi, riflette un aspetto unico dell'impatto dello zoroastrismo sul mondo. Essi incarnano gli insegnamenti di Zarathustra attraverso la loro dedizione alla verità, la loro resilienza di fronte alle avversità e il loro impegno nel servire le loro comunità. Attraverso le loro vite, gli antichi valori dello zoroastrismo trovano nuove espressioni, dimostrando che anche se il mondo cambia, i principi fondamentali di questa antica fede continuano a ispirare.

Nel corso dei capitoli, i lettori sono invitati a considerare come i contributi di queste figure abbiano plasmato il corso della storia dello zoroastrismo, mantenendo viva una tradizione che altrimenti sarebbe potuta svanire nell'oscurità. Le loro storie ci ricordano che l'essenza di un percorso spirituale non è solo nelle sue dottrine, ma anche nelle vite di coloro che lo vivono. Dalle corti reali alla diaspora, dai templi sacri ai palcoscenici delle sinfonie mondiali, lo spirito dello zoroastrismo resiste, adattandosi e trovando nuove forme in ogni generazione che si alza per portarne la fiaccola.

Mentre lo zoroastrismo naviga tra le onde della storia, la sua sopravvivenza e la sua influenza sono strettamente legate agli sforzi di individui straordinari che hanno contribuito a sostenere i suoi insegnamenti attraverso le generazioni. Queste figure, provenienti da diversi angoli del mondo, rappresentano l'adattabilità della fede e la sua capacità di rimanere rilevante anche in tempi di profonda trasformazione. I loro contributi in campo filosofico, dei diritti umani, letterario e non solo, continuano a ispirare zoroastriani e non, dimostrando il potere della loro eredità e il messaggio duraturo di Zarathustra.

Una delle figure contemporanee più importanti è Rohinton Mistry, un rinomato romanziere le cui opere hanno fatto luce sull'esperienza zoroastriana Parsi nell'India moderna. I suoi acclamati romanzi, come A Fine Balance e Family Matters, approfondiscono le sfide affrontate dalla comunità Parsi, toccando i temi dell'identità, della tradizione e delle tensioni tra il mantenimento di antiche usanze e l'adattamento a un mondo in rapido cambiamento. La narrazione di Mistry offre una finestra sulla vita quotidiana degli zoroastriani, catturando le complessità di una comunità che cerca di preservare il proprio patrimonio tra le pressioni della modernità. Attraverso la sua letteratura, Mistry conserva lo spirito dei valori zoroastriani, come la ricerca della verità (Asha) e la lotta per la giustizia, presentandoli a un pubblico globale in un contesto profondamente umano.

Nel campo dell'attivismo sociale, Cyrus Habib, ex vicegovernatore dello Stato di Washington, è emerso come simbolo di perseveranza e progresso. Come politico non vedente di origine zoroastriana, Habib ha affrontato sfide che ha trasformato in opportunità di difesa e cambiamento. Il suo impegno per l'equità, i diritti dei disabili e il servizio pubblico è profondamente radicato negli ideali zoroastriani di servire gli altri e lottare per il bene comune. La carriera di Habib riflette un'interpretazione moderna degli insegnamenti dello zoroastrismo, dimostrando come i principi del dovere morale e della lotta per la giustizia possano essere applicati alle questioni contemporanee della governance e della società. Il suo lavoro serve da ispirazione per i giovani zoroastriani che cercano di fare la differenza nelle loro comunità rimanendo fedeli ai fondamenti etici della loro fede.

Oltre a queste figure culturali e politiche, lo zoroastrismo ha lasciato il segno anche nel mondo accademico, con studiosi come Jamsheed Choksy che offrono un ponte critico tra i testi antichi e la comprensione contemporanea. L'ampia ricerca di Choksy sulla storia e sulle pratiche religiose dello zoroastrismo è stata fondamentale per portare la profondità delle idee filosofiche e teologiche di questa fede a un pubblico di studiosi più ampio. Il suo lavoro esplora le intersezioni dello zoroastrismo con altre religioni e culture mondiali, rivelando come i concetti zoroastriani di dualismo, moralità e cosmologia abbiano influenzato il pensiero religioso globale. La ricerca di Choksy ha contribuito a elevare lo studio dello zoroastrismo, assicurando che le sue complessità e il suo significato storico siano riconosciuti nel campo degli studi religiosi.

Tra i molti zoroastriani che hanno contribuito alla scienza e alla tecnologia, Farrokh Bulsara, noto al mondo come Freddie Mercury, è una figura unica. Sebbene sia conosciuto principalmente come il leggendario cantante dei Queen, le origini parsi e l'educazione zoroastriana di Mercury a Zanzibar e in India hanno avuto un ruolo sottile nel plasmare la sua prospettiva di vita. Anche se raramente parlava pubblicamente della sua fede, i temi della dualità e della lotta interiore tra il bene e il male presenti in alcuni dei suoi testi riecheggiano le principali credenze zoroastriane. L'impatto globale di Mercury attraverso la musica illustra come i valori e le esperienze di un'educazione zoroastriana possano permeare e influenzare anche i regni più inaspettati della creatività e dell'espressione di sé.

 I contributi degli zoroastriani si estendono al di là degli individui e alle iniziative filantropiche che hanno plasmato le comunità di tutto il mondo. Un esempio è la famiglia Tata in India, il cui impero industriale si è intrecciato con l'impegno per il benessere e il progresso sociale. Jamsetji Tata, il fondatore del Tata Group, era guidato da una visione dell'industrializzazione che andava di pari passo con la responsabilità sociale. Investì nell'istruzione, nell'assistenza sanitaria e nello sviluppo della comunità, principi che riflettono gli ideali zoroastriani di gestione e miglioramento della società. Oggi, i Tata Trust continuano questa eredità, finanziando iniziative che mirano a elevare le comunità e a promuovere l'innovazione, incarnando l'etica zoroastriana di usare la ricchezza per il bene comune.

 Un'altra importante figura contemporanea è il dottor Meher Master-Moos, un leader zoroastriano che ha lavorato instancabilmente per promuovere il dialogo e la comprensione interreligiosa. In qualità di presidente del Collegio zoroastriano in India, la dottoressa Master-Moos ha gettato un ponte tra lo zoroastrismo e le altre religioni del mondo, promuovendo uno spirito di cooperazione e di rispetto reciproco. I suoi sforzi per preservare gli insegnamenti zoroastriani attraverso l'istruzione, sostenendo al contempo l'armonia tra le diverse fedi, incarnano il valore centrale zoroastriano di lottare per l'unità nella diversità. Attraverso il suo lavoro, la dottoressa Master-Moos assicura che la saggezza degli insegnamenti zoroastriani rimanga accessibile e rilevante in un mondo pluralistico, alimentando al contempo un senso di orgoglio e identità tra i giovani zoroastriani.

 La diaspora globale ha visto anche zoroastriani come Fali Nariman, illustre giurista in India, dare contributi significativi al campo del diritto. Noto per la sua esperienza nel diritto costituzionale, Nariman è stato un difensore delle libertà civili e dei diritti umani, spesso ispirandosi all'enfasi zoroastriana sulla giustizia e sul dovere morale di opporsi alla falsità. Il suo lavoro legale ha plasmato lo sviluppo della giurisprudenza costituzionale in India e la sua dedizione nel sostenere i principi di correttezza ed equità gli ha fatto guadagnare la reputazione di una delle menti legali più importanti della sua generazione. La carriera di Nariman riflette come i principi zoroastriani possano trovare espressione attraverso l'impegno di tutta una vita per lo Stato di diritto e la tutela della dignità umana.

Alla chiusura di questo capitolo finale, è chiaro che i contributi di questi famosi zoroastriani non sono atti isolati, ma parte di un più ampio arazzo di resilienza, innovazione e fede. Le loro vite dimostrano che lo zoroastrismo, pur essendo radicato in antiche tradizioni, continua a ispirare azione e creatività in modi nuovi e inaspettati. Questi individui hanno portato la fiaccola degli insegnamenti di Zarathustra attraverso i secoli, adattandoli alle sfide e alle opportunità di ogni epoca. Così facendo, hanno mantenuto viva l'essenza della fede, dimostrando che i valori fondamentali di Asha, verità e servizio all'umanità rimangono senza tempo.

Le storie di questi zoroastriani fungono da faro per le generazioni future, ricordando loro che i principi della loro fede possono essere una fonte di forza e di guida, indipendentemente dalle sfide che devono affrontare. Grazie alla loro dedizione, alla loro creatività e al loro coraggio morale, hanno fatto sì che l'eredità dello zoroastrismo continuasse a risplendere nel mondo, offrendo un percorso di saggezza e speranza a tutti coloro che lo cercano.

Epilogo

Il cammino che abbiamo percorso ci ha portato ai margini di un orizzonte dove il sacro e il profano si incontrano, dove la luce e le tenebre si affrontano in un ultimo abbraccio prima dell'alba. Ahura Mazda e Angra Mainyu continuano la loro lotta, ma ora capite che questa battaglia risiede anche dentro di voi. Le scelte fatte, i silenzi mantenuti, ogni atto di gentilezza o di ombra, risuonano tutti nel tessuto del cosmo.

Quello che Zarathustra immaginava non era solo un mondo diviso tra bene e male, ma la possibilità di redenzione, di rinnovamento. La promessa di Frashokereti, il rinnovamento del mondo, è il simbolo di un futuro in cui le ombre si dissipano e la verità di Asha trionfa sui veli di Druj. Ma questa promessa non è un dono divino consegnato senza sforzo; è una costruzione, un lavoro che richiede l'impegno di ogni essere che respira sotto il cielo.

Mentre il fuoco sacro arde silenzioso nei templi, a testimonianza dell'eterna presenza di Ahura Mazda, voi, che siete giunti alla fine di queste pagine, portate ora una scintilla di quella fiamma nel vostro spirito. È un'eredità che trascende i secoli, un collegamento tra ieri e domani, tra il visibile e l'invisibile. L'antica saggezza che riposa qui diventa vostra, pronta a guidare i vostri passi, ma anche a sfidarvi a essere più di un semplice osservatore.

Siete chiamati a essere un guardiano della creazione, a mantenere viva la fiamma della verità di fronte alle tempeste che Angra Mainyu getta sul mondo. E anche se il viaggio può essere arduo, anche se l'oscurità può cercare di inghiottire la luce, il destino della creazione è nelle mani di coloro che hanno il coraggio di tenere lo sguardo fisso sulla promessa di una nuova alba.

Ora, mentre chiudete questo libro, sappiate che il vostro ruolo nella grande narrazione del cosmo è appena iniziato. Che l'eco delle parole di Zarathustra risuoni nel vostro cuore, ricordandovi che, in ogni momento, c'è l'opportunità di scegliere la luce, di vivere in armonia con Asha. Che possiate trovare il coraggio di affrontare le ombre e che la fiamma della saggezza guidi i vostri passi, fino al giorno in cui il mondo, finalmente, risplenderà della purezza della creazione restaurata.

www.ingramcontent.com/pod-product-compliance
Lightning Source LLC
LaVergne TN
LVHW040043080526
838202LV00045B/3469